CB001443

A REFORMA DO SECTOR DA SAÚDE:
UMA REALIDADE IMINENTE?

A REFORMA DO SECTOR DA SAÚDE: UMA REALIDADE IMINENTE?

Organizadores
Nazaré da Costa Cabral
Olívio Mota Amador
Guilherme Waldemar d'Oliveira Martins

ALMEDINA

A REFORMA DO SECTOR DA SAÚDE: UMA REALIDADE IMINENTE?

ORAGANIZADORES
NAZARÉ DA COSTA CABRAL
OLÍVIO MOTA AMADOR
GUILHERME WALDEMAR D'OLIVEIRA MARTINS

EDITOR
EDIÇÕES ALMEDINA, SA
Av. Fernão Magalhães, n.º 584, 5.º Andar
3000-174 Coimbra
Tel.: 239 851 904
Fax: 239 851 901
www.almedina.net
editora@almedina.net

PRÉ-IMPRESSÃO | IMPRESSÃO | ACABAMENTO
G.C. – GRÁFICA DE COIMBRA, LDA.
Palheira – Assafarge
3001-453 Coimbra
producao@graficadecoimbra.pt

Fevereiro, 2010

DEPÓSITO LEGAL
306782/10

Os dados e as opiniões inseridos na presente publicação
são da exclusiva responsabilidade do(s) seu(s) autor(es).

Toda a reprodução desta obra, por fotocópia ou outro qualquer
processo, sem prévia autorização escrita do Editor, é ilícita
e passível de procedimento judicial contra o infractor.

Biblioteca Nacional de Portugal – Catalogação na Publicação

A reforma do sector da saúde : uma realidade
iminente? / org. Nazaré da Costa Cabral, Olívio
Mota Amador, Guilherme Waldemar d'Oliveira
Martins. – (Cadernos do IDEFF)
ISBN 978-972-40-4104-9

I – CABRAL, Nazaré Costa
II – AMADOR, Olívio Mota
III – MARTINS, Guilherme W. d'Oliveira, 1976-
CDU 614

Nota Introdutória

A obra colectiva que agora editamos foi pensada na sequência do lançamento, no ano lectivo de 2008-2009, de uma primeira edição do *Curso de Pós-Graduação Avançada em Reforma do Sector da Saúde*, pelo Instituto de Direito Económico, Financeiro e Fiscal (IDEFF) da Faculdade de Direito de Lisboa. Aproveitamos, desde já, para agradecer à Dr.ª Catarina Sena (actualmente Subdirectora-Geral da Saúde), pelos contributos e sugestões que fez aquando da preparação do Curso. O IDEFF pôde nele contar com a docência de reputados especialistas nas áreas da Medicina, do Direito e da Economia da Saúde, os quais, acedendo em participar nesta obra, perpetuam agora a sua prelecção oral. Na verdade, a importância e a actualidade do tema exigiam que fizéssemos este esforço adicional, dando visibilidade aos conteúdos essenciais da pós-graduação e que tão grande entusiasmo geraram junto dos alunos.

Da estutura da obra

A obra está dividida em quatro partes e reflecte, *grosso modo*, a primeira edição do curso de pós-graduação avançada já assinalada.

Esta obra começa com uma primeira parte dedicada à evolução e reformas no Sector da Saúde. Olívio Mota Amador dedica o primeiro artigo à organização do Sector Público da Saúde em Portugal. Não obstante a descrição detalhada do sector, a ideia de base para uma reforma passa pelas políticas de contenção de despesa no sector da saúde. Na verdade, a nível macro-económico

as medidas relevantes passam não só pela restrição ao crescimento das remunerações dos profissionais de saúde, como também pelo controlo administrativo dos preços praticados na
prestação de cuidados de saúde e de produtos farmacêuticos.

Seguidamente, Ana Paula Cabral avança com um novo paradigma na protecção da Saúde. Na verdade, se o objectivo do
SNS não é o lucro, a sua sustentabilidade deve ser analisada em
três dimensões: a eficácia (assegurar a universalidade do direito
à saúde e melhorias contínuas na saúde da população), a eficiência (boa utilização dos recursos disponíveis para assegurar o
equilíbrio das suas contas), e a responsabilização (pelo incumprimento dos objectivos e pelas ineficiências).

Ademais, o utente passa a ser o fulcro do sistema, devendo
existir um esforço no sentido de reforçar o investimento na
medicina preventiva e não apenas na curativa, pois não só
aquela é menos dispendiosa em termos puramente financeiros
como em termos humanos, permitindo uma maior qualidade
dos cuidados de saúde para os utentes.

Por seu lado, Paulo K. Moreira avança para lançar um conjunto de ideias sobre política de Saúde intersectorial. Assim,
dada a existência de evidência de que o impacto das medidas
de Saúde não se limita ao sector da Saúde, os futuros programas
de desenvolvimento de políticas de saúde na Europa e em Portugal, irão apoiar mais tentativas de investimento e avaliação
intersectorial.

Para já, e de acordo com este Professor, em Portugal, onde
esta visão não é dominante nem está muito presente no debate
sobre saúde, é fundamental aumentar a consciência, entre os
decisores, das alternativas existentes em outros sectores (fora do
sistema da Saúde) e produzir indicações dos benefícios potenciais e/ou marginais (em melhorar a Saúde) ou "ganhos em
Saúde" atribuíveis à despesa em diferentes sectores das economias nacionais.

Numa segunda parte dedicada aos novos modelos de gestão e financiamento no Sector da Saúde, Jorge Simões e Ana Dias avançam ideias sobre a gestão da saúde e despesa pública. E dentro desta lógica defendem a informatização do processo clínico. Neste sentido, a partilha de informação clínica pode ser um importante meio de suporte à prestação de cuidados, pela possibilidade de troca de informação entre profissionais de diferentes níveis de prestação de cuidados, nomeadamente dos cuidados de saúde primários e hospitalares.

A existência de um processo clínico electrónico é hoje uma prioridade, fundamental para garantir um acompanhamento mais eficaz do doente ao longo de todo o processo de prestação de cuidados.

Existe, na sociedade portuguesa, uma mudança em curso por via da utilização, pelos profissionais e pelos cidadãos em geral, das novas tecnologias de informação e comunicação, no campo da saúde. Mais de um terço dos portugueses já utilizam internet, mas a saúde ainda é um campo de utilização muito restrito: apenas 0,3% dos portugueses já utilizaram serviços de saúde *on-line*, muito embora 9,5% afirmem que gostariam de vir a utilizá-los e, de entre estes, 94% façam tenção de vir a marcar consultas através da internet.

Luís António Malheiro Meneses do Vale escreve um artigo de fôlego sobre as taxas moderadoras e o financiamento do sistema nacional de saúde. Nesse sentido, defende que a determinação dos serviços e produtos de saúde devidos a cada um pertence à colectividade e exige uma priorização que resulte tanto de processos democráticos como de normas técnicas e de princípios ético-jurídicos. Para além dos cuidados *efectivamente necessários*, que devem ser universalmente acessíveis, através de (financiamento ou) provisão pública, sobra lugar para uma enorme variedade de esquemas e soluções prestacionais, condicionados por circunstâncias geográficas, culturais, económicas, sociais, etc.

Aí sim, a cobrança de tributos, contribuições especiais e preços medrará mais naturalmente, como forma de co-pagamento de produtos e serviços de saúde meramente benéficos ou só úteis.

Jorge Abreu Simões escreve sobre a Iniciativa PPP na Saúde. Na próxima década, o Serviço Nacional e Saúde vai estar sob intensa pressão, desafiando a sua própria sustentabilidade. Neste horizonte, a despesa com a saúde tenderá a aumentar num quadro de restrições incontornáveis da despesa pública. Os prestadores públicos e privados de serviços de saúde serão chamados a satisfazer crescentes volumes assistenciais, gerindo melhor os custos com salvaguarda da qualidade dos cuidados de saúde. Para já, o papel das PPP's numa futura transformação fundamental do sistema de saúde dependerá, sobretudo, da qualidade da actual gestão pública dos contratos e da resposta cabal e efectiva dos operadores privados às exigências contratuais colocadas pelas parcerias nos planos da gestão construtiva, operacional e clínica.

Na terceira parte dedicada aos aspectos particulares da reforma do Sector da Saúde, Pedro Gomes escreve um texto sobre acesso aos cuidados de saúde, transparência e Sistemas de Informação. E, propõe um modelo humanista designado por "3P": "Purposes" – propósitos ou fins, em termos de efectividade com equidade *(resultados; "outcomes"; ganhos em saúde)*; "Persons" – participação e envolvimento de todos *(profissionais, utentes e comunidade)*; "Processes" – organização e sistematização das práticas profissionais em Processos coerentes, alinhando-as com os objectivos a atingir e melhorando-as continuamente.

Ora, a combinação deste modelo com o modelo da gestão organizacional do tipo "3S" (*"systems"; "structures"; "strategies"*) dirigida à rede de unidades, conduz à definição de um modelo de *governação integrada* Esta aproximação integrada é, talvez, a que melhor se coaduna com uma organização descentralizada em rede de equipas e com uma forte componente científica e técnica de governação clínica e de saúde.

Nazaré da Costa Cabral fala sobre a realidade dos cuidados continuados. De facto, em face dos dados demográficos disponíveis, Portugal encontrava-se até há bem pouco tempo numa situação relativa menos favorável do que a dos restantes Estados membros, quer no tocante à evolução do respectivo rácio de dependência, quer quanto à estimativa de evolução da despesa pública com pensões. Por isso, as alterações recentes ocorridas no sistema de pensões português, como sejam as que operaram com o Decreto-Lei n.º 187/2007, de 10 de Maio, ao mesmo tempo que procuram contribuir para inverter esta tendência, inserem-se claramente na nova orientação paradigmática atrás referida, a da promoção do envelhecimento activo.

Finalmente, temos uma quarta parte dedicada à regulação e auditoria pública no Sector da Saúde. Nesse tema, Álvaro Santos Almeida, escreve sobre a regulação independente da saúde, mas concretamente sobre a Entidade Reguladora da Saúde (ERS). A teoria económica e a experiência nacional e internacional sustentam a necessidade de uma regulação eficaz do sistema de saúde, onde a regulação independente desempenha um papel fundamental. A criação da ERS veio colmatar uma lacuna no sistema regulatório português, como é demonstrado pela importante actividade que a ERS desenvolveu nos seus primeiros cinco anos de existência. A reestruturação das suas atribuições, organização e funcionamento pelo Decreto-Lei n.º 127/2009, de 27 de Maio, vem aproximar mais a missão da ERS do modelo teórico de regulação independente, pelo que a eficácia da sua acção deverá ser reforçada no futuro.

José Martins Coelho fala ainda sobre a auditoria e avaliação das actividades em Saúde. Assim, ao nível do controlo financeiro no sector da saúde, o principal desafio que se coloca é o reforço do controlo operacional, estando no centro das prioridades incentivar a criação e a operacionalização de unidades de auditoria interna quer nos organismos e serviços do Ministério quer nos estabelecimentos e serviços do SNS, de modo a colmatar as deficiências ainda patentes ao nível do autocontrolo (inexistência de um sistema de controlo interno devidamente implementado e de unidades de auditoria interna na maioria dos Serviços Centrais e Regionais e debilidade das unidades existentes na maioria dos Hospitais)

Por último, José Tavares apresenta-nos os traços gerais dos poderes do Tribunal de Contas no sector da saúde. Concluímos neste campo que, tal como tem acontecido noutros sectores, v.g. Educação, Ciência e Tecnologia, Segurança Social..., tais reformas não têm modificado o âmbito da jurisdição e a competência do Tribunal de Contas, enquanto órgão de soberania com a missão de, com independência, realizar o controlo e a auditoria das finanças públicas e efectivar as responsabilidade financeiras.

De fora da obra, mas de igual importância é de assinalar a valiosa colaboração de Vincenzo Salvatore, Head of Legal da Agência Europeia do Medicamento (European Medicines Agency – EMEA) numa das sessões do curso de pós-graduação assinalado.

Da reforma do sector da saúde

a) *Opções sistémicas e paramétricas*

Quando se invoca a (necessidade de) reforma do sector da saúde, pensamos, simultaneamente, em *elementos sistémicos, estruturais* relacionados com o funcionamento do sector/mercado da saúde – elementos condicionantes da procura e da oferta de cuidados de saúde em concreto e da procura de saúde em geral – e em *elementos paramétricos, particulares* da reforma, mesmo que estes possam depois relevar – e geralmente relevam – em termos mais globais e estruturantes.

Do ponto de vista sistémico, a reforma exige reflectir sobre o funcionamento do sector/mercado da saúde, um mercado atípico onde as condições habituais e normais, apontadas pela ciência económica, ao funcionamento dos mercados, não se verificam ou não se verificam na sua plenitude – pensamos, concretamente, no requisito da transparência (conhecimento e informação) que aqui surge, *pela natureza do bem* em apreço, de forma enviesada. O fenómeno da assimetria informativa e os problemas de agência associados são tanto mais perturbadores, quanto são partilhados, ainda que de forma qualitativa e quantitativamente desigual, pelo consumidor (o doente) e pelo prestador de serviço (o médico). O médico, porque, se por um lado possui informação sobre o estado de saúde do seu doente (que este não terá), não saberá, ainda assim, talvez, o suficiente sobre a sua história de vida, o *"environment"*, o *"background"* e as suas escolhas (passadas, presentes e futuras) que certamente condicionam o diagnóstico e o tratamento. O doente, porque não possuindo a mesma informação médica sobre o seu estado de saúde actual (a menos que seja ele próprio um médico), *conhece-se a si mesmo* melhor e, como ninguém, a sua história de vida. Os problemas de assimetria informativa condicionam também a relação do doente com o *agente intermediário* – a entidade seguradora. O papel do seguro e do agente segurador, no mercado da saúde, que é fundamentalmente um mercado de incerteza, tem uma enorme importância. Também aqui, na gestão do risco social em causa (a doença), a informação é incompleta e é imperfeita. Ainda que neste caso, em claro desfavor do agente/mandatário: este, quando oferta o seu produto de seguro ao beneficiário (o principal, o mandante), desconhece de novo as suas qualidades, a história, o seu passado – ou seja, ignora se está perante um *bom* ou *mau* risco. Isto explica que o mercado da saúde, mais do que qualquer outro *"driven by incertainty"*, seja o mais atreito ao factor de implosão ou de auto-destruição de mercado, que é o fenómeno da *selecção adversa* (tornando necessária a intervenção do Agente Segurador Público). Nem sempre porém as falhas de mercado têm consequências tão destrutivas, mas isso não significa que sejam ignoradas pela análise económica e pelas políticas públicas. Na verdade, a Saúde é fonte criadora de *externalidades positivas* na comunidade, que mitigam a sua natureza de bem privado e fazem dela um *bem misto* – e isso reclama mecanismos de *socialização da externalidade*. Finalmente, para além de todos estes aspectos – que relevam essencialmente no plano da eficiência microeconómica –, o enquadramento da reforma do sector da saúde não pode esquecer as suas implicações no plano da *equidade*: seja a equidade no acesso aos cuidados de saúde (a saúde será condição de igualdade de oportunidades), seja a equidade no financiamento (a saúde como factor de igualdade de resultados). Um dos maiores desafios de política de saúde está justamente em explicitar o ponderador no *"trade-off"* eficiência-equidade e aqui a ideologia não fica de fora.

A este nível mais sistémico e global, as linhas de reforma incidem então sobre os elementos condicionadores da procura, da oferta ou de ambas. Assim, enunciamos alguns *topoi* de discussão, sem carácter exaustivo:

1) Os **modelos de financiamento e os sistemas de seguro** condicionam a procura de cuidados de saúde e podem favorecer ou mitigar a exposição ao risco (problema do risco moral). Tipos de opções:

    i) *Fontes de financiamento do sistema*: seguro público financiado por impostos gerais ou consignados; seguro privado, financiado por prémios de seguro; pagamentos directos pelos utilizadores no consumo, de forma ou total ou parcial (v.g. co–pagamentos através de *taxas moderadoras* com o propósito de racionalização do acesso ou da utilização);

ii) *Formas de pagamento*: por reembolso; mediante pagamento directo pela entidade seguradora ao agente prestador do serviço; mediante prestação directa do serviço de saúde próprio agente segurador ou prestação indirecta através da celebração de convenções.

2) Os **modelos de gestão e de provisão de serviço** podem também condicionar o comportamento dos consumidores/utentes, mas também o comportamento dos ofertantes de cuidados de saúde. Tipos de opções:

i) *Natureza da provisão:* se ela deve ser feita por entidades do sector ou do sector privado (ou ainda pelo recurso à solução mista das parcerias público-privadas);

ii) *Modelos de gestão* (no sector público): de natureza administrativa ou de natureza empresarial (v.g. a substituição dos "tradicionais" institutos públicos pelas "novas" entidades públicas empresariais);

iii) *Gestão hospitalar, eficiência e desempenho:* relacionando, entre outros aspectos, o princípio da eficiência ao financiamento (v.g. substituição do modelo de financiamento retrospectivo (histórico), com base na despesa, pelo modelo prospectivo que atende, nomeadamente, aos Grupos de Diagnóstico Homogéneos – GDH);

iv) *Avaliação da qualidade, certificação e acreditação:* processos instrumentais para determinação de uma utilização mais rigorosa e eficaz dos recursos públicos.

3) Os **modelos de regulação** existentes são caracterizados por objectos e preocupações distintas (protecção dos interesse públicos ou dos interesses privados do sector em causa);

isto é válido para todas as formas de regulação económica e assume particular acuidade no sector da saúde. Aqui, trata-se essencialmente de minimizar as falhas de mercado, mas também de evitar as falhas de governo. A questão fundamental é a de saber como pode a regulação neste sector garantir ao mesmo tempo a preservação das condições de concorrência e de equidade (regulação social), quando nele se assiste habitualmente a uma sobreposição de funções e tarefas num mesmo "*stakeholder*". Isto é particularmente claro se tomarmos o Estado por referência, na sua relação com os outros agentes activos do mercado: nuns casos, ele aparece apenas com as funções de agente segurador e reembolsa; noutros casos, assume as funções de prestador directo de serviços de saúde e presta; noutros, "delega" essa prestação a privados e com eles conveniona; noutros casos, actua tão só como fiscalizador...

4) O ***crescimento da despesa em equipamentos e em recursos humanos*** (*maxime* do pessoal médico) pode ser indutor da procura: ou seja, o aumento da oferta determina não tanto a redução do preço (como seria expectável), antes o aumento dos serviços prestados, não apenas com as consultas médicas propriamente ditas, mas também com a utilização (por vezes de forma desnecessária e abusiva) de meios complementares de diagnóstico. Esta indução de procura – que é uma outra forma de risco moral, desta feita determinado pela oferta – exige maior critério e exigência por parte das políticas de saúde, designadamente nos incentivos que são dados quanto à formação e contratação de médicos e à sua distribuição pelo território.

Para além destas opções sistémicas e transversais, o debate em torno da reforma da Saúde desenvolve-se em torno de *itens* ou parâmetros fundamentais e que devem também ser apreciados à luz dos seus efeitos maiores, no plano da eficiência e da equidade. Ainda que se tratem de ajustes paramétricos, eles têm, na verdade, ou podem ter um impacto sistémico. Aqui em Portugal, trata-se sobretudo de modernizar o Serviço Nacional de Saúde – cujo modelo foi definido pela Constituição de 1976 –, adaptando-o às novas condicionantes e restrições e tornando-o financeiramente sustentável (não apenas no curto, mas também no longo prazo). Deixamos aqui, alguns temas de discussão:

- *Reforma da gestão operacional dos utentes* do serviço nacional de saúde, reforçando a informação/transparência, desse modo permitindo, quer uma escolha mais informada por parte dos utentes, quer uma gestão mais racional pelo sistema dos recursos existentes (isso é muito evidente, por exemplo, quando existam "listas de espera" para cirurgia);
- *Reforma dos cuidados primários*, enquanto primeiro elemento de contacto dos cidadãos e famílias com o sistema de saúde, no diagnóstico e tratamento, mas acima de tudo enquanto elemento preventivo e educativo (educação para a saúde).
- *Reforma dos cuidados continuados* nas doenças crónicas e na terceira e quarta idades, interiorizando os efeitos do envelhecimento demográfico, pela acção integrada e articulada dos serviços de saúde e da segurança social/acção social.
- *Reforma da política do medicamento e do exercício da actividade farmacêutica*: no primeiro caso, criando instrumentos de diminuição da despesa com medicamentos, que é suportada pelos consumidores e pelo Estado (por exemplo, mediante a generalização de "genéricos") e, bem assim, promovendo um consumo moderado e seguro desses mesmos medicamentos; no segundo caso, reforçando a concorrência no sector das farmácias.

São portanto muito diversificadas as opções de reforma colocadas aos decisores políticos, mas também aos operadores do sistema de saúde. Numa época tão promissora no campo da investigação médica, que nos dá esperança quanto à cura de doenças terríveis e geradoras de sofrimento humano imenso, a maior expectativa quanto ao futuro parece ser a de nos tornarmos menos dependentes dos cuidados de saúde. As práticas internacionais neste domínio parecem, com efeito, sugerir que a procura de cuidados de saúde ceda passo perante a procura de saúde. Correlativamente, o termo "ganhos em saúde" já não se reduz à melhoria das tecnologias e do pessoal postos ao serviço da prática médica. Implica sim o reconhecimento de que as medidas de promoção da saúde encontram-se geralmente fora da Saúde, em áreas como a educação, a higiene e a segurança no trabalho, a melhoria dos salários, a qualificação do espaço público onde as pessoas vivem e trabalham, a defesa do ambiente, etc.. Como tem vindo a ser reconhecido crescentemente, os ganhos em saúde, mas também os respectivos custos, reclamam *políticas de implementação e de avaliação intersectorial.*

b) *Da estratégia a adoptar*

A análise das diversas opções de reforma do sistema de saúde tem de ser complementada pelo estudo dos métodos de execução a utilizar.

Nas políticas públicas a estratégia de execução das reformas pode seguir uma de três vias.

A primeira via, sugestivamente denominada "estratégia big-bang", opta pela aplicação das reformas de forma generalizada e simultânea com o objectivo de acentuar, perante a opinião pública e os agentes envolvidos, a sua irreversibilidade e credi-

bilidade. Só que os custos de ajustamento deste tipo de estratégia podem ser muito elevados e desaconselharem a sua utilização.

A segunda via adopta a estratégia gradualista, ou seja, as medidas são definidas e executadas de forma faseada de acordo
com uma programação pré-estabelecida e calendarizada. O objectivo principal é minimizar os custos de ajustamento permitindo a expansão e generalização da experiência reformista de
forma segura através da criação de uma base de apoio que sus-
tente a reforma. Sucede, todavia, que a via gradualista confere
aos grupos de interesse que a elas se opõe a possibilidade de
adoptarem estratégias mais eficazes de bloqueio das referidas
reformas.

A terceira via é uma opção intermédia e pode combinar, em
graus diversos, as duas estratégias anteriormente referidas.

Qualquer que seja a estratégia de execução adoptada, nas
reformas do sistema de saúde um dos principais factores condicionantes é o enquadramento macroeconómico e suas tendências de evolução. Este aspecto adquire uma particular relevância
no âmbito das reformas do sistema de saúde, porque aí é necessário compatibilizar o acréscimo de despesa para fazer face a
necessidades crescentes e para atenuar desigualdades sociais,
económicas e geográficas com um cenário de contenção de
despesa pública inerente à manutenção da estabilidade macro-
económica.

Compreende-se, nestes termos, que na execução das reformas no sistema de saúde esteja sempre presente a necessidade
de superação do dilema entre, por um lado, a prossecução da
justiça e solidariedade e, por outro, a garantia da sustentabilidade financeira do sistema.

Observemos, por fim, que os problemas da reforma do sistema de saúde são tecnicamente muito complexos e requerem

uma análise pluridisciplinar, este facto pode contribuir para afastar a opinião pública do debate e beneficiar certos grupos de interesses instalados. Surge, deste modo, a necessidade essencial de fomentar o debate público destas questões, porque como salienta AMARTYA SEN "o debate crítico público é um requisito inevitavelmente importante de uma boa política pública, o papel e o alcance adequados dos mercados não pode ser pré-determinado com base nalguma formula universal e genérica..."[1].

Nazaré da Costa Cabral
Olívio Mota Amador
Guilherme Waldemar d'Oliveira Martins
(Organizadores)

---

[1] Cfr., *O Desenvolvimento como Liberdade*, Lisboa, Gradiva, 2003, pp. 137.

Capítulo I
Evolução e Reformas no Sector da Saúde

A Organização do Sector Público da Saúde em Portugal

Olívio Mota Amador[*]

SUMÁRIO: 1. A organização do sector público português: caracterização geral. 2. Os Serviços de Saúde no Sector Público Administrativo (SPA). 2.1. Administração Central. 2.2. Administração Regional. 2.2.1. Região Autónoma dos Açores. 2.2.2. Região Autónoma da Madeira. 2.3. Administração Local. 3. Os Serviços de Saúde no Sector Público Empresarial (SPE). 3.1. Continente. 3.2. Regiões Autónomas. 3.2.1. Região Autónoma dos Açores. 3.2.2. Região Autónoma da Madeira. 4. Conclusões.

1. A organização do sector público português: caracterização geral

O sector público pode ser definido, utilizando a noção ampla criada por SOUSA FRANCO, como o conjunto das actividades económicas de qualquer natureza exercidas pelas entidades públicas (Estado, associações e instituições públicas) quer assentes na representatividade e na descentralização democrática, quer resultantes da funcionalidade-tecnocrática e da desconcentração por eficiência[1].

---

[*] Mestre em Ciências Jurídico-Económicas pela Faculdade de Direito da Universidade Clássica de Lisboa. Docente universitário. Advogado.

[1] SOUSA FRANCO, *Finanças do Sector Público. Introdução aos Subsectores Institucionais*, Lisboa, AAFDL, 1991, pp. 7.

No âmbito do sector público deparamos com realidades diferenciadas que são divididas em duas grandes áreas (Sector Público Administrativo e Sector Público Empresarial) utilizando como critério diferenciador a lógica de funcionamento[2].

Numa primeira área encontramos o Estado e outras entidades públicas a desenvolverem uma actividade própria, com natureza diversa das entidades privadas. O chamado sector público administrativo (SPA) integra as administrações públicas (central, regional, local) e a segurança social.

O SPA é composto por quatro Subsectores, a saber:

a) Estado (em sentido estrito);
b) Fundos e Serviços Autónomos;
c) Administração Regional e Local;
d) Segurança Social.

O Subsector Estado (em sentido estrito) é um dos subsectores da administração central composto por serviços integrados da administração directa. Os referidos serviços estão integrados nos diversos Ministérios. Os Ministérios encontram-se desconcentrados a nível administrativo, funcional e territorial.

O Subsector Fundos e Serviços Autónomos (FSA) também faz parte integrante da administração central, mas os organismos nele integrados são dotados de autonomia administrativa e financeira.

O Subsector Administração Regional e Administração Local resulta da existência de dois níveis de decisão financeira independentes e territorialmente delimitados provenientes de formas de descentralização política.

---

[2] Vd., PAULO TRIGO PEREIRA, ANTÓNIO AFONSO, MANUELA ARCANJO, JOSÉ CARLOS GOMES SANTOS, *Economia e Finanças Públicas,* 3ª ed., Lisboa, Escolar Editora, 2009, pp. 359.

O Subsector da Segurança Social inclui os organismos que gerem o sistema de segurança social e têm uma intensa autonomia orçamental, patrimonial e de tesouraria[3].

Numa segunda área deparamos com a actividade produtiva de entidades públicas desenvolvidas à semelhança das entidades privadas. A actividade empresarial pública é a actividade económica que consiste na criação de utilidades, mediante a produção de bens ou serviços, sujeita a critérios de racionalidade económica e subordinada ao bem comum.

O chamado sector público empresarial (SPE) integra as empresas públicas, as entidades públicas empresariais e as empresas participadas.

Através da Direcção-Geral do Tesouro e Finanças o Estado detêm directamente um universo de oitenta e nove empresas (empresas públicas e entidades públicas empresariais)[4]. O Estado detém também participações minoritárias, agrupadas na chamada "carteira acessória", num vasto conjunto de sociedades classificadas como empresas participadas[5].

---

[3] Vd., NAZARÉ DA COSTA CABRAL, *O Orçamento da Segurança Social. Enquadramento da situação financeira do sistema de segurança social português*, Cadernos do IDEFF n.º 3, Coimbra, Almedina, 2005, pp. 17.

[4] Tendo em conta o valor nominal das participações do Estado em empresas públicas na estrutura do SEE por sectores de actividade observa-se que os sectores "Financeiro", representado pela CGD, e o de "Transportes", correspondem, no conjunto, a cerca de metade do montante global das participações sociais do Estado. Merece também uma referência o peso significativo da PARPÚBLICA, *holding* do Estado com um papel instrumental relevante na gestão de participações sociais e do património imobiliário público, cuja carteira de participações em 31 de Dezembro de 2008 era superior a 3 600 M€.. Vd., MINISTÉRIO das FINANÇAS e ADMINISTRAÇÃO PÚBLICA, *Relatório 2009 do Sector Empresarial do Estado*, Lisboa, Direcção-Geral do Tesouro e Finanças, Julho 2009, pp. 12.

[5] No final de 2008 passou a integrar a carteira de participações do Estado no sector financeiro o BPN – Banco Português de Negócios, SA, cujas

2. Os Serviços de Saúde no Sector Público Administrativo (SPA)

2.1. *Administração Central*

A nível da administração central o Ministério da Saúde tem por missão definir a política nacional de saúde e exercer as correspondentes funções normativas, proceder à respectiva execução e avaliação dos resultados[6].

Ao Ministério da Saúde compete exercer em relação ao Serviço Nacional de Saúde (SNS) as funções de regulamentação, planeamento, financiamento, orientação, acompanhamento, avaliação, auditoria e inspecção[7].

O SNS, que tem como objectivo a efectivação, por parte do Estado, da responsabilidade que lhe cabe na protecção da saúde individual e colectiva, é um conjunto ordenado e hierarquizado de instituições e de serviços oficiais prestadores de cuidados de saúde, funcionando sob a superintendência ou a tutela do Ministro da Saúde.

---

acções representativas do capital social foram nacionalizadas pela Lei n.º 62-A/2008, de 11 de Novembro. Contudo, quer pelas circunstâncias peculiares que determinaram a sua inclusão no SEE, quer pelo carácter transitório dessa inclusão, estando prevista a sua alienação, levou a que a empresa fosse incluída na "Carteira Acessória" do Estado. Vd., MINISTÉRIO das FINANÇAS e ADMINISTRAÇÃO PÚBLICA, *Relatório 2009 do Sector Empresarial do Estado,* Lisboa, Direcção-Geral do Tesouro e Finanças, Julho 2009, pp.13.

[6] Vd., MARIA JOÃO ESTORNINHO, *Organização Administrativa da Saúde. Relatório sobre o programa, os conteúdos e os métodos de ensino,* Coimbra, Almedina, 2008, pp. 97.

[7] Vd., art. 7.º do Decreto-Lei n.º 212/2006, de 27 de Outubro.

As entidades públicas prestadoras de cuidados de saúde, designadamente os estabelecimentos hospitalares, independentemente da sua designação, as unidades locais de saúde e os centros de saúde e seus agrupamentos estão integradas no SNS. Os poderes de superintendência e tutela sobre todos os serviços e estabelecimentos do SNS, independentemente da respectiva natureza jurídica são exercidos pelo Ministro da Saúde[8].

Relativamente às actividades desenvolvidas pelo sector privado, o Ministério da Saúde exerce funções de regulamentação, inspecção e fiscalização.

No orçamento do Estado para 2009 o total da despesa consolidada do Ministério da Saúde ascende a 8862,8 milhões de euros representando 11,0% da despesa da Administração Central e 5,1% do PIB[9].

No âmbito do Ministério da Saúde integram a administração directa do Estado os seguintes serviços centrais[10]:

a) O Alto Comissariado da Saúde;
b) A Inspecção-Geral das Actividades em Saúde;
c) A Secretaria-Geral;
d) A Direcção-Geral de Saúde;
e) A Autoridade para os Serviços de Sangue e da Transplantação.

No subsector dos serviços e fundos autónomos no âmbito do Ministério da Saúde destaca-se a Administração Central do Sistema de Saúde I.P. (ACSS), a Autoridade Nacional do Medicamento e Produtos de Saúde I.P. (INFARMED), o Instituto

---

[8] Sobre o SNS vd., ANTÓNIO ARNAUT, *Serviço Nacional de Saúde. 30 Anos de Resistência*, Coimbra, Coimbra Editora, 2009.

[9] Vd., Relatório do Orçamento do Estado para 2009, pp. 276.

[10] Vd., art. 4.º do Decreto-Lei n.º 212/2006, de 27 de Outubro.

Nacional de Emergência Médica – IP (INEM), e a Entidade
Reguladora da Saúde.

A análise do Mapa V (Receitas dos Serviços e Fundos Autónomos, por classificação orgânica) e do Mapa VII (Despesas dos
Serviços e Fundos Autónomos, por classificação orgânica) do
Orçamento do Estado para 2009 revela que o universo de Serviços e Fundos autónomos na área da saúde é composto pelos
seguintes organismos[11]:

Administrações Regionais de Saúde
    Administração Regional de Saúde do Alentejo, IP
    Administração Regional de Saúde do Algarve, IP
    Administração Regional de Saúde do Centro, IP
    Administração Regional de Saúde do Norte, IP

Centros de Histocompatibilidade
    Centro de Histocompatibilidade do Centro
    Centro de Histocompatibilidade do Norte
    Centro de Histocompatibilidade do Sul

Centros de Hospitalares
    Centro Hospitalar das Caldas da Rainha
    Centro Hospitalar de Cascais
    Centro Hospitalar de Torres Vedras
    Centro Hospitalar Psiquiátrico de Coimbra
    Centro Hospitalar Psiquiátrico de Lisboa
    Centro Médico de Reabilitação da Região Centro – Rovisco Pais

---

Hospitais
    Hospital Amato Lusitano – Castelo Branco
    Hospital Arcebispo João Crisóstomo – Cantanhede
    Hospital Bernardino D'Oliveira – Alcobaça

---

[11] Vd., Lei do Orçamento do Estado para 2009 publicada no Diário da
República, 1ª série, n.º 252, de 31 de Dezembro de 2008.

Hospital Cândido de Figueiredo – Tondela
Hospital Curry Cabral
Hospital de Joaquim Urbano
Hospital de Magalhães Lemos – Porto
Hospital de Pombal
Hospital de S. Marcos – Braga
Hospital Distrital de Águeda
Hospital Distrital de Oliveira de Azeméis
Hospital Distrital de S. João da Madeira
Hospital do Litoral Alentejano
Hospital do Montijo
Hospital Dr. Francisco Zagalo – Ovar
Hospital José Luciano de Castro – Anadia
Hospital N.S. da Conceição – Valongo
Hospital Reynaldo dos Santos – Vila Franca de Xira
Hospital S. Pedro Gonçalves Telmo – Peniche
Hospital Visconde Salreu – Estarreja
Instituto Oftalmológico Dr. Gama Pinto
Maternidade Dr. Alfredo da Costa

Outros Organismos
Administração Central do Sistema de Saúde, IP
INEM – Instituto Nacional de Emergência Médica – IP
INFARMED – Autoridade Nacional do Medicamento e Produtos de Saúde – IP
Instituto Português de Sangue
Instituto Nacional de Saúde Dr. Ricardo Jorge
Entidade Reguladora da Saúde – orçamento privativo[12]

O quadro atrás exposto revela que existe um reduzido número de hospitais públicos no SPA contrariamente ao que se

---

[12] No âmbito do Ministério da Saúde existe ainda a Entidade Reguladora da Saúde como entidade administrativa independente e o Conselho Nacional de Saúde como órgão consultivo.

verificou até 2002 em que os hospitais constituíam institutos públicos sob a tutela do Ministério da Saúde[13]. Apesar dessa regra geral entre 1994 e 1999 surgiram três experiências inovadoras de modelos de gestão no Hospital Fernando Fonseca na Amadora, no Hospital de São Sebastião em Santa Maria da Feira e na Unidade Local de Saúde de Matosinhos[14].

Em 2002 cerca de trinta hospitais foram transferidos do SPA para o SPE conforme veremos no ponto 3.1. deste artigo.

Para 2009 o Orçamento do Estado prevê que o financiamento do SNS totalize 8136,7 milhões de euros (8100 milhões de euros destinados a despesas de funcionamento e 36,7 milhões de euros destinados a despesas do PIDDAC)[15].

A verba destinada a despesas de funcionamento compreende o financiamento com os estabelecimentos de saúde que compõem os SPA (4011 milhões de euros) e com os estabelecimentos de saúde que compõem o sector público empresarial (3600,2 milhões de euros)[16].

O financiamento dos estabelecimentos de saúde que compõem o sector público empresarial é realizado com base nos contratos-programa estabelecidos.

Além disso, existe ainda o financiamento de vários projectos, designadamente do Centro de Atendimento do SNS (20 milhões de euros) do Centro de Medicina Física e Reabilitação do Sul (6,7 milhões de euros) e dos novos Hospitais PPP (112 milhões de euros)[17].

---

[13] Vd., o Decreto-Lei n.º 19/88, de 21 de Janeiro e o Decreto Regulamentar n.º 3/88, de 22 de Janeiro.

[14] JORGE SIMÕES, *Retrato Político da Saúde,* Coimbra, Almedina, 2005, pp. 243.

[15] Vd., Relatório do Orçamento do Estado para 2009, pp. 276.

[16] Vd., Relatório do Orçamento do Estado para 2009, pp. 277.

[17] Vd., Relatório do Orçamento do Estado para 2009, pp. 277.

2.2. **Administração Regional**

Nas Regiões Autónomas dos Açores e da Madeira a política de saúde é definida e executada pelos órgãos de governo próprio de acordo com o disposto na Base VIII da Lei de Bases da Saúde (Lei n.º 48/90, de 24 de Agosto).

2.2.1. *Região Autónoma dos Açores*

No Governo Regional dos Açores a Secretaria Regional de Saúde ocupa-se da política de saúde.

O Estatuto do Serviço Regional de Saúde dos Açores (Decreto Legislativo Regional n.º 28/99/A, de 31 de Julho) desenvolve no âmbito legislativo regional os princípios estabelecidos na Lei de Bases da Saúde.

Os três hospitais existentes na Região Autónoma dos Açores têm a natureza de Entidades Públicas empresariais (EPE) e foram criados após a alteração ao Estatuto do Serviço Regional de Saúde dos Açores operado pelo Decreto Legislativo Regional n.º 2/2007/A, de 24 de Janeiro.

2.2.2. *Região Autónoma da Madeira*

No Governo Regional da Madeira a Secretaria Regional dos Assuntos Sociais ocupa-se da política de saúde.

No sector público da Região Autónoma da Madeira destacam-se dois organismos: um instituto público (Instituto de Administração da Saúde e Assuntos Sociais) e uma entidade pública empresarial (Serviço de Saúde da Região Autónoma da Madeira).

O Instituto de Administração da Saúde e Assuntos Sociais, denominado IA-SAÚDE, IP-RAM, criado pelo Decreto Legislativo Regional n.º 22/2008/M, de 23 de Junho, tem por missão proceder à definição e implementação de políticas, normalização, regulamentação, planeamento e avaliação em saúde, bem como assegurar a gestão dos recursos humanos e financeiros, da formação profissional, das instalações e equipamentos, dos sistemas e tecnologias de informação do Serviço Regional de Saúde e dos serviços da administração directa e indirecta.

O Serviço de Saúde da Região Autónoma da Madeira será referido no ponto 3.2.2. deste trabalho.

2.3. *Administração Local*

A Base IX da Lei de Bases da Saúde (Lei n.º 48/90, de 24 de Agosto) estabelece que sem prejuízo de eventual transferência de competências, as autarquias locais participam na acção comum a favor da saúde colectiva e dos indivíduos, intervém na definição das linhas de actuação em que estejam directamente interessadas e contribuem para a sua efectivação dentro das suas atribuições e responsabilidades

Os Municípios dispõem de atribuições no domínio da saúde[18].

Segundo o artigo 22.º da Lei n.º 159/99, de 14 de Setembro compete aos órgãos municipais:

a) Participar no planeamento da rede de equipamentos de saúde concelhios, nos órgãos consultivos dos estabelecimentos integrados no SNS, na definição das políticas e acções de saúde pública levadas a cabo pelas delegações de saúde concelhias nos órgãos consultivos de acompanhamento e avaliação do SNS, no plano de comunicação e de informação do cidadão e nas agências de acompanhamento dos serviços de saúde;

b) Construir, manter e apoiar centros de saúde;

---

[18] Vd., art. 13.º n.º 1 g) da Lei n.º 159/99 de 14 de Setembro.

c) Participar na prestação de cuidados de saúde continuados no quadro do apoio social à dependência, em parceria com a administração central e outras instituições locais;
d) Cooperar no sentido da compatibilização da saúde pública com o planeamento estratégico de desenvolvimento concelhio;
e) Gerir equipamentos termais municipais.

As freguesias possuem atribuições no domínio dos cuidados primários de saúde[19].

3. **Os Serviços de Saúde no Sector Público Empresarial (SPE)**

3.1. *Continente*

Compete ao Ministro da Saúde a definição das orientações das entidades do sector empresarial do Estado na área da saúde, bem como ao acompanhamento da respectiva execução.

Através da Resolução do Conselho de Ministros n.º 41/2002, de 7 de Março foram criadas condições para a criação de empresas públicas hospitalares.

A Lei n.º 27/2002, de 8 de Novembro previu expressamente o regime do contrato individual de trabalho no estatuto dos profissionais de saúde do SNS, o financiamento do SNS através do pagamento dos actos e actividades efectivamente realizados e a criação de unidades de saúde com a natureza de sociedades anónimas de capitais públicos.

---

[19] Vd., art. 14.º n.º 1 e) da Lei n.º 159/99 de 14 de Setembro.

Em Dezembro de 2002 foi publicado um vasto conjunto de diplomas que transformaram trinta e uma unidades hospitalares em sociedades anónimas de capitais exclusivamente públicos, constantes do mapa seguinte[20]:

Hospitais
Hospital Infante D. Pedro em Aveiro
Hospital de São Gonçalo de Amarante
Hospital José Joaquim Fernandes
Hospital Distrital de Bragança
Hospital Egas Moniz, de Lisboa
Hospital São Francisco Xavier de Lisboa
Hospital do Barlavento Algarvio em Portimão
Hospital Geral de Santo António no Porto
Hospital de Padre Américo – Vale do Sousa, de Penafiel
Hospital da Senhora da Oliveira – Guimarães
Hospital Distrital da Figueira da Foz
Hospital de São Teotónio de Viseu
Hospital de Pulido Valente de Lisboa
Hospital de Santa Cruz de Lisboa
Hospital de Santa Marta de Lisboa
Hospital de Santa Maria Maior de Barcelos
Hospital de São João de Deus de Vila Nova de Famalicão
Grupo de Hospitais do Alto Minho
Hospital de São Sebastião, em Santa Maria da Feira
Hospital de Santo André – Leiria
Hospital de Garcia da Orta de Almada
Hospital Nossa Senhora do Rosário do Barreiro
Hospital de São Bernardo de Setúbal
Hospital Distrital de Santarém

Institutos
Instituto Português de Oncologia de Francisco Gentil, Centro Regional de Oncologia de Coimbra

---

[20] Diplomas publicados nos Diários da República I série-A de 9, 10 e 11 de Dezembro de 2002.

Instituto Português de Oncologia de Francisco Gentil, Centro Regional de Oncologia do Porto Instituto Português de Oncologia de Francisco Gentil, Centro Regional de Oncologia de Lisboa
Centros Hospitalares Centro Hospitalar de Vila Real / Peso da Régua Centro Hospitalar da Cova da Beira Centro Hospitalar do Médio Tejo
Outros Unidade Local de Saúde de Matosinhos

A alteração muito significativa não se consolidou, porque em 2005 através do Decreto-Lei n.º 93/2005, de 7 de Junho as socie-dades anónimas, constantes do mapa anterior, foram transfor-madas em entidades públicas empresariais.

A Entidade Pública Empresarial caracteriza-se por ser uma pessoa colectiva de direito público com natureza empresarial criada pelo Estado, através de Decreto-Lei, com as nove carac-terísticas principais, a saber.

Primeira, autonomia administrativa, financeira e patrimonial.

Segunda, sujeição a superintendência do Ministro da Saúde.

Terceira, sujeição a tutela dos Ministros das Finanças e da Saúde.

Quarta, não aplicação de normas de contabilidade pública.

Quinta, capital estatutário detido integralmente pelo Estado.

Sexta, orgãos sociais iguais aos das sociedades anónimas, ou seja, Conselho de Administração, Fiscal Único e Conselho Consultivo.

Sétima, o financiamento realizado através de contratos pro-grama de acordo com a Base XXXIII da Lei de Bases da Saúde.

Oitava, estabelecimento de limite de endividamento de 30% do capital estatutário.

Nona, estabelecimento do regime de pessoal assente no contrato individual de trabalho.

A lista constante do último Relatório do SEE publicado revela as seguintes unidades no SPE[21]:

Centros Hospitalares
  Centro Hospitalar Cova da Beira, EPE
  Centro Hospitalar de Coimbra, EPE
  Centro Hospitalar de Lisboa Central, EPE
  Centro Hospitalar de Lisboa Ocidental, EPE
  Centro Hospitalar de Setúbal, EPE
  Centro Hospitalar de Trás-os-Montes e Alto Douro, EPE
  Centro Hospitalar de Vila Nova de Gaia / Espinho, EPE
  Centro Hospitalar do Alto Ave, EPE
  Centro Hospitalar do Alto Minho, EPE
  Centro Hospitalar do Baixo Alentejo, EPE
  Centro Hospitalar do Barlavento Algarvio, EPE
  Centro Hospitalar do Médio Ave, EPE
  Centro Hospitalar do Médio Tejo, EPE
  Centro Hospitalar do Nordeste, EPE
  Centro Hospitalar do Porto, EPE
  Centro Hospitalar do Tâmega e Sousa, EPE
  Centro Hospitalar de Lisboa Norte, EPE
  Centro Hospitalar Póvoa do Varzim / Vila do Conde, EPE

Hospitais
  Hospitais da Universidade de Coimbra, EPE
  Hospital de Faro, EPE
  Hospital de Santa Maria, EPE
  Hospital de São José, EPE
  Hospital Distrital da Figueira da Foz, EPE
  Hospital Distrital de Santarém, EPE

---

[21] Vd., MINISTÉRIO das FINANÇAS e ADMINISTRAÇÃO PÚBLICA, *Relatório 2009 do Sector Empresarial do Estado,* Lisboa, Direcção-Geral do Tesouro e Finanças, Julho 2009, pp. 63.

Hospital do Espírito Santo de Évora, EPE
Hospital Garcia da Horta, EPE
Hospital Infante D. Pedro, EPE
Hospital Nossa Senhora do Rosário, EPE
Hospital Professor Doutor Fernando Fonseca, EPE
Hospital Pulido Valente, EPE
Hospital Santa Maria Maior, EPE
Hospital Santo André, EPE
Hospital São Sebastião, EPE
Hospital São Teotónio, EPE

Institutos
IPO – Coimbra, EPE
IPO – Lisboa, EPE
IPO – Porto, EPE

Unidades Locais de Saúde
Unidade Local de Saúde da Guarda, EPE
Unidade Local de Saúde de Matosinhos, EPE
Unidade Local de Saúde do Alto Minho, EPE
Unidade Local de Saúde do Baixo Alentejo, EPE
Unidade Local de Saúde do Norte Alentejo, EPE

3.2. *Regiões Autónomas*

3.2.1. *Região Autónoma dos Açores*

Os três hospitais existentes na Região Autónoma dos Açores têm a natureza de Entidades Públicas (EPE) a saber:

Hospital do Divino Espírito Santo, em Ponta Delgada
Hospital de Santo Espírito, em Angra do Heroísmo
Hospital da Horta

3.2.2. *Região Autónoma da Madeira*

Na Região Autónoma da Madeira o Serviço de Saúde da Região Autónoma da Madeira, E.P.E. é uma unidade integrada de prestação de cuidados de saúde, que funciona como dispositivo de articulação dos centros de saúde e dos hospitais e como instância de planeamento de recursos[22].

Na Região Autónoma da Madeira as unidades de saúde são as seguintes:

Hospital Cruz de Carvalho – Hospital Central do Funchal
Hospital dos Marmeleiros
50 Centros de Saúde dos quais: 7 Centros de Saúde com urgência; 1 Centro de Saúde com Serviço de Atendimento Urgente; 3 Centros de Saúde com Internamento)

4. **Conclusões**

4.1. Não obstante, nas últimas décadas, se ter verificado a prevalência ideológica do neo-liberalismo nas finanças públicas e a consequente desvalorização das concepções que continuam a defender uma intervenção pública embora mais eficiente, não

---

[22] O SESARAM, E.P.E., com sede no Funchal, é uma pessoa colectiva de direito público, de natureza empresarial, dotada de autonomia administrativa financeira e patrimonial, Rege-se pelo regime aplicável às entidades públicas empresariais, com as especificidades constantes do Decreto Legislativo Regional n.º 9/2003/M, 27 de Maio, alterado pelo Decreto Legislativo Regional n.º 23/2008/M, de 23 de Junho, dos seus estatutos aprovados por aquele diploma legal e dos seus regulamentos internos, bem como das normas em vigor para o Serviço de Saúde da RAM.

se tem conseguido executar integralmente o princípio clássico do mínimo como critério prático de dimensão ideal da actividade económica pública. Numa síntese feliz, que continua plenamente actual, Sousa Franco afirmava que apesar de mudanças de ideias, critérios e valores o intervencionismo financeiro continua predominante[23].

A prevalência deste intervencionismo gerou problemas de financiamento no sector público e a procura de soluções que impliquem novas formas de relacionamento entre o sector público e o sector privado[24]. Daí o aparecimento da empresarialização de serviços públicos, das parcerias público-privadas, e da regulação em detrimento da produção de bens públicos[25].

Além das novas formas de relacionamento entre o sector público e o sector privado tem-se verificado a influência crescente de conceitos e métodos de gestão privada na gestão pública, de que são exemplos a apreciação da economia, eficiência e eficácia da despesa, o desenvolvimento de programas e actividades de carácter plurianual, a introdução do princípio da responsabilidade pela gestão (*accountability*)[26].

O sector da saúde constitui um exemplo claro do advento destas tendências. A empresarialização dos hospitais foi uma das

---

[23] Sousa Franco, *Finanças Públicas e Direito Financeiro*, 4ª ed., vol. I, Coimbra, Almedina, 1992, pp. 68.

[24] Mario Leccisotti, *Lezioni di Scienza Deele Finanze,* 5.ª ed., Turim, G. Giappichelli Editore, pp. 236 e segs..

[25] Numa perspectiva genérica vd., Eduardo Paz Ferreira, *Ensinar Finanças Públicas Numa Faculdade de Direito,* Coimbra, Almedina, 2005, pp. 234 e segs..

[26] Vd. Yves Cannac, "Quelle programmation pluriannuelle pour les dépenses publiques?" in Michel Bouvier (dir)., *Innovations, Créations et Transformations en Finances Publiques. Actes de la II Université de printemps de Finances Publiques du Groupement Européen de Recherches en Finances Publiques (GERFIP)*, Paris, L.G.D.J., 2006, pp. 17-20.

mudanças fundamentais operadas em Portugal nos últimos anos e um caso de estudo interessante no âmbito da organização do sector público.

4.2. A Constituição da Republica Portuguesa não impõe ao legislador um modelo único de organização do sector público da saúde[27].

No âmbito da organização do sector público da saúde em Portugal o caso mais interessante respeita à inserção dos hospitais no âmbito do sector público.

O sector público hospitalar é responsável pela maior rubrica do orçamento do SNS (48,7%) e maior empregador de recursos humanos (92 592 profissionais)[28].

Verificaram-se em Portugal experiências diversificadas de organização dos hospitais no âmbito do sector público. Os hospitais inseridos no sector público administrativo como institutos públicos, os hospitais inseridos no sector público empresarial primeiro, como sociedades anónimas de capitais exclusivamente públicos e, depois como entidades públicas empresariais.

Actualmente coexistem hospitais no âmbito do sector público administrativo e hospitais no âmbito do sector público empresarial.

A empresarialização dos hospitais constituiu uma reforma fundamental na rede hospitalar pública portuguesa que obrigou as equipas de gestão a implementar programas de melhorias operacionais destinadas a aumentar a eficiência e a qualidade dos serviços prestados.

---

[27] Vd., JORGE MIRANDA, Rui Medeiros, *Constituição Portuguesa Anotada,* Tomo I, Coimbra, Coimbra Editora, pp. 651 e ss..; MARIA JOÃO ESTORNINHO, *Organização..., cit.,* pp. 51 e ss..

[28] Vd., José Mendes Ribeiro, *Saúde. A Liberdade de Escolher,* Lisboa, Gradiva, 2009, p. 170.

O abandono da qualificação dos hospitais como sociedade anónima e a passagem para entidade pública empresarial, embora sem abandono do sector público empresarial, visou consagrar um regime mais estrito a nível de orientações estratégicas a exercer pelo Ministério das Finanças e pelo Ministério da Saúde.

4.3. Ainda existe um longo caminho a percorrer e a aperfeiçoar.

Desde logo, a realização de trabalhos de avaliação e de medição de diferenças em termos de resultados entre hospitais inseridos no SPA e no SPE.

Num outro sentido, é necessário aperfeiçoar o contrato programa com cada hospital como suporte da relação contratual com o financiador público, não só através da explicitação dos objectivos atingir quanto ao volume de produção esperada, mas também quanto aos indicadores de qualidade.

Além disso, o objectivo de contenção de despesa e de obtenção de poupanças tem de ser compatibilizado com o aperfeiçoamento na autonomia da gestão dos recursos humanos de cada hospital e na repartição dos ganhos de eficiência entre cada equipa de gestão e as respectivas equipas operacionais.

Igualmente fundamental é continuar a aperfeiçoar o sistema de acompanhamento e monitorização permanente da actividade dos hospitais.

4.4. O modelo de organização do sector público da saúde visa contribuir para minorar o problema central da desproporção entre o aumento de despesa e a escassez de recursos.

O tema da contenção da despesa está sempre presente face aos riscos de insustentabilidade financeira dos sistemas públicos de protecção social e de cuidados de saúde.

As políticas de contenção de despesa no sector da saúde a nível macro-económico baseiam-se em diversas medidas como, por exemplo, a restrição ao crescimento das remunerações dos profissionais de saúde, o controlo administrativo dos preços praticados na prestação de cuidados de saúde e de produtos farmacêuticos. Só que estas medidas são incompletas e têm de ser articuladas com políticas de contenção a nível micro-económico destinadas à melhoria da qualidade e eficiência da prestação[29].

A contenção de despesa a nível macro económico não dispensa políticas activas no combate às ineficiências ao nível micro na gestão da prestação, com o objectivo de obter maiores ganhos em saúde com os investimentos realizados.

---

[29] Vd., ANTÓNIO CORREIA de CAMPOS, *Reformas da Saúde. O Fio Condutor*, Coimbra, Almedina, 2008, pp. 131.

Reforma do Sector da Saúde – o Serviço Nacional de Saúde e o Novo Paradigma na Protecção da Saúde

*Ana Paula Cabral**

Sumário: I – O Serviço Nacional de Saúde, integrado no Sistema Nacional de Saúde; 1 – Caracterização; 2 – Outros modelos de sistemas de saúde; 3 – Reformas; II – Tendências Internacionais de Reforma do Sector – Novos Modelos de Gestão e Regulação; 1 – Tipos de Regulação; 2 – A regulação do sector da Saúde. A regulação independente sectorial *versus* regulação transversal; III – Tendências, a nível internacional, de mudança do sector – o novo paradigma; 1 – Alguns exemplos dispersos, de mudanças de fundo, a nível internacional, no que toca aos sistemas de saúde; 2 – Mobilidade dos doentes na União Europeia e a jurisprudência do TJUE; 3 – Mercado Comum de Cuidados de Saúde; IV – Conclusão – o novo paradigma na Saúde; Bibliografia; Anexo.

I – O serviço nacional de saúde, integrado do sistema nacional de saúde

1. Caracterização

É notório o surgimento de um novo paradigma, no que respeita ao Sistema de Saúde Português, resultante da sua reforma,

---

* Doutoranda em Direito Público/Direito Comunitário pela Universidade de Vigo.

que se vem desenrolando, de modo mais ou menos contínuo, há décadas, com momentos merecedores de destaque.

Aliás, esta reforma de que tem vindo a ser objecto o Sistema de Saúde Português não é apanágio de Portugal antes reflecte o curso normal dos tempos e do mundo globalizado. Não obstante a existência de aspectos particulares da reforma do Serviço Nacional de Saúde (SNS), há outros aspectos desta reforma do sector da saúde que revelam alterações consubstanciadoras de tendências internacionais.

Visando proceder à caracterização do Sistema de Saúde Português, há que começar (seja pela sua tradição seja pela sua real importância) por fazer um exercício de detenção sobre o SNS e a reforma de que este tem vindo a ser alvo.

O SNS integra-se no Sistema Nacional de Saúde, visando este a efectivação do direito à protecção da saúde. Este direito fundamental, de natureza social, baseia-se num conjunto de valores fundamentais, como é o caso da dignidade humana, equidade, ética e solidariedade.

Da sua consagração decorre que todos têm direito à protecção da saúde e o dever de a defender e promover. O direito à protecção da saúde é um direito à prestação de cuidados de saúde tendencialmente gratuita.

Um sistema de saúde como o português, onde se consagra o primado do cidadão como sua figura fulcral, não pode desproteger nenhum tipo de utente.

Para assegurar o direito à protecção da saúde, incumbe prioritariamente ao Estado:

Garantir o acesso de todos os cidadãos, independentemente da sua condição económica, aos cuidados da medicina preventiva, curativa e de reabilitação[1]

---

[1] Cf. Artigo 64.º, n.º 3, alínea *a*) da Constituição da República Portuguesa.

O Sistema de Saúde é constituído por todas as entidades públicas a quem cabe a promoção, prevenção e tratamento na área da saúde; todas as entidades privadas e profissionais livres, que acordem a prestação de todas ou algumas daquelas actividades; e pelo SNS. Este é composto por todas as entidades públicas prestadoras de cuidados de saúde (*v.g.* estabelecimentos hospitalares públicos, unidades locais de saúde, centros de saúde e seus agrupamentos).

Ao pretender caracterizar o SNS, temos que afirmar a existência de um conjunto de características que lhe são típicas e o identificam, consagradas como tal na própria Lei Fundamental, na Lei de Bases da Saúde, no Estatuto do SNS e outros diplomas. Assim, temos como notas caracterizadoras: a universalidade[2], a prestação ou garantia de prestação integrada de cuidados globais, a tendência para a gratuitidade, a garantia de equidade no acesso (visando atenuar, nesse acesso, os efeitos das desigualdades: económicas, geográficas etc.) e, por último, a organização regionalizada e gestão descentralizada.

Quanto ao momento e modo de surgimento do SNS, podemos referir que, em 1899, existiam os Serviços de Saúde e Beneficência Pública, por força da intervenção do Dr. Ricardo Jorge[3]. A prestação de cuidados de saúde tinha natureza privada, cabendo ao Estado apenas a assistência dos pobres.

O Decreto de 9 de Fevereiro de 1911 cria a Direcção-Geral de Saúde, extinguindo a Direcção-Geral de Saúde e Beneficência Pública.

Em 1946, com a Lei n.º 2011, de 2 de Abril, a organização dos serviços prestadores de cuidados de saúde passa a contemplar a existência de hospitais das Misericórdias e do Estado, os

---

[2] Na medida em que toda a população deve ter acesso ao SNS, ficando por ele abrangida.

[3] Note-se a existência da lei, de 1901, cujo início de vigência ocorrem em 1903.

Serviços Médico-Sociais os Serviços de Saúde Pública e os prestadores privados.

Porém, é em 1971 que podemos afirmar ter surgido, com a Reforma de Gonçalves Ferreira, o primeiro embrião do SNS. De facto, deparámo-nos com a assunção do direito de todos à saúde, a concretizar pelo Estado. Podemos mesmo considerar a existência de uma política de saúde e seu consequente planeamento central, a integração de todas as actividades de saúde de modo a rentabilizar os recursos dispendidos e a descentralização da execução dos serviços de saúde.

Por fim, é de 1979, pela mão do ministro da Saúde de então, o Dr. António Arnaut, que data a criação do SNS que, como tal, perfez no corrente ano passado o seu 30.º aniversário. A partir dessa data, inelutavelmente, deparamo-nos com a assunção pelo Estado do assegurar o *direito à saúde* a todos os cidadãos.

O SNS abrange todos os cuidados integrados de saúde, ocupando-se da promoção e vigilância da saúde, prevenção da doença, diagnóstico, tratamento e reabilitação médica e social. Através da sua existência e funcionamento concretiza o Estado a sua responsabilidade na tutela da saúde.

Contudo, as necessidades relativamente a prestações de cuidados de saúde vão continuamente sendo alvo de evolução. Da ausência de cuidados de saúde passou-se para a exigência de cuidados, de cada vez maior qualidade, acessíveis a todos.

As expectativas dos utentes aumentam, subindo o seu grau de exigência. Cada vez se pretende maior número de prestação de cuidados, impondo-se a necessária organização dos serviços de prestação destes, que têm que ser de maior qualidade.

É bem certo que mudam-se os tempos, mudam-se as necessidades, mudam-se as exigências.

O direito à protecção da saúde passou a estar consagrado ao mais alto nível, isto é, na Constituição da República Portuguesa, para além de, ao nível da legislação ordinária, em diplomas diversos nomeadamente, na Lei de Bases da Saúde.

Reiteramos que o Estado assume a responsabilidade pela protecção do direito à Saúde, com a colaboração de cada um dos titulares deste direito, impondo-se que as prestações de cuidados, a que todos devem poder aceder, sejam de qualidade.

É de notar que, não obstante existirem muitas queixas e ser necessário um esforço no sentido da melhoria constante dos cuidados de saúde prestados pelo SNS português, este foi objecto de classificação pela Organização Mundial de Saúde (OMS), tendo surgido entre os mais eficientes sistemas de saúde, a nível mundial. Se não, vejamos o Relatório da OMS – The World Health Report 2000 – WHO – onde Portugal ocupa o 12.º lugar no Ranking dos Sistemas de Saúde.

Este Relatório baseia-se no Programa Global da OMS, fundado na evidência para a política de saúde. Tem múltiplas fontes e compara informações dos indicadores provenientes de agências internacionais, pois alguns países não dispõem de resultados publicados.

Procede-se a uma classificação segundo a eficiência dos sistemas de saúde analisados, avaliando as despesas em saúde e lançando mão de métodos econométricos.

Estabelecem-se *ratios* entre os níveis de saúde dos vários sistemas de saúde e os níveis que poderiam ter sido atingidos.

Para tal, consideram-se alguns indicadores, na classificação destes sistemas, como é o caso do rendimento *per capita* em dólares, da média de anos necessários para educar a população, da percentagem de população a viver em estado de pobreza absoluta e dos níveis do coeficiente de GINI[4].

---

[4] O coeficiente de GINI é uma medida de desigualdade, utilizada normalmente para calcular a diferença na distribuição do rendimento e consiste num número entre 0 e 1, onde 0 corresponde à completa igualdade de

A avaliação dos Sistemas de Saúde pela OMS atende à promoção da Saúde, às respostas que aqueles conseguem dar face às expectativas dos cidadãos em cuidados, à justiça na contribuição financeira, à apreciação dos Sistemas de Saúde, relativamente aos objectivos de cada país, em Saúde, e ao grau de eficiência e desempenho corrigido pelo factor social (educação).

Mais recentemente, segundo o documento editado pela OMS, *World Health Statistics 2009*, efectuando uma análise dos principais indicadores globais da saúde, ou seja: os resultantes da esperança de vida geral à nascença e das taxas de mortalidade[5], a taxa de mortalidade adulta[6], novamente se conclui que o Sistema de Saúde Português tem um nível muito razoável, quando comparado com o de outros países tidos como evoluídos. Esta constatação não obsta à existência, como já referimos, de manifestações de desagrado[7] relativamente a este sistema e de fundada necessidade de melhoria.

2. **Outros modelos de sistemas de saúde**

Os Sistemas de Saúde são uma entre as várias espécies existentes de Sistemas Sociais, sendo que existem vários modelos de protecção social.

rendimento (onde todos têm o mesmo) e 1 corresponde à completa desigualdade (onde uma pessoa tem todo o rendimento, e as outras nenhum).

[5] Incluindo as taxas de mortalidade infantil no primeiro ano de vida por mil nados-vivos.

[6] Probabilidade de morrer entre os 15 e os 60 anos por mil habitantes.

[7] Segundo um estudo datado de 2006, relativamente à imagem e satisfação do SNS, a satisfação manifestada pelos inquiridos relativamente a prestadores públicos ascendeu a mais de 80%, sendo que, genericamente, a percentagem de 50% das manifestações de opinião dos inquiridos revelou ter uma opinião em que os prestadores públicos foram qualificados como bons e muito bons.

O Modelo de Bismark, que surgiu na Alemanha, em 1883, baseia-se no financiamento por quotizações de trabalhadores e de empregadores e caracteriza-se pela universalidade do acesso, embora condicionada pelo emprego. Este modelo, vigente na Alemanha, Áustria e Holanda, revela uma forte intervenção pública, estadual, no estabelecimento dos serviços mínimos e na negociação das condições do trabalho médico.

O Modelo de Beveridge, surgido no Reino Unido, em 1948, baseia-se no financiamento à custa dos impostos (proporcionais ao rendimento dos contribuintes), caracteriza-se pela universalidade do acesso, sendo o direito à saúde independente do trabalho e emprego. Este é o modelo vigente na Dinamarca, Finlândia, Noruega, Suécia, Grécia, Portugal, Espanha e Itália e revela uma forte intervenção estatal no estabelecimento dos serviços mínimos e na negociação das condições do trabalho médico.

O Modelo de Mercado, vigente nos Estados Unidos da América[8], baseia-se nos seguros privados. Depende da capacidade de aquisição de seguros de saúde pelos indivíduos e pelas empresas, ficando o acesso aos cuidados de saúde dependente da capacidade dos utentes. Regra geral, quer o trabalhador quer a entidade patronal partilham os custos do plano de seguro, extensível ao agregado familiar daquele. Este sistema misto combina os seguros privados com prestações sociais públicas para os mais desfavorecidos e traduz uma justaposição de sistemas concorrentes, descambando num acesso muito precário. É mesmo este um dos seus principais problemas se não for mesmo o principal, ou seja, a exclusão de muitos utentes das prestações de cuidados de saúde.

---

[8] Este texto não contempla a reforma do Sistema de Saúde do EUA, preconizado pelo Presidente Barack Obama e consubstanciada num plano aprovado pelo Senado e que visa alargar a cobertura dos cuidados de saúde a mais de 30 milhões de pessoas.

O vulgarmente designado Sistema Francês é outro tipo de modelo misto, inspirado no modelo bismarkiano, mas baseado num seguro obrigatório, conjugado com a protecção social, concretizada em prestações não contributivas para os mais desfavorecidos. Vigora nalguns países da OCDE como a França, Bélgica e o Japão e é um modelo híbrido e complexo. Com efeito, mistura vários sistemas, como sejam, o modelo público para hospitais públicos e o seguro voluntário, com o reembolso público e ainda o modelo de contrato de serviço público, para tratamentos ambulatórios e hospitais privados.

Podemos classificá-lo como um modelo bismarkiano com notas de beveridgiano. Revela uma forte intervenção do Estado, com cobertura universal, seguro de doença universal e de âmbito nacional. Pode ser considerado como um regime pluralista de prestações, onde se procede à remuneração por acto médico, com forte controlo sobre os honorários e os preços mas um fraco controlo do volume dos factores de produção.

Para distinguir os Sistemas de Saúde entre si, há que ponderar alguns aspectos, como a quantidade e natureza da produção, o grau de liberdade de escolha, a equidade no acesso aos cuidados de saúde, o grau de centralismo da organização, a socialização das prestações e a capacidade de reforma.

Após e não obstante a referência aos sistemas de saúde que acabámos de fazer, podemos certamente afirmar que, no final do século XX e princípios do século XI, se assiste a uma aproximação dos vários modelos, cada um com as suas especificidades próprias, vantagens e inconvenientes. Ora, daqui decorre que a opção por um deles, como melhor opção, se reveste de grande complexidade, pois há que ponderar uma série de factores, sendo fundamental aferir da relação custo de recursos mobilizados / resultados de saúde obtidos.

3. **Reformas**

Começamos por constatar a alteração do modelo organizacional do Sistema de Saúde (espelho da alteração da Administração Pública, em geral), o que é revelador da sua reforma. Porém, antes de nos referirmos à reforma do Sistema de Saúde, há que estabelecer o que se entende por reforma "tout cour". Assim, diremos que reforma implica necessariamente uma alteração, uma mudança do "status quo", visando, pelo menos teoricamente, uma melhoria.

Naturalmente, é inegável que existem problemas no Sector da Saúde determinantes de uma reforma. Podemos elencar, entre esses problemas, o acesso aos cuidados de saúde (é necessário promover a equidade no acesso), a qualidade dos cuidados (pois é necessário promover constantemente a sua melhoria), a ineficiência (existe muito desperdício, má organização, que se impõe ultrapassar). Também se debate a área da Saúde com o crescimento da despesa (pois esta cresce, sendo necessária a sua redução). Além de tudo o mais, urge obter ganhos em saúde. Por tudo isto, a área económica da Saúde requer, ou melhor, tem vindo a requerer reformas. Aliás, podemos notar a existência de reformas não só ao nível nacional como internacional.

Rigorosamente, pode defender-se, de algum tempo a esta parte, a existência de uma reforma contínua, na área da saúde. De facto, as alterações nesta matéria têm-se sucedido continuamente, entrecortadas por momentos de mais marcantes e notórias mudanças.

A nível internacional, podemos destacar as reformas dos anos 80, consequência de certas realidades, como é a pressão sobre as contas públicas produzida pelas despesas com a Saúde (com tendência crescente)[9], o incremento do poder de compra da

---

[9] Note-se o aumento da despesa com as doenças crónicas, com o envelhecimento das populações e consequente aumento da despesa.

população em geral[10], o aumento do acesso e cobertura dos sistemas de segurança social, o avanço da tecnologia médica[11], a ampliação do número de profissionais médicos e a inflação dos preços dos cuidados de saúde.

As reformas subsequentes visaram um funcionamento equilibrado da sociedade baseado num mercado concorrencial, melhor aproveitamento em termos económicos e maior desenvolvimento em geral.

Em Portugal, entre as múltiplas alterações ao Sistema de Saúde, podemos realçar aquelas que ocorreram a partir de 2002.

Após múltiplas alterações legislativas, podemos destacar, a nível do direito interno, aquelas que, em matéria de Saúde, concretizam mudanças da estrutura, da organização, das instituições e organismos da Saúde, quer no que toca à Administração Directa como à Indirecta.

Vejamos, relativamente à primeira, os ainda recentes diplomas organizadores do Ministério da Saúde (Lei Orgânica), Alto Comissariado da Saúde, da Inspecção Geral das Actividades em Saúde, da Secretaria-Geral do Ministério da Saúde, da Direcção-Geral da Saúde, da Autoridade para os Serviços de Sangue e Transplantação.

No atinente à Administração Indirecta, há que referir os diplomas relativos à Administração Central do Sistema de Saúde, IP; ao Instituto da Farmácia e do Medicamento (Infarmed, IP); ao Instituto Nacional de Emergência Médica (INEM, IP); ao Instituto Português de Sangue (IPS, IP); Instituto da Droga e Toxicodependência (IDT, IP); Instituto Nacional de Saúde, Dr. Ricardo Jorge, IP (INSA) e às diferentes Administrações Regionais de Saúde (ARS, IP). De notar igualmente a nova Lei

---

[10] Traduzido no maior acesso a cuidados de saúde.
[11] Que traduz inegáveis benefícios para a saúde e igualmente aumentos exponenciais de despesa com a saúde.

Orgânica da Entidade Reguladora da Saúde que, para além das suas especificidades fica sujeita ao regime dos institutos públicos.

Mas o novo acervo legislativo não se fica pelo estabelecimento das estruturas organizativas deste sector. Existem alterações legislativas fundamentais, em matéria de acesso ao SNS, aos cuidados continuados, às Urgências; ao Sistema Integrado de Gestão de Inscritos para Cirurgia (SIGIC); às convenções; ao tabagismo; aos subsistemas de Saúde e até às terapêuticas não convencionais.

A presente reforma da Saúde norteia-se por algumas linhas mestras que podemos elencar como sendo:

– A separação entre o Estado Prestador e o Estado Financiador;
– Uma cada vez maior intervenção dos prestadores de natureza privada;
– A necessidade de mudança de paradigma da Administração Pública[12].

II – TENDÊNCIAS INTERNACIONAIS DE REFORMA DO SECTOR – NOVOS MODELOS DE GESTÃO E REGULAÇÃO

1. Tipos de Regulação

Uma consequência da reforma do sector da Saúde em Portugal, sendo simultaneamente uma sua causa é a regulação, independentemente da forma como se entenda este conceito.

Vejamos então o que é regular. Podemos entender como tal a intervenção do Estado no mercado, frequentemente através

---

[12] Aliás este aspecto refere-se à reforma da Administração Pública em geral e não só à Administração da Saúde em particular.

de novas formas de organização, que são as entidades administrativas independentes.

Existem vários tipos de regulação, como é o caso de:

 — Regulação em sentido amplo, que se traduz em qualquer
   forma de intervenção estabelecendo regras e a regulação
   stricto sensu, ou seja, a actividade de uma entidade reguladora independente[13];
 — Regulação privada, quando esta actividade é levada a cabo
   por entidades de natureza privada, e regulação pública,
   quando, por contraposição, os reguladores têm natureza
   pública;
 — Auto-regulação, sempre que a actividade regulatória é desenvolvida pelos próprios regulados e hetero-regulação,
   quando essa actividade é desenvolvida por uma entidade
   externa;
 — A regulação governamental, quando levada a cabo pelo
   órgão governamental (pela administração directa, central)
   e a independente, quando desenvolvida por entidades reguladoras independentes do poder político (governamental),
   e/ou dos próprios regulados.
 — A *Soft Regulation,* quando os poderes regulatórios implicam
   consequências mais leves para os regulados (por exemplo a
   entidade reguladora emite recomendações) e *Hard Regulation,* quando a entidade reguladora é titular de poderes
   sancionatórios que se podem traduzir, por exemplo, na
   aplicação de coimas e/ou sanções acessórias.
 — A regulação económica, quando tem como objecto as relações económicas que unem os seus regulados e a regulação técnica e social, quando o objecto de regulação são
   aspectos eminentemente técnicos.

---

[13] Que se pode traduzir, por exemplo, em estabelecer regras, regulamentos, em supervisionar os seus regulados ou em fiscalizá-los.

- A regulação *ex ante*, que ocorre a título preventivo, antes de ocorrer alguma actividade dos regulados, visando prevenir situações tidas como de evitar, enquanto a regulação *ex post* ocorre após a prática de alguma actividade com a intenção de repor a situação devida.
- A regulação estrutural, que incide sobre as grandes linhas estruturantes, as "traves mestras", ou as grandes directrizes, as bases de um dado sector, e a regulação comportamental, que tem a ver com a actuação dos vários intervenientes naquele sector.
- A regulação sectorial, cujo objecto é um sector de actividade[14], enquanto a regulação transversal se dirige a todas as actividades económicas[15].

Vários objectivos podem cometer-se à actividade de regulação, como é o caso do acesso à actividade regulada e seu desenvolvimento, a organização e governo dos regulados, os produtos e serviços, as relações comerciais, a concorrência e as garantias dos direitos dos consumidores e conflitos de consumo.

O âmbito das autoridades de regulação pode ser internacional e nacional. Têm âmbito internacional as organizações internacionais (*vg* Organização Mundial do Comércio – OMC), regional (nomeadamente europeu), as instituições e agências europeias, sejam elas de âmbito geral, como a Comissão Europeia, ou sectorial, como é o caso da Agência Europeia do Medicamento.

As autoridades nacionais, quer se integrem na Administração Directa ou na Administração Indirecta tradicional. E, por fim, as Autoridades Reguladoras Independentes (ARIs).

---

[14] É o caso da regulação efectuada pela Entidade Reguladora da Saúde.
[15] A desenvolvida pela Autoridade da Concorrência.

2. A regulação do sector da Saúde. A regulação independente sectorial versus regulação transversal

A entidade reguladora sectorial para a saúde, a Entidade Reguladora da Saúde (ERS) cabe nas autoridades que acabámos de referir, cujas características fundamentais, em geral e em particular, são:

- A independência, que se traduz no facto de estas entidades não se subordinarem, nem orgânica nem funcionalmente, aos órgãos do poder nem aos regulados[16]. Esta independência pode ser orgânica e funcional. A primeira traduz-se no facto de os órgãos de direcção destas entidades não poderem ver os seus mandatos revogados para além das situações legalmente previstas e causadas por situações tidas por muito graves. A segunda traduz-se na afirmação da sua irresponsabilidade, melhor dito, irresponsabilidade dos elementos que compõem os seus órgãos de direcção. Esta independência permite o cumprimento da respectiva missão, desde que dentro da legalidade e no âmbito das suas atribuições.
- Precisamente para acautelar esta independência, devem estas entidades poder auto-financiar-se. Deste modo, evita-se a dependência do Governo, pois não dependem do seu financiamento. O auto-financiamento obtém-se a partir da cobrança de taxas aos seus regulados.
- Pluralidade de poderes é outra nota caracterizadora. Com efeito, as entidades reguladoras independentes são titulares de uma panóplia de poderes: normativos (poder de emitir normas ou regulamentos); executivos, de supervisão (possibilidade de concretizar as normas respeitantes ao seu

---

[14] Há que impedir a captura do regulador pelos regulados.

sector, implementar decisões e, obviamente, tomá-las); e sancionatórios (habilitação para aplicar sanções).

Abrangida pelo conceito de regulação do sector da Saúde está a regulação levada a cabo pela Administração Directa (através das estruturas e órgãos que a compõem, no exercício dos seus poderes), a Indirecta tradicional (os vários institutos públicos) e ainda a entidade reguladora independente dedicada para o sector da saúde, que é a ERS.

A Regulação Independente do Sector da Saúde é levada a cabo pela ERS, cujas características fundamentais, tal como já afirmámos, se reconduzem às que são típicas das entidades reguladoras independentes. A ERS é uma pessoa colectiva de direito público, com autonomia administrativa, autonomia financeira e património próprio. Como autoridade reguladora independente goza de independência, pelo que, não cumpre instruções do Governo nem de qualquer outro organismo, actua dentro da lei, no âmbito das suas atribuições e exercendo os poderes que lhe são conferidos.

Porém, não pode ir contra os princípios orientadores da política de saúde, cuja fixação é da responsabilidade do Governo.

O objecto da ERS é a regulação e a supervisão da actividade e funcionamento dos estabelecimentos prestadores de cuidados de saúde e o funcionamento dos estabelecimentos prestadores de cuidados de saúde, no que respeita:

- *Ao cumprimento dos requisitos de exercício da actividade e de funcionamento;*
- *À garantia dos direitos relativos ao acesso aos cuidados de saúde e dos demais direitos dos utentes;*
- *À legalidade e transparência das relações económicas entre os diversos operadores, entidades financiadoras e utentes*[17].

---

[17] Cf. Artigo 3.º, n.º 2, alíneas *a*) a *c*) do Decreto-Lei n.º 127/2009, de 27 de Maio.

Eleitos como princípios basilares da ERS são:

– O estabelecimento de uma rigorosa distinção entre a definição de estratégia e definição das políticas de saúde que compete ao Governo e a regulação "secundária" e supervisão técnico-administrativa e económica, atribuição da ERS;
– Forte Independência;
– Responsabilização pública;
– Transparência;
– Procedimentalização e fundamentação das decisões;
– Obrigação de publicação de um relatório anual sobre as suas actividades;
– Possibilidade de chamamento à comissão parlamentar de saúde da Assembleia da República;
– Obrigação de colaboração com a Autoridade da Concorrência, no sector da Saúde;
– Velar pela qualidade das prestações de saúde;
– Desempenhar as demais funções que por lei lhe sejam atribuídas.

Ao apreciar qual o papel da ERS no Sistema de Saúde Português, há que reconhecer que a sua existência é inquestionável.

Uma das essenciais características desta entidade é a sua independência, determinada pelo facto de ser supra-partidária, apolítica, marcada por um cunho eminentemente técnico, mantendo-se equidistante de todas as outras entidades intervenientes no sector. Ostenta uma cuidada nomeação do seu órgão de direcção e incompatibilidades dos titulares deste órgão.

Obviamente que, para poder desempenhar a sua missão com eficácia, carece de instrumentos de actuação suficientemente fortes, conjugados com os poderes legalmente atribuídos. Este reforço foi-lhe concedido com a lei orgânica actualmente em vigor. Embora, em nosso entender, não fosse imperiosa a concretização das suas atribuições, em benefício de uma saudável articulação com outros organismos da área da Saúde, o legislador, neste novo diploma,[18] tratou de a fazer, visando contribuir para a clareza e transparência das situações.

III – Tendências, a nível internacional, de mudança do sector – o novo paradigma

1. Alguns exemplos dispersos, de mudanças de fundo, a nível internacional, no que toca aos sistemas de saúde

Os diferentes sistemas de saúde têm vindo a sofrer alterações que acabam por revelar uma tendência actual e comum a todos eles e, no que ao sistema português respeita, se traduzem na afirmação de um novo paradigma de sistema de saúde.

Vejamos, a título meramente exemplificativo:

– A Holanda impôs a obrigatoriedade de um seguro de saúde privado. Podemos afirmar aí a existência de uma concorrência regulada conjugada com a responsabilização do utente pelas suas opções. Ao Estado cabe a regulação de aspectos essenciais, como a garantia do acesso e a qualidade das prestações.

---

[18] O decreto-lei n.º 127/2009, de 27 de Maio, publicado no Diário da República n.º 102, Série I, de 27 Maio 2009, cuja entrada em vigor teve lugar no dia 26 Junho 2009, aprova a Lei Orgânica da Entidade Reguladora da Saúde, revogando o Decreto-Lei n.º 309/2003, de 10 de Dezembro.

Note-se que, apesar de, na data em que foi proferida a aula a que respeita este texto ainda não ter entrado em vigor a nova lei orgânica da ERS, naturalmente que não pudemos deixar de fazer esta pequena adaptação no presente texto.

Por outro lado, na Alemanha, assiste-se a uma vaga de privatizações de hospitais (40%, actualmente, e, em 2015, 50%), pretendendo-se com isso assegurar a sustentabilidade económico-financeira do sistema, bem como a uniformização das práticas dos diversos prestadores. Constata-se a tendência para actuação em rede (60%, actualmente, e, em 2010, 80%).

É evidente a separação entre prestador e financiador, sendo que a responsabilidade pelo sistema de saúde assenta, sobretudo, ao nível dos "Länder".

Também o Serviço Nacional de Saúde do Reino Unido – NHS, patenteia uma reforma que visa sobretudo um serviço de saúde centrado no cidadão e o reforço do princípio da liberdade de escolha. Em 2006, existia a possibilidade de opção da parte do utente, entre várias unidades de saúde, independentemente da sua natureza. Em 2008, ocorreu um reforço da liberdade de escolha total.

No que toca ao Sistema de Saúde Americano[19], há que destacar a afirmação do seguro de saúde obrigatório em certos Estados. Aliás, quem tem meios para efectuar o seguro e não o faz pode ser penalizado por isso. Fundos governamentais são utilizados para financiar o seguro dos que se encontram abaixo do limiar de pobreza e as entidades empregadoras são obrigadas a contribuir, sob pena de pagar uma multa, por cada empregado sem seguro. Parte dos fundos estatais, canalizados para o sistema de saúde passam a ser entregues aos utentes, para que estes possam suportar as despesas com a saúde.

---

[19] Cf. nota de rodapé da página 47.

2. **Mobilidade dos doentes na União Europeia e a jurisprudência do Tribunal de Justiça da União Europeia (TJUE)**

É visível a confirmação da consagração, no Direito Comunitário, do direito a cuidados de saúde noutro Estado-Membro, que não o do doente e o reembolso dessas despesas no país de origem. Porém, existe alguma incerteza relativamente à generalização dos princípios consagrados na jurisprudência do Tribunal de Justiça da União Europeia, que consagra estas soluções.

O princípio da livre circulação é portanto aplicável aos cuidados de saúde. Existindo mesmo, relativamente à mobilidade de doentes na União Europeia, uma proposta de Directiva que pretende facilitar a aplicação dos direitos dos doentes europeus em matéria de tratamentos transnacionais, melhorar a cooperação entre os Estados-Membros neste domínio, propondo mesmo a existência de cuidados transnacionais.

Fala-se no direito dos doentes a cuidados de saúde no estrangeiro e no seu reembolso até ao montante que seria pago se esses cuidados fossem recebidos no país de origem.

O que importa apurar é o modo como podem esses direitos ser exercidos. Igualmente interessa saber se há limites à obtenção de cuidados de saúde noutro Estado-Membro, qual o nível de cobertura financeira garantido para os cuidados transnacionais, qual a responsabilidade dos Estados-Membros pelos cuidados de saúde fornecidos no seu território e ainda a garantia do controlo de boas práticas médicas.

A Comissão Europeia propõe um quadro comunitário para os cuidados de saúde transfronteiriços, tendo como principais áreas abrangidas:

- Princípios comuns a todos os sistemas de saúde da União Europeia;

– Quadro específico para os cuidados de saúde transfronteiriços, clarificando os direitos dos doentes relativamente ao acesso a cuidados de saúde noutro Estado-Membro;
– Cooperação europeia no domínio dos cuidados de saúde, por exemplo, nas regiões fronteiriças, o reconhecimento das receitas médicas emitidas noutros países, as redes europeias de referência, a avaliação das tecnologias da saúde, a "Saúde electrónica" – reforço das tecnologias da informação e comunicação, a recolha de dados, a qualidade e a segurança.

3. **Mercado Comum de Cuidados de Saúde**

Podemos mesmo afirmar a existência de um mercado comum de cuidados de saúde. Trata-se de um modelo baseado na liberdade de escolha da unidade de saúde prestadora pelo utente. Pretende-se a afirmação de uma rede europeia de cuidados de saúde, com a asseveração da mobilidade dos doentes e dos profissionais, além da integração de sistemas de saúde.

Constata-se a existência de problemas, que simultaneamente constituem desafios comuns aos sistemas de saúde europeus, como é o caso do envelhecimento da população, da liberdade de circulação dos cidadãos europeus no espaço europeu, da necessidade de cuidados de saúde cada vez mais sofisticados, maiores exigências e reivindicações dos utentes.

Impõe-se, como necessidade imprescindível, uma regulação "moderna" e forte, para ser eficiente e eficaz, envolvendo o próprio prestador. Só assim é possível contribuir para a melhoria dos cuidados de saúde.

IV – Conclusão – o novo paradigma na Saúde

Parece-nos ser óbvio que urgia e urge continuar a proceder a mudanças no Sistema de Saúde Português. De facto, é do conhecimento geral que o SNS, elemento integrante daquele, padecia de muita ineficiência, o que levou a ser por muitos considerado como ineficiente e insustentável.

O Tribunal de Contas, na auditoria que fez ao SNS, concluiu, entre outras coisas, pela existência do desperdício dos recursos financeiros, ascendendo aos 25% do montante afecto à saúde.

Como afirma Eugénio Rosa, quando defende que *O Serviço Nacional de Saúde é Sustentável*, o objectivo do SNS não é o lucro, pelo que a sua sustentabilidade deve ser analisada em três dimensões: a eficácia (assegurar a universalidade do direito à saúde e melhorias contínuas na saúde da população), a eficiência (boa utilização dos recursos disponíveis para assegurar o equilíbrio das suas contas) e a responsabilização (pelo incumprimento dos objectivos e pelas ineficiências).

Em jeito de conclusão, podemos afirmar que o Sistema de Saúde Português, tal como os outros que se lhe assemelham, tem vindo a sofrer reformas que se traduzem na aproximação dos modelos existentes, cujas causas e objectivos são comuns. Mas, mais do que tudo isso, surge no horizonte um novo paradigma de Sistema de Saúde que, para além da dimensão nacional, enverga uma dimensão europeia. Este é o primeiro passo para uma dimensão a nível transeuropeu, por força da globalização.

Igualmente é inegável a existência de novos modelos de gestão e regulação no Sector da Saúde, como em toda a economia. Esta situação implica a imperiosidade da Regulação (económica, social, técnica, secundária), no mercado concorrencial da Saúde (apesar de e por força das falhas de mercado, assimetrias de informação, etc.). O utente passa a ser o fulcro do sistema, devendo existir um esforço no sentido de reforçar o investimento na medicina preventiva e não apenas na curativa, pois não só aquela é menos dispendiosa em termos puramente financeiros como em termos humanos, permitindo uma maior qualidade dos cuidados de saúde para os utentes.

Pois, é um facto que, se o Sistema de Saúde for mais eficiente poderão ser prestados aos seus utentes mais cuidados de saúde e de melhor qualidade com o mesmo esforço financeiro.

O Sistema de Saúde actual tem que ser um sistema "preocupado" com os seus utentes, tendo no seu fulcro, como já afirmámos, os cidadãos. Alguns destes, titulares de mais vulnerabilidades, resultantes não apenas do seu estado de saúde ou ausência dela, mas das assimetrias de educação, rendimento e mesmo de literacia que tão patentes estão na sociedade portuguesa e limitam drasticamente o acesso aos cuidados de saúde. É que, apesar de se afirmar, como bandeira da melhoria dos sistemas de saúde, por exemplo o aumento da esperança de vida, há que questionar se será tão positivo esse aumento, quando é sabido que essa vida, que felizmente é em regra mais prolongada, não se caracteriza por ter um mínimo de qualidade.

Quando se analisa um sistema de saúde há que ponderar a existência de prestações de cuidados de saúde, os gastos inerentes a estas e a acessibilidade equitativa a essas prestações. Há portanto que ponderar a eficácia e eficiência do sistema que, naturalmente, implica sempre gigantescas despesas em Estados em crise e que deixaram de ser Estados Sociais no sentido estrito do termo para passarem a ser Estados Garantísticos.

Por isso, defendemos que o Estado não deve ter receio de largar mão da sua função de prestador, para agarrar com força, abraçando a sua função de fiscalizador, supervisionador, financiador e regulador, tudo em benefício da prossecução do interesse público, da melhor forma.

Eficiência, responsabilidade social e individual, equidade no acesso, concorrência, liberdade de escolha, qualidade, direitos dos utentes, são algumas das palavras chave do novo paradigma de Sistema de Saúde, que se vem afirmando e onde devem actuar todos os "players" da Saúde, independentemente da sua natureza jurídica ser pública, social ou privada e do seu âmbito geográfico de intervenção, ficando o Estado sempre com o encargo de garantir o bom funcionamento desse sistema. Defendemos este novo e complexo sistema, ainda que para o implementar haja que proceder às necessárias alterações legislativas.

BIBLIOGRAFIA

AFONSO, P. – *A Contratualização e o Valor em Saúde*, in Saúde em Rede, 2009.

ALBUQUERQUE, Alexandre de, *inter alia – Regulação e Concorrência – Perspectivas e Limites da Defesa da Concorrência*, Almedina, 2005.

ARNAUT, António – *Serviço Nacional de Saúde SNS – 30 Anos de Resistência*, Coimbra Editora, 2009.

BUSSE R. (2001), *Regulation in health care: a basic introduction*, Madrid: European Observatory on Health Care Systems.

CARDOSO, José Lucas – *Autoridades Administrativas Independentes e Constituição. Contributo para o estudo da génese, caracterização e enquadramento constitucional da Administração independente*, Coimbra, Coimbra Editora, 2002.

CARVALHO, Luís Paulo Figueiredo de – *Os Sistemas de Supervisão Prudencial na União Europeia,* Coimbra, Livraria Almedina, 2003.

MARQUES, Maria Manuel Leitão e ALMEIDA João Paulo Simões de; FORTE, André Matos, *Concorrência e Regulação – A Relação entre a Autoridade da Concorrência e as Autoridades de Regulação Sectorial,* Vol. 6, *Direito Público e Regulação*, Coimbra: Coimbra Editora, 2005.

MOREIRA, Vital, Maças, Fernanda, *Autoridades Reguladoras Independentes*, Coimbra, Coimbra Editora, 2003.

MOREIRA, V – *Uma Lei-Quadro da regulação independente?*, in Marques *Regulação Económica, concorrência e serviços de interesse geral*, Estudos de Regulação Pública – I (Organização de Vital Moreira), Cedipre, Coimbra Editora, Coimbra, 2004.

—— *A Nova Entidade Reguladora da Saúde em Portugal,* in Revista de Direito Público da Economia, n.º 5, 2004.

NUNES, Rui – *Regulação da Saúde* –Vida Económica, 2005.

—— *Regulação da Saúde* –Vida Económica, 2ª Edição, 2009.

OBSERVATÓRIO PORTUGUÊS DOS SISTEMAS DE SAÚDE – *Relatório de Primavera 2009 – 10 a 30 anos – Razões para Continuar.*

PORTUGAL. TRIBUNAL DE CONTAS – *Auditoria à situação financeira do Serviço Nacional de Saúde.* Processo n.º 06/02–Audit. Relatório n.º 10/03-2ª Secção. Lisboa: Tribunal de Contas, 2003.

RIBEIRO, José Mendes – *Saúde – A Liberdadde de Escolher*, Gradia, 2009.

SANCHES, J. L Saldanha – *A regulação: breve história de um conceito*, in Revista da Ordem dos Advogados, 2000.

SIMÕES, Jorge, BARROS, Pedro Pita, PEREIRA João – *A Sustentabilidade Financeira do Serviço Nacional de Saúde*. Lisboa: Secretaria-Geral do Ministério da Saúde, 2007.

SILVA, Ana Maria Escoval da – *Evolução da Administração Pública da Saúde: O Papel da Contratualização – Factores Críticos do Contexto Português, Instituto Superior de Ciências do Trabalho e da Empresa*, Lisboa, 2003.

TRIBUNAL DE CONTAS, Relatório da Auditoria ao Serviço Nacional de Saúde, 2003.

ANEXO

Algumas alterações legislativas fundamentais, no âmbito da Saúde
Estrutura/Organização/Instituições/Organismos da Saúde
- ■ Administração Directa
  - ● Lei Orgânica do Ministério da Saúde
    - ■ Decreto-Lei n.º 234/2008, de 2 de Dezembro, in DR n.º 233, 1ª Série, que republica a anterior (Decreto-Lei n.º 212/2006, de 27 de Outubro, in DR n.º 208, 1ª Série)
  - ● Alto Comissariado da Saúde
    - ■ Decreto-Lei n.º 218/2007, de 29 de Maio, in DR n.º 103, 1ª Série
  - ● Inspecção-Geral das Actividades em Saúde
    - ■ Decreto-Lei n.º 275/2007, de 30 de Julho, in DR n.º 145, 1ª Série
  - ● Secretaria-Geral
    - ■ Decreto-Regulamentar n.º 65/2007, in DR N.º 103, 1ª Série, de 29 de Maio
  - ● Direcção-Geral da Saúde
    - ■ Decreto-Regulamentar n.º 66/2007, in DR N.º 103, 1ª Série, de 29 de Maio (alterado pelo DR 21/2008, in DR n.º 233, de 2 de Dezembro, 1ª Série)
  - ● Autoridade para os Serviços de Sangue e Transplantação
    - ■ Decreto-Regulamentar n.º 67/2007, in DR N.º 103, 1ª Série, de 29 de Maio
- ■ Administração Indirecta
  - ● Administração Central do Sistema de Saúde, IP
    - ■ Decreto-Lei n.º 219/2007, de 29 de Maio, in DR n.º 103, 1ª Série
  - ● Instituto da Farmácia e do Medicamento (Infarmed IP)
    - ■ Decreto-Lei n.º 269/2007, de 26 de Julho, in DR n.º 143, 1ª Série
  - ● Instituto Nacional de Emergência Médica (INEM, IP)
    - ■ Decreto-Lei n.º 220/2007, de 29 de Maio, in DR n.º 103, 1ª Série
  - ● Instituto Português de Sangue (IPS, IP)
    - ■ Decreto-Lei n.º 270/2007, de 26 de Julho, in DR n.º 143, 1ª Série

- Instituto da Droga e Toxicodependência (IDT, IP)
  - Decreto-Lei n.º 221/2007, de 29 de Maio, in DR n.º 103, 1ª Série
- Instituto Nacional de Saúde, Dr. Ricardo Jorge, IP
  - Decreto-Lei n.º 271/2007, de 26 de Julho, in DR n.º 143, 1ª Série

- Administrações Regionais de Saúde (ARS, IP)
  - Decreto-Lei n.º 222/2007, de 29 de Maio, in DR n.º 103, 1ª Série

Política de Saúde Intersectorial: Desafios Metodológicos e Organizacionais

*Paulo K. Moreira**

Durante algumas décadas, o pensamento sobre políticas de saúde esteve dominado pela avaliação económica e medidas de produção de saúde centrada sobretudo nos tratamentos e tecnologias de saúde. Contudo, desde meados dos anos de 1990 passou a ser reconhecido que muitas medidas de promoção da saúde encontram-se em outros sectores como, por exemplo, a educação, programas de higiene e segurança no trabalho, actividades de promoção da literacia em saúde, melhoria dos salários e melhorias no ambiente físico em que os cidadãos vivem. Este capítulo apresenta de forma sumária, alguns princípios de desenvolvimento de políticas de saúde centradas na promoção e avaliação das medidas de promoção da saúde através de diferentes sectores e revê a prática corrente. Esta nova abordagem para as políticas de saúde na Europa, coloca desafios metodológicos nem sempre admitidos na visão tradicional dominante nas avaliações económicas de cuidados de saúde.

---

* Doutor em Health Management pela University of Manchester, RU. Professor da Universidade Nova de Lisboa (Escola Nacional de Saúde Pública). Editor do Journal of Management and Marketing in Healthcare a revista Científica oficial da European Health Management Association (EHMA).

No contexto do desenvolvimento de programas de intervenção para as novas políticas de saúde, assume-se que é necessário que a avaliação intersectorial forneça uma solução técnica para a partilha de recursos alocados a um sector e entre sectores da economia, sendo que a aplicação de um modelo de gestão estratégica é fundamental. Neste sentido, são apresentadas quatro dimensões neste texto introdutório em Portugal que incluem a ideia de empreender análises das políticas de saúde estudos apoiadas por um conjunto de dados mínimo que apoiem a decisão de investimentos identifiquem os incentivos para a colaboração intersectorial.

Contextualização

A avaliação de medidas de produção de Saúde exige a identificação explícita dos seus custos e efeitos. Assim, um programa que pretende maximizar os benefícios do seu investimento, deve admitir a comparação entre programas, não só no sector da saúde, mas com programas implementados através de diferentes sectores.

Aceita-se, actualmente, que as actividades em outros sectores podem ter consequências negativas ou positivas nos níveis de Saúde da população e, consequentemente, na procura de serviços de saúde. Por exemplo, investimentos em melhores e mais seguras vias de comunicação rodoviária reduzem o risco de morte e ferimentos graves assim como reduzem o tempo de viagem. Porém, por outro lado, os investimentos em instituições de carácter desportivo e recreativo, mesmo contribuindo para o bem-estar dos participantes, podem aumentar o número de lesões desportivas. É, por isso, importante que as políticas de saúde considerem como esses projectos podem ser modificados, no sentido da maximização das consequências positivas para a saúde e minimização das negativas.

Por todo o Mundo, existem muitas entidades e indivíduos interessados nestas temáticas do desenvolvimento das políticas de gestão em saúde. A nível governamental o mais óbvio é o Ministério da Saúde (ou entidade semelhante), embora a maioria dos Ministros da Saúde vejam a gestão eficiente dos sistemas de Saúde como a sua preocupação primária e normalmente não se envolvam activamente em programas de outros sectores, como a educação, o ambiente ou a habitação. Esta aproximação entre sectores, muito recomendada pela Organização Mundial de Saúde (OMS) e por Directivas Europeias da Comissão Europeia, geralmente persiste noutros níveis de tomadas de decisão em políticas públicas, através de agências dedicadas como por exemplo as autoridades de saúde do Reino Unido que utilizam o seu orçamento para maximizar o status de saúde da sua população local promovendo a coordenação entre sectores de intervenção das políticas públicas. Contudo, a sua actividade é ainda, habitualmente, interpretada em termos de compra e fornecimento de serviços de prestação de cuidados de saúde.

Em jurisdições onde a saúde é uma das muitas responsabilidades de uma só agência, como os conselhos de município (*county councils*), na Escandinávia, há alguma evidência de pensamento intersectorial, em termos de considerar uma vasta gama de medidas de produção de saúde dentro e fora do sector da saúde, ou a identificação das consequências positivas e negativas dos projectos dos outros sectores.

Assim, existem sinais que as aproximações intersectoriais para a saúde estão a acontecer (Moreira, 2008). Um exemplo concreto, na província de Ontário no Canadá, é um grupo de aconselhamento intersectorial, o *Premier's Council on Health Strategy*. O mandato deste comité incluiu os seguintes objectivos:

(i) recomendar iniciativas específicas de politica pública, para melhorar a Saúde além da jurisdição tradicional do sistema de saúde formal;

(ii) desenvolver um quadro de referência de políticas públicas saudáveis que permita a avaliação, caracterização e ordenação *(prioritization)* das iniciativas de políticas públicas saudáveis.

Estas são experiências que merecem a nossa atenção do sentido de apreendermos os seus aspectos positivos e respectiva aprendizagem.

Princípios da avaliação intersectorial

Conforme desenvolvido por vários autores (HEERTJE, 2005; HERBENER, 1995), existem diversas formas de avaliação económica, mas um método preferido para fazer avaliações intersectoriais é a análise da relação custo-beneficio. Nesta análise (*CBA – cost-benefit analysis*) todos os custos e consequências de programas alternativos devem ser avaliados de uma maneira consistente com os princípios do *Paretian Welfare Economics* (PWE – Princíípio de Pareto).

O PWE refere que um pequeno número de causas (geralmente 20%) é responsável pela maioria dos problemas (geralmente 80%). A grande aplicabilidade deste princípio à resolução dos problemas da qualidade reside no facto de ajudar a identificar o reduzido número de causas que estão muitas vezes por detrás de uma grande parte dos problemas que ocorrem. O Diagrama de Pareto é a ferramenta utilizada pelo PWE no controlo de qualidade. É na detecção de 20% das causas que dão origem a 80% dos efeitos que o Diagrama de Pareto se revela uma ferramenta muito eficiente. Esta teoria diz que, em muitos casos, a maior parte das perdas que se fazem sentir são devidas a um pequeno número de defeitos considerados vitais (*vital few*). Os restantes defeitos, que dão origem a poucas perdas, são considerados triviais (*trivial many*) e não constituem qualquer perigo sério. Uma vez identificados os *vital few* dever-se-á proceder à sua análise, estudo e implementação de processos que conduzam à sua redução ou eliminação.

É nesta fase que se dá lugar à CBA – utilizada para promover uma distribuição eficiente dos recursos em situações em que se considera que os mercados falharam seja por motivos de deturpação do poder de monopólio ou causas externas.

Assim nenhum orçamento particular é predeterminado para programas de saúde, nem para o sector público em geral. O que é determinado e avaliado é se os programas individuais de investimento público geram um benefício social. A dimensão do sector público e o nível dos recursos que têm de ser distribuídos para os programas de saúde são determinados pela análise económica e de gestão em saúde.

Esta abordagem tem três requisitos essenciais:

i) Devem ser identificadas todas as possíveis utilizações dos recursos. Tem de haver uma identificação cuidadosa de todos os potenciais projectos do sector da saúde e de outros sectores;

ii) Todos os benefícios têm de ser valorizados em termos do que os indivíduos estão dispostos a pagar por eles no sentido de identificarmos o seu valor percebido;

iii) Devem ser definidos "preços sombra" (*shadow prices*) (i.e. reflectidos através de preços sociais marginais) que têm de ser calculados a partir de todos os recursos consumidos pelos vários programas. Em alguns casos os preços de mercado podem ser substitutos de "preços sombra", porém, para muitos recursos, para os quais não existe preço de mercado (e.g. tempo de voluntariado), ou para aqueles que o poder de monopólio pode distorcer os preços (e.g. tempo de especialistas) têm de ser feitos ajustes.

Alguns autores argumentam que considerações acerca do resultado são importantes quando se têm de tomar decisões acerca da distribuição de recursos e o critério para julgar se diferentes distribuições de custos e benefícios são melhores ou piores (ou seja, trata-se de decisões *"complex, value and ethics--laden)*. Assim, considera-se que os custos e benefícios numa CBA devem ser medidos em relação a quem depende ou beneficia deles.

Estas relações conceptuais num debate mais abrangente acerca da natureza das funções de bem-estar social devem ser assumidas quando se empreende uma CBA. O conceito de bem-estar social implicado na interpretação simplista do julgamento de valores de Pareto, que considera a existência de um aumento da eficiência desde que um individuo melhore a sua condição e ninguém piore, não é necessariamente restritivo promovendo uma modificação onde se pode dizer que existe uma melhoria potencial (de Pareto) quando os ganhos de um projecto particular podem compensar os "perdedores".

Nesta linha de reflexão para uma nova abordagem para a política de saúde em Portugal, a tomada de decisão, deve começar com a premissa de que a pergunta pertinente é "Que objectivos deve propor um gestor para um programa de saúde e/ou de bem-estar social?". Existe evidência para argumentar que, pelo menos, num sistema centralizado de tomada de decisão pública o objectivo escolhido corresponde, normalmente, aquele implicado pelo critério potencial de melhoria de Pareto, se o governo, através dos instrumentos de controlo disponíveis, tiver a capacidade de converter potenciais melhorias de Pareto em melhorias concretas nos programas de impacto intersectorial. Claro que surge um problema se, ao examinar projectos e programas particulares haja algum em que não se possa assumir este princípio. No entanto, e antecipando essa dificuldade, na abordagem de tomada de decisão política pela via CBA quem analisa a evidência para as políticas de saúde deve também considerar outros objectivos sociais além da eficiência. A análise deve, assim, incluir a participação e troca de ideias entre quem analisa e decide através de um fórum intersectorial para explicitar os valores dos decisores e promover alguma forma de consenso.

Admite-se porém que uma análise estratégica conduzida pelos princípios de Pareto pode não dar a solução concreta para o problema de distribuição de recursos.

Neste sentido, a justificação para financiar um determinado projecto deve ser o resultado de um exercício de análise da sua mais-valia social sendo que, devemos estar cientes de que os princípios de partida dependem de quem analisa. Por isso, para ultrapassar o potencial de subjectividade, todas as opções possíveis de utilização de recursos devem ser identificadas e todos os custos e benefícios têm de ser devidamente identificados e valorizados. Embora na literatura internacional já se tenham abordado muitos dos problemas de valorização dos benefícios em Saúde, a definição de *shadow prices* de recursos não é trivial, tendo sido utilizada em avaliações de projectos em países em desenvolvimento. A análise é feita independentemente de quaisquer procedimentos para distribuir orçamentos ministeriais. Na realidade, é a base do método para a sua distribuição. Esta tarefa está subjacente à CBA desde que a abordagem seja fundamentada em análise de equilíbrio parcial, ainda que uma abordagem de equilíbrio global onde a economia inteira seja considerada deva ser a ênfase da análise.

O maior obstáculo à aplicação da CBA (cost benefit analysis) é que esta análise não se ajusta totalmente às estruturas existentes de tomada de decisão nos actuais sistemas de saúde e apoio social e outros sistemas a envolver (ex. ambiente, obras públicas, educação, etc.). Em vários níveis de tomada de decisão os orçamentos são estabelecidos através de um processo de negociação política mesmo que entre agentes não-políticos (como é o caso das associações profissionais), e não são definidos como resultado de uma análise complexa dos custos e benefícios de todos os projectos.

Portanto, se não admitirmos a necessidade de alterar os processos de decisão sectoriais no sistema de saúde para uma decisão intersectorial, uma analise CBA abrangente e que considere todas as opções no sectores potencialmente afectados pode não passer de uma inutilidade teórica. Ainda assim, permanence a necessidade de pensar de forma abrangente sobre investimentos em medidas de produção de saúde. Desta forma, permanece numa primeira fase de desenvolvimento de políticas de saúde intersectoriais, a necessidade fundamental de promover o debate e a prática da realização de avaliações intersectoriais dos custos e impactos dos projectos financiados pelos orçamentos atribuídos aos ministérios da saúde na Europa.

De forma realista, e tendo em conta o estado actual do conhecimento e evidencia disponível, o enfoque estratégico deve ser o de promover avaliações intersectoriais que providenciem uma solução técnica para a dificuldade pratica da distribuição de recursos dentro e entre os sectores das economias contemporâneas para promovermos os muito propagados "ganhos-em--saude". Esta nova abordagem enfrenta dificuldades metodológicas para se promover a necessária análise e para o esclarecimento prático de como os resultados podem ser expressos e usados dentro do contexto das estruturas de tomada de decisão existentes em Portugal (e em outros estados da União Europeia). Ainda assim, a aplicação de uma nova forma de a análise das políticas de saúde (i.e. considerando uma extensão alargada de alternativas e avaliando os seus custos relativos e consequências) já se pratica em diversos contextos internacionais com benefícios claros para a implementação de nova abordagem intersectorial na definição de políticas de saúde. Neste quadro conceptual simplificado identificamos, de seguida, quatro propostas fundamentais para promover o debate em Portugal:

1. Devem-se considerar e definir, em futuros programas para as políticas de saúde em Portugal, as alterações organizacionais (e institucionais) que promovam a avaliação intersectorial. Por exemplo, um grupo de avaliação intersectorial permente pode ser estabelecido ao nível relevante de tomada de decisão (i.e.: interministerial), que remeta para os planos de investimento revistos em diferentes sectores e que empreenda projectos de investimento conjuntos. Contudo, a evidência internacional de gestão em saúde alerta para o facto de que o estabelecimento desse grupo intersectorial não garante a cooperação efectiva entre ministérios ou sectores, especialmente se as prioridades de cada parte diferirem radicalmente e se houver conflito de interesses (inclusive os interesses de protagonismo político, no caso dos ministérios). Por isso, será crucial definir a redução de limitações das barreiras orçamentais entre os diferentes ministérios e reduzir a concorrência no processo de exigência de recursos adicionais próprios. Este princípio está claramente presente na filosofia dos fundos estruturais conforme definidos pela Comissão Europeia e deveriam conduzem a essência do investimento do QREN (2007-2013) e em todos os projectos co-financiados.

2. No sentido de desenvolver as novas metodologias de avaliação intersectorial, deve promover-se um número de estudos piloto em avaliações intersectoriais. Talvez a melhor maneira de o fazer seja escolher um grupo beneficiário onde o investimento intersectorial seja aceite de forma geral (por exemplo apoia a crianças em instituições de acolhimento, a idosos ou a pessoas com deficiência) e pensar amplamente acerca das opções para melhorar a sua

saúde. A seguir podem ser retiradas ilações para as melhores formas de avaliar os custos e as consequências (impactos) das opções.

3. Ainda que não seja possível fazer avaliações completas de todos os projectos com impacto na Saúde de diferentes ministérios e sectores de actividade, pode ser possível insistir na recolha de um mínimo de dados para justificar planos de investimento. O conteúdo preciso desses dados necessitará de uma definição cuidadosa, mas poderá conter itens como: (i) o número e as características das pessoas que se espera que beneficiem de um projecto específico; (ii) o custo do projecto; (iii) a natureza e a qualidade da evidência da efectividade das intervenções propostas; (iv) as principais áreas de incerteza, incluindo as dificuldades de implementação.

4. Finalmente, deve ser dada atenção aos incentivos para a colaboração intersectorial. Até ao momento existem poucos incentivos para que uma agência, ao negociar com outros sectores, preste atenção às consequências (impactos), positivas ou negativas, que as suas acções têm para outras agências ou sectores. Similarmente, se for necessário introduzir uma alteração a um projecto, com custo adicional, para reduzir riscos de saúde, não existem normalmente mecanismos pelo meio dos quais possa ser feita uma transferência financeira intersectorial para apoiar a alteração que necessita de ocorrer. Contudo, pode fazer sentido para a agência dedicada à saúde fazer uma transferência financeira se as alterações ao projecto representarem uma mais valia superior ao que se obterá de outros projectos dentro do sector da saúde. Acima de tudo, é fundamental identificar as situações onde este potencial exista. Este será o primeiro passo essencial para o desenho

de sistemas de incentivo apropriados às intervenções intersectoriais.

Assim em síntese, dada a existência de evidência de que o
impacto das medidas de saúde não se limita ao sector da Saúde,
os futuros programas de desenvolvimento de políticas de saúde
na Europa e em Portugal, irão apoiar mais tentativas de investimento e avaliação intersectorial. Para já, em Portugal, onde esta
visão não é dominante nem está muito presente no debate
sobre saúde, é fundamental aumentar a consciência, entre os
decisores, das alternativas existentes em outros sectores (fora do
sistema da saúde) e produzir indicações dos benefícios potenciais e/ou marginais (em melhorar a saúde) ou "ganhos em
saúde" atribuíveis à despesa em diferentes sectores das economias nacionais.

RESUMO

Ainda que estas recomendações necessitem de discussão subsequente,
verifica-se claramente a necessidade de uma maior exploração dos efeitos
do investimento em Saúde com abordagens intersectoriais entre projectos
empreendidos no sector da Saúde e outros.

Dadas as dificuldades em chegar a soluções técnicas para o problema da
distribuição de recursos, deve ser dada ênfase à promoção da consciência
do impacto em outros sectores que não apenas o sector de iniciativa do
projecto. Podem ser feitas muitas melhorias através do reforço da informação entre ministérios ou outras agências públicas, e através da divulgação
de opções que atravessem os limites tradicionais dos ministérios ou agências.

Algumas das alterações aqui sumariamente apresentadas podem ser difíceis
de introduzir nas estruturas de tomada de decisão existentes em Portugal,
que na maioria dos casos não encorajam a colaboração inter-ministérios ou
inter-sectores (incluindo as organizações de cariz autárquico). Ultrapassar
esta dificuldade será um dos maiores desafios estratégicos para as políticas
de saúde nos próximos anos.

Este debate adquire particular relevância no âmbito da filosofia de investimento definida para o Quadro de Referência da Estratégica Nacional (QREN) para os fundos comunitários 2007-2013 conforme definidos pela Comissão Europeia.

BIBLIOGRAFIA RECOMENDADA

HEERTJE A. (2005) – Observations on technical change and paretian welfare economics. Journal De Economist /Netherlands). Springer Netherlands: Amsterdam.

HERBENER, J.M. (1995) – The Pareto Rule and Welfare Economics. ISSN: 0889-3047 Reviw of Austrian Economics 10, no. 1 (1997): 79-106

EUROPEAN COMMISION (2007) – 'Together for *Health*: A Strategic *Approach* for the EU 2008-2013. (disponivel em: www.ec.europa.eu/health)

MOREIRA, J.P.K. (2008) – Health Policy in Action. ISBN-13: 978-1439230510. BS Publishing: Charleston, USA. (disponível em www.amazon.com).

MOREIRA (2007) – Políticas de Saúde: Ensaios para um debate nacional. (Prefácio 2ª Edição de Paulo Mendo). ISBN: 972-8830-72-4. Edições Fernando Pessoa: Porto. (disponível nas FNAC).

Capítulo II
Novos Modelos de Gestão e Financiamento no Sector da Saúde

Gestão da Saúde e Despesa Pública

Jorge Simões[*]
Ana Dias[**]

1. Os sistemas de saúde

Os sistemas de saúde, nos países da União Europeia, estão hoje confrontados com diversos problemas, que se podem identificar em dois grupos.

O primeiro grupo engloba problemas políticos, económicos e sociais que influenciam o sistema de saúde, mas que lhe são exteriores. O segundo grupo decorre do funcionamento do sistema de saúde.

Em relação ao primeiro grupo de problemas, o envelhecimento da população influencia o desenvolvimento económico e social das sociedades, obriga à reconfiguração do sistema de saúde e potencia o crescimento dos gastos com a saúde.

O quadro 1 traduz a projecção, até 2050, elaborada pela OCDE, do impacto do efeito demográfico nas despesas públicas, num cenário de pressão dos custos e de contenção dos custos (OECD, 2006). Como se infere da leitura do quadro, o envelhecimento da população terá um efeito considerável no crescimento da despesa relacionada com os cuidados continuados e menos importante com os cuidados de saúde, em sentido estrito.

---

[*] Professor da Universidade de Aveiro.
[**] Professora da Universidade de Aveiro.

Quadro 1
Impacto do efeito demográfico nas despesas públicas em saúde e em cuidados continuados, em % do PIB, entre 2005 e 2050, de acordo com a OCDE

	Despesa pública com cuidados de saúde (%PIB)				Despesa pública com cuidados continuados (%PIB)			
	2005	2050			2005	2050		
		Efeito demográfico	Cost-pressure	Cost-containment		Efeito demográfico	Cost-pressure	Cost-containment
OCDE	5,7	6,3	9,6	7,7	1,1	2,3	3,3	2,4

FONTE: OCDE, 2006, citado em Simões, Jorge, Pedro Barros e João Pereira (coordenação). *A Sustentabilidade Financeira do Serviço Nacional de Saúde*. Ministério da Saúde, Lisboa, 2008.

Constata-se que, dos 3,3 p.p. de crescimento das despesas em saúde e cuidados continuados no PIB, até 2050, que a OCDE estima para a média dos países da OCDE, o efeito demográfico representará 1,8 p.p., no pressuposto de que serão tomadas medidas de contenção de custos pelos governos.

A Comissão Europeia estima, igualmente, o impacto do envelhecimento na despesa pública, com cuidados de saúde e com cuidados continuados, como se resume no quadro 2, com valores um pouco superiores – 2,2 p.p., para os 25 países que integram a União Europeia (European Commission, 2006).

Quadro 2
Impacto do efeito demográfico nas despesas públicas em saúde e em cuidados continuados, em % do PIB, entre 2005 e 2050, de acordo com a Comissão Europeia

	Despesa pública com cuidados de saúde (% PIB)		Despesa pública com cuidados continuados (% PIB)	
	2004	Variação até 2050 por efeito demográfico	2004	Variação até 2050 por efeito demográfico
UE 25	6,4	1,6	0,9	0,6

Fonte: Comissão Europeia, 2006, citado em Simões, Jorge, Pedro Barros e João Pereira (coordenação). *A Sustentabilidade Financeira do Serviço Nacional de Saúde*. Ministério da Saúde, Lisboa, 2008.

Também a debilidade da economia, desde o início deste século e, em especial, desde o final de 2008, cria especiais constrangimentos ao sector da saúde, porque, não só limita a afectação de verbas para a saúde, como exige do sector mais e melhores respostas para uma população com uma maior taxa de desemprego, maior precaridade na relação laboral e menores rendimentos. As desigualdades sociais poder-se-ão acentuar e com elas trazer para o campo da saúde problemas acrescidos, nomeadamente maiores dificuldades sentidas pelos grupos sociais mais vulneráveis em ultrapassar barreiras financeiras de acesso aos cuidados de saúde. Mais: os bons resultados em saúde apresentados nos últimos anos, nos países da União Europeia, poderão não ter continuidade imediata se não se der resposta aos problemas derivados das "novas" desigualdades surgidas com a crise económica mundial.

Outro importante factor é representado, genericamente, pelas expectativas crescentes dos cidadãos como consumidores de cuidados de saúde, que influenciam o desenho das políticas e levam à criação de estruturas de defesa dos direitos dos doentes.

Finalmente, entre um e outro bloco de factores, deve ser tomada em consideração a alteração progressiva dos padrões de doença na Europa, o que provoca uma necessidade de reconfiguração dos serviços de saúde, quer ao nível do desenho global do sistema, quer ao nível do funcionamento institucional. Um exemplo significativo é, para além da resposta conjuntural à ameaça de pandemia da gripe A, o impacto multisectorial do VIH/SIDA, exigindo diversas respostas, e a articulação entre diversas entidades, públicas e privadas, quer na prevenção da doença, quer no seu tratamento.

Quanto ao segundo grupo de factores – decorrente do próprio funcionamento do sistema de saúde –, as desigualdades no acesso e na qualidade dos cuidados de saúde, o crescimento dos gastos globais e a necessidade de maximizar a eficiência microeconómica constituem algumas das principais preocupações.

A partir do final dos anos de 1980, os governos dos diversos países europeus começaram a questionar a estrutura de administração dos seus sistemas de saúde. Nos países em que o Estado era o actor central no sector, os decisores políticos foram compelidos, por uma combinação de aspectos económicos, sociais, demográficos, gestionários, tecnológicos e ideológicos, a rever o modelo de governabilidade do sistema. Nos países em que o Estado tinha um papel menos central no sector da saúde – assumindo-se essencialmente como financiador e regulador –, desenvolveu-se um processo similar, mas com um diferente ponto de partida.

A pressão para uma melhoria relevante da governação na saúde, que se sentiu em praticamente toda a Europa, traduziu-se, em alguns países, em processos de descentralização – do financiamento, e/ou das decisões de organização dos serviços – para níveis regionais ou municipais, na privatização da gestão e, mais raramente, na privatização da própria propriedade das unidades prestadoras.

A utilização de mecanismos de mercado nos sistemas públicos e sociais produziu uma reconfiguração da organização do sistema de saúde e, em particular, uma crescente empresarialização da actividade.

Porém, o impacto da empresarialização poderia ter ficado limitado se não fosse enquadrado por uma efectiva regulação do Estado. Os resultados negativos de um processo não regulado na saúde já se observaram, quer na esfera do financiamento, quer na da prestação.

Mas o problema que emerge na generalidade dos países é o da insuficiência de fundos para a saúde, que radica na constatação muito simples de que o crescimento das despesas da saúde é mais rápido do que o crescimento das economias.

Na generalidade dos países da União Europeia não se observam alterações importantes no modelo de captação de recursos

para a saúde. Ou seja, cada país é fiel ao modelo mais bismar-
ckiano ou mais beveridgeano que se desenvolveu ao longo de
décadas ou de séculos. Tal significa que nos países do centro da
Europa – Alemanha, Holanda, Bélgica, França, Áustria, entre
outros – empregados e empregadores descontam uma percentagem dos seus rendimentos para seguros sociais, que contratam
prestadores, públicos ou privados; nos países influenciados pelo
modelo criado na Inglaterra na segunda metade da década de
1940 – países escandinavos e países do sul da Europa (Portugal,
Espanha, Grécia e Itália) são os impostos que financiam um
serviço nacional de saúde, com uma prestação maioritariamente pública.

2. **O sistema de saúde português**

Hoje, o sector da saúde em Portugal caracteriza-se pela coexistência de três sistemas sobreponíveis: o Serviço Nacional de
Saúde (SNS) que, tendo como um dos atributos a universalidade, cobre a totalidade da população; subsistemas de saúde,
públicos e privados, ligados a determinadas profissões e empresas, e que cobrem cerca de 25% da população; e seguros privados voluntários de saúde, que cobrem cerca de 20% dos portugueses.

O sistema de saúde português é, desde o final dos anos de
1970, um sistema de inspiração beveridgeana, com a criação do
SNS. Mas, ainda assim, trata-se de um sistema misto, com uma
combinação de prestação e financiamento públicos e privados.

A despesa total com cuidados de saúde tem crescido de
forma significativa nas últimas décadas, tendo passado de 5,6%
do PIB em 1980, para 10,2% em 2005, acima da média da
UE15, que foi de 8,9%, nesse ano (ver quadro 3).

Quadro 3
Despesas totais na saúde – % do PIB

	1980	1990	2000	2005
Irlanda	8,3	6,1	6,3	7,5
Finlândia	6,3	7,8	6,7	7,5
Luxemburgo	5,2	5,4	5,8	8,0★
Espanha	5,3	6,5	7,2	8,2
Reino Unido	5,6	6,0	7,3	8,3
Itália		7,7	7,9	8,9
Dinamarca	8,9	8,3	8,3	9,1
Suécia	9,0	8,3	8,4	9,1
Países Baixos	7,2	7,7	7,9	9,2★
Grécia	6,6	7,4	9,9	10,1
Áustria	7,5	7,0	9,4	10,2
Portugal	5,6	6,2	9,4	10,2
Bélgica	6,3	7,2	8,6	10,3
Alemanha	8,7	8,5	10,4	10,7
França	7,0	8,4	9,2	11,1
Média:	7,0	7,2	8,2	8,9

★ 2004
Fonte: OECD, Health Data, 2008

O crescimento das despesas com a saúde foi mais pronunciado na componente pública da despesa, a qual aumentou progressivamente a sua quota na despesa total: no período de 1980 a 2005, como se depreende do quadro 4, Portugal mais do que duplicou o peso dos gastos públicos com saúde face ao PIB (3,6% em 1980, 7,4% em 2005).

Quadro 4
Despesas públicas na saúde – % do PIB

	1980	1990	2000	2005
Irlanda	6,8	4,4	4,6	5,8
Finlândia	5,0	6,3	5,0	5,9
Países Baixos	5,0	5,2	5,0	5,7★
Grécia	3,7	4,0	5,2	4,3
Luxemburgo	4,8	5,0	5,2	7,3★
Espanha	4,2	5,1	5,2	5,9
Itália		6,1	5,8	6,8
Reino Unido	5,0	5,0	5,9	7,2
Bélgica			6,5	7,4
Áustria	5,1	5,1	6,6	7,7
Dinamarca	7,9	6,9	6,8	7,7
Portugal	3,6	4,1	6,8	7,4
França	5,6	6,4	7,0	8,9
Suécia	8,3	7,5	7,1	7,7
Alemanha	6,8	6,5	8,2	8,2
Média	5,5	5,5	6,1	6,7

★2004

Fonte: OECD, Health Data, 2008

Apesar de ser um dos países da UE15 que mais gastam com saúde, em percentagem do PIB, o mesmo não se verifica em termos absolutos – Portugal despendeu, em 2004, cerca de $1900 USD *per capita*, o que nos situa abaixo da média da UE15, que foi de $2269.

Uma significativa proporção do financiamento é privada, principalmente sob a forma de pagamentos directos pelos doentes que se situavam, em 2006, em quase 24% das despesas totais, como resulta do quadro 5.

Quadro 5
Financiamento do sistema de saúde português, em 2006

Financiamento público	71,2%
– Serviço Nacional de Saúde	57,5%
– Subsistemas públicos	7,1%
– Outros	5,7%
Financiamento Privado	28,8%
– Subsistemas privados	1,9%
– Seguros voluntários de saúde	2,4%
– Pagamentos directos	23,9%

Fonte: Simões, Jorge, Pedro Barros e João Pereira (coordenação). *A Sustentabilidade Financeira do Serviço Nacional de Saúde*. Ministério da Saúde, Lisboa, 2008. (actualizado)

A estrutura das despesas directas em saúde, representada no quadro 6, mostra a importância do gasto das famílias com medicamentos – quase metade da despesa – mas também com serviços médicos, de enfermagem e paramédicos.

Quadro 6
Estrutura da despesa directa em saúde, em 2000

Despesas	%
Medicamentos	48,0%
Serviços médicos, enf. e paramédicos	35,7%
Aparelhos e material terapêutico	10,3%
Cuidados hospitalares	4,8%
Seguros de acidente e doença	1,1%

Fonte: Simões, Jorge, Pedro Barros e João Pereira (coordenação). *A Sustentabilidade Financeira do Serviço Nacional de Saúde*. Ministério da Saúde, Lisboa, 2008.

3. Os estudos sobre o modelo de financiamento da saúde, em Portugal[1]

O crescimento dos gastos públicos com a saúde tem levado os governos, em Portugal, desde a década de noventa do século passado, a procurar alternativas ao modelo de financiamento que, de alguma forma, aliviem a responsabilidade do Orçamento de Estado no pagamento das despesas com saúde.

Em 1992, o Ministério da Saúde publicou um documento, da autoria de um grupo de trabalho coordenado por Paulo Mendo, que começa por afirmar o princípio da universalidade, mas também da supletividade do Estado na saúde, defendendo, depois, a responsabilização financeira dos utilizadores, pois "...todo o cidadão deve contribuir para o pagamento das suas despesas de saúde de acordo com a sua capacidade económica".

Defende-se, ainda, a liberdade de escolha e o *opting-out,* devendo ser "estimulado o mercado segurador, nomeadamente com vantagens fiscais, de modo a que seja oferecida ao cidadão a possibilidade de fazer seguros de doença e seguros complementares que cubram as despesas não comparticipadas pelo Estado" mas, "para evitar a exclusão de idosos e doentes desses seguros, o Estado discutirá com as empresas a protecção aos grupos de risco acrescido".

Em Março de 1995, o Ministério da Saúde publica o Relatório "Financiamento do Sistema de Saúde em Portugal", da autoria de Diogo de Lucena, Miguel Gouveia e Pedro Pita Barros, cujo ponto de partida consiste na afirmação de que "o sistema público de financiamento deve ser encarado como

---

[1] Para mais desenvolvimentos, ver Simões, Jorge, Pedro Pita Barros e João Pereira (coordenação) "A Sustentabilidade Financeira do Serviço Nacional de Saúde", Ministério da Saúde, Lisboa, 2008.

seguro básico público, universal e obrigatório". Porém, pretendia-se promover a concorrência na gestão do financiamento público, através da criação de mais do que uma entidade financiadora com autonomia de gestão face ao Ministério da Saúde e com "capacidade de actuar no mercado segurador de forma explícita e de negociar os preços da prestação de serviços".

Era afirmada, ainda, a possibilidade de "saída do sistema de seguro público mediante a apresentação de seguro privado alternativo que cubra as garantias incluídas no seguro público básico", mas assumindo-se o sistema público de financiamento como "financiador de último recurso de doenças catastróficas e doenças crónicas".

A Associação Portuguesa de Economia da Saúde organizou, em 1996, um debate sobre o financiamento da saúde, do qual resultou que "é convicção da maioria dos participantes que o sistema de impostos deverá continuar a ser a principal fonte de financiamento" e que "os sistemas de saúde caracterizados por um só financiador e com orçamentos globais têm um melhor desempenho que os sistemas que apresentam múltiplos financiadores".

Em 1998, o Conselho de Reflexão sobre a Saúde, presidido por Daniel Serrão, publica o documento "Reflexão sobre a Saúde – Recomendações para uma reforma estrutural", no qual se afirma que "criar novas formas de co-pagamento dos cuidados [...] e aumentar as taxas moderadoras contribuiria para ampliar a iniquidade hoje já existente no SNS [...]. Os pagamentos directos são, no contexto nacional, "altamente regressivos" em contraste com outras formas de financiamento".

Apoiando-se a manutenção de um seguro público obrigatório (que corresponde em traços gerais à noção de seguro social), propunha-se a criação de um Fundo Nacional de Saúde, único, de inscrição obrigatória para todos os cidadãos, sendo os prémios de seguro determinados em função dos rendimentos do agregado familiar. Este Fundo funcionaria como a entidade financiadora do SNS e definiria para cada ano o conjunto de cuidados de saúde necessários – o pacote básico de cuidados.

Dos quatro estudos referenciados, apenas dois mantinham os impostos como a forma central de financiamento do SNS, dois outros defendiam a possibilidade de existir um seguro alternativo de saúde (o *opting-out*) e três admitiam a limitação da cobertura pelo SNS.

Em 2006, o Governo nomeou a Comissão para a Sustentabilidade Financeira do Serviço Nacional de Saúde com o objectivo de identificar os problemas do financiamento do SNS e de definir medidas correctivas na perspectiva da sustentabilidade financeira e intergeracional do sistema.

Em Fevereiro de 2007 a Comissão apresentou o seu Relatório final, do qual se podem extrair duas grandes conclusões: a primeira sustenta que, para garantir a sustentabilidade financeira do SNS, é necessário adoptar diversas medidas simultaneamente, não sendo identificável uma que, por si só, a assegure; a segunda conclusão constata uma grande dependência da sustentabilidade financeira do SNS em relação a factores exógenos ao sector da saúde, como sejam a evolução da restante despesa pública e das receitas do Estado.

As recomendações da Comissão vão no sentido da manutenção do sistema público de financiamento do SNS; da adopção de medidas que assegurem maior eficiência na prestação de cuidados de saúde; da utilização generalizada de mecanismos de avaliação clínica e económica; da revisão do regime vigente de isenções das taxas moderadoras; da redução dos benefícios fiscais associados às despesas em saúde; de retirar do espaço orçamental os subsistemas públicos (neste último caso, a recomendação abarca situações que vão da eliminação do subsistema a uma relação em que o SNS transfere uma verba pré-acordada de acordo com o número de beneficiários e suas necessidades expectáveis).

A discussão de alternativas ao financiamento do SNS deverá ter em conta duas grandes limitações de índole não financeira.

A primeira prende-se com os limites constitucionais do modelo de SNS, em Portugal. Os limites constitucionais do SNS decorrem do direito à protecção da saúde e da norma constitucional que impõe a instituição de um serviço nacional de saúde universal, geral e tendencialmente gratuito. A tendencial gratuitidade significa que o sentido e a orientação geral do SNS é a do não pagamento directo dos respectivos custos por parte dos utentes. Este objectivo garante-se através do financiamento básico do SNS pelo Orçamento do Estado, do não impedimento, por razões económicas, do acesso de quaisquer utentes aos cuidados de saúde prestados pelo SNS e da integral gratuitidade para os grupos e cidadãos mais carenciados. Porém, a tendencial gratuitidade é compatível, salvo melhor opinião, com o pagamento e actualização das taxas moderadoras, com a fixação variável do seu montante em função das disponibilidades económicas e da condição social dos utentes e, mesmo, de um pagamento, por parte dos utentes, desde que o legislador possa demonstrar a necessidade de assim garantir a sustentabilidade de um SNS universal e geral.

A segunda grande limitação reporta-se às preferências dos portugueses. A imagem do SNS é globalmente positiva e, de acordo com uma sondagem de opinião realizada no âmbito do estudo sobre o financiamento do SNS apresentado em 2007, todos os grupos populacionais são favoráveis à continuação do SNS, não se tendo manifestado alternativa em qualquer dos formatos propostos: os seguros privados, os seguros de saúde complementares estatais e os subsistemas de saúde.

A percepção dos portugueses vai, também, no sentido da necessidade de aperfeiçoar o modelo actual de SNS, sendo que as populações mais letradas optam por aperfeiçoamentos no modelo de gestão e as populações com menos estudos tendem a optar por resultados mais imediatos, por via de alterações no modelo de operações.

Na discussão sobre a sustentabilidade financeira do SNS devem ser consideradas e estudadas diversas decisões tomadas a partir de 2002, no âmbito da política de saúde, com consequências na saúde dos cidadãos e no financiamento do sistema. Sublinha-se, em particular, o Plano Nacional de Saúde (2004-2010), a criação de parcerias público-privadas para a construção de novos hospitais, o encerramento de blocos de partos em vários hospitais, a criação de centros hospitalares, a empresarialização de hospitais, a contratatualização da actividade, a reorganização de serviços de urgência, a liberalização da venda de medicamentos não sujeitos a receita médica, a redução nos preços de medicamentos, a reforma dos cuidados de saúde primários, a revisão dos preços das convenções e a criação da rede de cuidados continuados integrados.

Porém, não se conhece, com rigor, o impacto destas medidas, pelo que é necessário acompanhar a sua implementação para daí apurar resultados, nomeadamente de índole financeira.

Antecipando o impacto destas medidas, algumas comparações podem ser realizadas, nomeadamente o crescimento da despesa do SNS nos últimos anos: assim, se entre os anos de 1995 a 2003 o crescimento anual foi de 9,2%, entre 2004 e 2008 o crescimento não ultrapassou 2,5%.

Esta constatação de uma brusca e acentuada redução da taxa de crescimento da despesa do SNS permite afirmar que o modelo social que foi desenhado a partir da década de 1970 pode continuar o seu percurso, se se mantiverem os ganhos de eficiência e a eficácia das políticas de contenção de gastos que se observaram nos últimos cinco anos.

Não está provado, porém, que os ganhos de eficiência e as políticas de contenção de gastos possam produzir, nos próximos anos, um impacto semelhante ao verificado no último quinquénio.

Por outro lado, o sucesso da manutenção do modelo radica, ainda, na constante aprendizagem que permita a incorporação de soluções inovadoras que vão no sentido de dar mais valor à saúde dos cidadãos. As reformas em curso nos cuidados de saúde primários e a criação da rede de cuidados de saúde integrados vão nessa direcção, mas ainda é cedo para daqui se retirarem conclusões.

4. **As prioridades para as políticas de saúde, em Portugal**

A evolução do sistema de saúde português indicia que, recentemente, como se referiu, tem vindo a ser dado um crescente valor à combinação de ganhos de saúde com ganhos de eficiência, no âmbito do SNS, e o principal desafio, para o futuro, é o de combinar o ritmo de melhoria dos níveis de saúde registados nos últimos anos, com a manutenção de um serviço nacional de saúde financeiramente sustentável.

É verdade que as políticas de saúde têm respondido satisfatoriamente às necessidades de saúde das pessoas, mas manifestam dificuldade em acompanhar o ritmo de modernização da sociedade.

Quais deverão ser os principais eixos de desenvolvimento das políticas de saúde nos próximos anos?

Desde logo, o combate às desigualdades, que deve integrar todas as políticas públicas e que na saúde se deve centrar na oferta de cuidados – com os recursos humanos na saúde a ocupar um lugar central – e na procura de cuidados, com enfoque no controlo das listas de espera e na contenção do peso das despesas com medicamentos nos orçamentos familiares.

Depois, o entendimento de que a saúde deve estar presente em todas as políticas públicas, traduzindo-se no desenvolvimento de uma política de saúde horizontal focada na identificação dos factores que influenciam a saúde das populações, maioritariamente condicionados por políticas sectoriais.

O conceito da saúde em todas as políticas tem raízes profundas na saúde pública e ajuda a reforçar a ligação entre as politicas de saúde e outras politicas em vários sectores nomeadamente agrícola, da educação, do ambiente, dos transportes e do sistema fiscal.

A ligação entre saúde e economia é evidente: uma economia saudável depende muito de uma população saudável, com consequências claras na produtividade do trabalho. E isto é particularmente relevante com o envelhecimento da população, ou seja, as consequências do envelhecimento da população dependerão também da capacidade de manter as populações saudáveis e activas durante mais tempo.

Profundas transformações demográficas registaram-se em Portugal nas últimas décadas, influenciando significativamente o desenho do sistema de saúde.

O número de nascimentos tem vindo a diminuir desde 1970; em 1990, a taxa, em Portugal, fixou-se, pela primeira vez, abaixo da média dos Estados membros da UE15. Desde então, este valor tem vindo a baixar, tendo, em 2005, atingido o nível de 10,4 nascimentos por 1000 habitantes.

Paralelamente, a idade média da população tem aumentado: a população mais jovem tem diminuído progressivamente e, a partir de 2000, a percentagem de habitantes com idade até aos 14 anos, em Portugal, tem estado abaixo da média da UE15; já a população com mais de 65 anos, quase que duplicou entre 1970 e 2005 e, desde 2000, é superior à média da UE15.

O aumento na proporção de pessoas com mais de 65 anos de idade e o decréscimo da população com menos de 14 anos de idade resultará num efeito de "envelhecimento duplo". Um cenário plausível parece confirmar que um decréscimo da população portuguesa é quase inevitável, mesmo considerando aumentos importantes da população imigrante.

Para se encontrar uma resposta mais eficaz ao problema do envelhecimento da população, a integração e a continuidade de cuidados parece ser um dos caminhos desejáveis.

A integração é entendida como um meio para melhorar o acesso aos serviços de saúde, elevar os padrões de qualidade na prestação de cuidados, utilizar melhor a capacidade instalada, aumentar a satisfação dos utentes e obter ganhos de eficiência.

As experiências de integração de cuidados de saúde, particularmente de cuidados de saúde primários e hospitalares, começam a surgir em Portugal, ainda que em número reduzido, mas pouco se sabe, ainda, acerca dos resultados desses modelos. É necessário, pois, um conhecimento mais profundo destas experiências, importante para antecipar mudanças, para planear e para decidir um novo desenho organizativo das unidades de saúde.

No entanto, integrar cuidados de saúde não significa necessariamente a reunião de todas as partes, ou seja a fusão não tem que ser completa, porque existem nestes sectores descontinuidades inevitáveis. Ela deverá antes ser encarada como um primeiro passo no sentido de se dispor de sistemas mais abrangentes, mais completos e mais preocupados com o todo. Não só no que respeita aos cuidados de saúde, mas também entre os serviços sociais e de saúde, a oferta actual ainda é fragmentada, o que contribui para índices baixos de satisfação dos consumidores, eficiência, qualidade dos serviços e acesso aos cuidados.

São distintos os conceitos de cuidados continuados e de cuidados integrados. Nos cuidados continuados enfatiza-se o caminho percorrido pelo utente ao longo do sistema social e de saúde, o que contribui, de forma decisiva, para a integração dos sistemas. O conceito de cuidados integrados é mais amplo, envolvendo não só a perspectiva do utente, mas também as implicações em termos de tecnologia, economia e gestão dos serviços integrados. Os cuidados integrados não são um fim em si mesmo, devendo ser entendidos como um garante da qualidade, em sentido lato, na prestação de cuidados.

Depois, é necessário melhor governação na saúde.

Os governos enfrentam hoje um quadro de mudanças rápidas, nomeadamente na tipologia das doenças, nas expectativas dos utentes e nos padrões de procura, o que aumenta a pressão sobre os sistemas, particularmente no que aos custos diz respeito. E os governos, enquanto "agentes" dos cidadãos, terão que responder com novas formas de governação. Redesenhar o sistema? Definir novas formas de articulação dos diferentes níveis de prestação de cuidados? Promover parcerias intersectoriais? Estas são algumas das discussões que importa fazer.

A OMS aponta algumas prioridades à governação em saúde (WHO 2008). A promoção de estilos de vida mais saudáveis e a redução dos comportamentos de risco são uma das grandes responsabilidades da governação.

Outra prioridade da governação é a transparência e a prestação de contas, bem como a procura de soluções para garantir a sustentabilidade financeira dos serviços de saúde.

Os governos têm grandes responsabilidades na avaliação de desempenho dos seus sistemas de saúde, devendo começar por definir os mecanismos para essa avaliação recolher e tratar dados, investir na gestão da qualidade e definir incentivos com vista à melhoria do desempenho dos prestadores de cuidados de saúde.

Reformas recentes nas políticas públicas da saúde, em países da União Europeia, têm preconizado um maior envolvimento dos municípios, nomeadamente no que respeita à prevenção da doença, à promoção da saúde e à saúde pública, bem como na integração de áreas como a educação ou os transportes.

A formação de profissionais de saúde é outro vector no desenvolvimento das políticas de saúde, devido ao elevado grau de especialização dos profissionais e por se tratar de um sector de mão-de-obra intensivo. Deve colocar-se, por isso, a questão da formação de recursos humanos para a saúde, reforçando a qualidade que se espera da prestação de um profissional de saúde e o respeito na relação com os doentes, mas também com o objectivo de melhorar o desempenho do sistema através da optimização do *skill-mix*. As opções estratégicas recaem sobre as possibilidades de substituição, delegação e transferência de tarefas, nas quais as tecnologias poderão oferecer algum apoio. A importância que assumem, actualmente, as parcerias na saúde, dentro e fora do sector, exigem, também, dos recursos humanos, mais flexibilidade, competências de negociação e competências para trabalhar em equipa (WHO 2008).

Finalmente, importa apoiar, de forma consistente, a disseminação das tecnologias de informação e comunicação na saúde, com particular destaque para a integração da informação dos utentes. A intensificação da utilização de sistemas de informação na saúde, em combinação com outras reformas na saúde, poderá fazer aumentar a transparência no sistema, tanto para prestadores de cuidados de saúde como para utilizadores. A satisfação dos utentes é um importante indicador de resultados em saúde em que todas as partes têm interesse. Utentes mais informados serão também utentes com mais capacidade de participação (WHO 2008).

As tecnologias de informação e comunicação podem oferecer importantes contributos à coordenação e integração nos vários níveis de cuidados, nomeadamente no que respeita à comunicação entre as partes e, mais concretamente, no que respeita à comunicação da informação ao utente. A partilha de informação do utente pode contribuir para minimizar as duplicações e garantir melhorias significativas nos serviços, nomeadamente ao nível do diagnóstico (Gröne and Garcia, 2002).

A partilha de informação clínica pode ser um importante meio de suporte à prestação de cuidados, pela possibilidade de troca de informação entre profissionais de diferentes níveis de prestação de cuidados, nomeadamente dos cuidados de saúde primários e hospitalares.

A existência de um processo clínico electrónico é hoje uma prioridade, fundamental para garantir um acompanhamento mais eficaz do doente ao longo de todo o processo de prestação de cuidados.

A utilização de sistemas de informação e a integração de informação é entendida, também, como uma condição para o processo de integração vertical, já que desta forma é possível integrar dados clínicos, financeiros e administrativos, garantindo que a informação seja disponibilizada a quem dela necessite, com a devida permissão de acesso, sem restrições de tempo ou de lugar. A introdução de sistemas de informação pode, inclusivamente, favorecer o processo de mudança organizacional, podendo assumir-se como uma vantagem competitiva para as unidades prestadoras (Santana e Costa 2008).

Existe, na sociedade portuguesa, uma mudança em curso por via da utilização, pelos profissionais e pelos cidadãos em geral, das novas tecnologias de informação e comunicação, no campo da saúde.

Mais de um terço dos portugueses já utilizam internet, mas a saúde ainda é um campo de utilização muito restrito: apenas 0,3% dos portugueses já utilizaram serviços de saúde *on-line*, muito embora 9,5% afirmem que gostariam de vir a utilizá-los e, de entre estes, 94% façam tenção de vir a marcar consultas através da internet (Espanha, Cardoso e Araújo 2007).

Estes serão, provavelmente, os principais eixos de desenvolvimento das políticas de saúde nos próximos anos, se se pretender combinar, de forma virtuosa, ganhos de saúde com ganhos de eficiência, no âmbito do Serviço Nacional de Saúde.

REFERÊNCIAS

Espanha, Rita, Gustavo Cardoso e Vera Araújo. *Utentes e saúde na era da informação: internet, telemóveis e media,* CIES-ISCTE, Lisboa, 2007.

European Commission. "The impact of ageing on public expenditure: projections for the EU25 Members States on pensions, health care, long-term care, education and unemployment transfers (2004-2050)", Special report n.º 1, 2006.

Gröne, O. and B. Garcia. "Trends in Integrated Care: Reflections on Conceptual Issues", World Health Organization Regional Office for Europe – Data and Publications, 2002.

OECD. "Projecting OCDE Health and Long-Term Care Expenditures: What are the main drivers?". Working paper n.º 477, OCDE, Paris, 2006.

Santana, R. e C. Costa. "A integração vertical de cuidados de saúde: aspectos conceptuais e organizacionais". Revista Portuguesa de Saúde Pública, 7, 2008.

Simões, Jorge, Pedro Pita Barros e João Pereira. "A Sustentabilidade Financeira do Serviço Nacional de Saúde", Ministério da Saúde, 2008.

WHO. "WHO European Ministerial Conference on Health Systems: Health Systems, health and wealth". Tallinn, Estonia, World Health Organization Europe, 2008.

As Taxas Moderadoras e o Financiamento do Serviço Nacional de Saúde: Elementos para uma Perspectiva Constitucional

*Luís António Malheiro Meneses do Vale**

Introdução

0.1. A centralidade conferida às *taxas moderadoras do acesso* à saúde no contexto do debate público não encontrou ainda paralelo na produção jurídico-doutrinal portuguesa, a respeito de algumas incursões na matéria em anos mais recentes, lançadas designadamente a partir do *território* constitucional[1].

Ninguém regateará à *saúde* a primazia entre as preocupações do homem comum, do mesmo modo que seria ocioso frisar as discussões do mais variado jaez e entono consequentemente suscitadas em torno dos *sistemas* colimados à sua protecção e

---

* Assistente da Faculdade de Direito da Universidade de Coimbra.

[1] V., sobretudo, J. Reis NOVAIS, "Os limites constitucionais à alteração do modelo de financiamento do Serviço Nacional de Saúde", Anexo 4 do *Relatório Final da Comissão para a Sustentabilidade do Financiamento do Serviço Nacional de Saúde*, Fevereiro 2007; idem, *"Sobre o Financiamento do Serviço Nacional de Saúde (aditamento)"*, Anexo 4 A do *Relatório Final da Comissão para a Sustentabilidade do Financiamento do Serviço Nacional de Saúde*, Fevereiro 2007; J. J. Gomes CANOTILHO, "Tribunal Constitucional, Jurisprudência e Políticas Públicas", in *Colóquios do Tribunal Constitucional*, XX Aniversário do TC, Lisboa, Novembro, 2003.

promoção, designadamente no que toca ao respectivo financiamento. Por sobre estas razões de interesse, mais gerais, avulta, no tocante às taxas moderadoras, em particular, o lugar especial que ocupam, na confluência de axiologias, intencionalidades, racionalidades, estruturas e metodologias distintas, uma vez que podem ser encaradas simultaneamente como importantes *institutos jurídicos*, *medidas de política pública e social*, e *instrumentos de intervenção económica* de irrefragável relevo social.

Contudo, nem no plano *jurídico-tributário*, nem a partir de reflexões *jurídico-políticas* e *juseconómicas* – ou sequer desenvoltas no âmbito dos novos meandros do direito da saúde – se avançaram até hoje modelos analíticos coerentes e propostas de reconstrução dogmático-normativa, constitucionalmente adequadas, à altura daquela relevância, pelo que boa parte das considerações sobre o assunto se tem quedado por esparsas indagações empíricas, permanecendo destarte reservado ao pensamento sociológico, económico e das ciências administrativas e da saúde[2] (quando não apenas cingido ao mero debate ideológico e ao comentário jornalístico), o grosso da atenção que lhe foi dispensada.

Cônscios embora da candência do tema e da acuidade da tarefa jurídica que concita, não podemos senão eximir-nos à responsabilidade de tentar acertar *hic et nunc* o sobredito *descompasso*,

---

[2] V., entre muitos outros, A. Correia de CAMPOS, "Taxas moderadoras: dissuasão e restrição: crise da solidariedade ou crise do sistema de financiamento?" in *Revista Portuguesa de Saúde Pública*, Vol. 8, n.º 1 (Jan./Mar. 1990), p. 13-17; J. Santos LUCAS, "Taxas moderadoras e equidade na utilização de cuidados de saúde primários", in *Revista Portuguesa de Saúde Pública*, vol. 8, n.º 1 (Jan./Mar. 1990), p. 17-28; Rui E. F. LOURENÇO, "O SNS e a revisão constitucional portuguesa de 1989, equidade e taxas moderadoras" in Revista Portuguesa Clínica Geral, Vol. 7, n.º 2 (Fev. 1990), p. 81-82 e 86; António Fernando Salgueiro AMARAL, "Serão as taxas moderadoras realmente moderadoras do consumo de cuidados de saúde?" in *Revista Sinais Vitais*, n.º 12 (Maio 1997), p. 43-45.

tanto mais que, em havendo cruciais aspectos do próprio *contexto de investigação* pressuponendo a esclarecer, antes mesmo de se encetar qualquer esforço de *fundamentação*, avaliação ou proposição jurídicas, mais intensa ainda se sente a necessidade de profundas e extensas perquirições que este último empenho acarreta e a que não estamos obviamente em condições de acudir por agora.

De sorte que, neste ensejo, não acalentamos maior veleidade que a de tangenciar *rapidamente* ambos os planos de reflexão a fim de *identificar, recolher* e *carrear* alguns ingredientes para uma e intelecção jurídica da figura das taxas moderadoras, enraizada numa concepção ampla do direito constitucional de tipo ocidental e no pensamento que se lhe dirige e atenta aos problemas, tanto do financiamento do sistema de saúde, como da provisão dos respectivos produtos e serviços aos cidadãos. Para o que (I) percorreremos estugadamente os principais lugares (*filosóficos, teóricos, dogmáticos* e *metodológicos*) da *episteme* jurídica[3] que há-de ser assumida como pressuposto e referente intencionado, (II) cuidando depois de aduzir um esquema básico de representação do sector da saúde, na sua estrutura e funções e, destacando-lhe de seguida os objectivos em sede de financiamento e prestação, (III) nos concentrarmos enfim na articulação que deles pretendem fazer as taxas moderadoras.

0.2. Refira-se que o *pendor*, a espaços, meramente *descritivo* e, em geral, epitomático do texto, é parcialmente imputável à *intenção didáctica* que originariamente presidiu às lucubrações nele vertidas, ao passo que a *amplitude* e *generalidade* (*inespecialização*) da *visão* adoptada decorre ademais da nossa opção deliberada por uma *abordagem teórico-constitucional*, em que se entrelaçam algumas genéricas pré-compreensões filosóficas *a montante* com um punhado de precipitações dogmático-normativas *a jusante*, ao perscrutar a complexa dialéctica do direito com a realidade.

---

[3] Entendida como *campo-estrutura-inconsciente* ou *horizonte de significação juscultural*.

Por seu turno, a inucleação deste discurso (jurídico-constitucional) sobre o financiamento do sistema da saúde na categoria das taxas moderadoras, longe de ser inocente ou acidental, não somente responde ao seu mérito problemático-específico – que extravasa do direito, para contender com a economia, a política e outros subsistemas sociais, por um lado e que, por outro, mesmo no interior do subsistema jurídico interpela concomitantemente o direito da saúde, o direito financeiro e tributário e até o direito económico (todos arrimados à constituição) – como se justifica pelo pretexto que oferece a um exercício de articulação entre a *crise* do sector da saúde[4], a *crítica* que suscita e os *critérios jurídicos* que nela se convocam; o qual, por seu turno, propicia uma reflexão sobre os *nós* que enredam a juridicidade, quando se projecta sobre um determinado sector social, em concurso com outros discursos socialmente reflexivos. Dir-se-ia que, se as taxas moderadoras constituem o *objecto problemático* deste nosso estudo, já no direito em que se *integram* (que exprimem, servem e interpelam), e à luz do qual são *aquilatadas* na sua validade[5], teremos o *objecto intencional* destas elucubrações (em que reste pouco mais que pressentido).

A prestabilidade das taxas moderadoras, como *case study* de algumas das questões jurídicas asadas pela análise do sistema de saúde, prende-se com a circunstância, tudo menos despicienda, de possuírem uma natureza *híbrida* e nos aparecerem de certo modo como um *janus* jurídico. De feito, se aparentemente participam da finalidade estadual de angariação de receita (pela sua estrutura tributária), submetendo-se, desta sorte, à axiologia que inspira o direito financeiro e se precipita no âmbito das taxas através do princípio da *equivalência*, inscrevem-se, igualmente, num projecto de regulação económica da procura (e, indirectamente, de disciplina da própria oferta) que obedece a intenções extrafiscais sem com isso as converter num puro instrumento funcional, porquanto realiza ainda um intuito pedagógico e de consciencialização dos utentes, em nome de valores colectivos que nutrem o próprio direito[6].

---

[4] V., por último, M. G. MARMOT/ Ruth BELL, "How will the financial crisis affect health?", in *British Medical Journal*, April 2009.

[5] Enquanto ele emerge da realidade mas, transcendendo-a intencionalmente, se lhe dirige critico-regulativamente.

[6] Ao lado de considerações teleológicas e até consequencialistas, pontificam uma racionalidade axiológica e uma racionalidade deontológica sobremaneira importantes.

No que toca à tão propalada crise, que as enquadra, podemos poupar no seu diagnóstico, já um pouco *estafado*[7], bastando – segundo cremos – recordar que nela se exacerbam as dificuldades experimentadas pelo Estado social[8] nos países do mundo ocidental, crescentemente atacado nos seus *pressupostos (lato sensu) de validade* (ou tão-somente na sua *base de legitimidade*), como nas suas pretensas credenciais de eficácia[9]. Se aumentam as reivindicações dos cidadãos, cada vez mais conscientes dos seus direitos, diminui, por causas várias, a *capacidade* do Estado para obter as receitas ocorrentes à satisfação das necessidades colectivas correspondentes, e, bem assim, para instituir modelos *normativos* de prestação – face às pressões no sentido da concorrência e da liberdade do consumidor. Neste cenário, as taxas moderadoras tanto aparentam inserir-se num patente movimento de regressão do *Estado fiscal* e de correlativa recuperação do *Estado taxador*[10], como parecem visar a realização de fins

---

[7] Ousaríamos remeter aqui para o nosso *Racionamento e Racionalização no Acesso à Saúde – Contributo para uma Perspectiva Jurídico-Constitucional*, Dissertação de Mestrado em Ciências Jurídico-Políticas na Faculdade de Direito da Universidade de Coimbra, Faculdade de Direito da Universidade de Coimbra, Coimbra, 2007, Vol. I, pp. 10-20 e bibliografia aí citada.

[8] Obviamente que a situação não é a mesma nos diferentes tipos de estado social. V., Gosta ESPIN-ANDERSEN, *The Three Worlds of Welfare Capitalism*, Polity Press, Cambridge, 1990 e Maurizio FERRERA," *A reconstrução do Estado Social na Europa Meridional"*, in *Análise Social*, Volume XXXIV. (151-152) 2000, pág. 457-475.

[9] Um verdadeiro *Healthfare State* – sem sombrias conotações salutistas ou exageros "providenciais" (escapando assim às críticas de Stuart F. SPICKER, "*Going off the Dole: A Prudential and Ethical Critique of the 'Healthfare' State*", in David SEEDHOUSE, Ed. *The philosophy and practice of International Health Reform,* John Whiley & Sons, Chichester, New York, Brisbane, Toronto, Singapore, 1995, pp. 131-141.

[10] V. Christof GRAMM, "*Vom Steuerstaat zum Gebührenfinanzierten Dienstleistungstaat?"*, in *Der Staat*, 36. Band, Heft 2, 1997, pp. 266-280; Reinhard HENDLER, "*Gebührenstaat statt Steuerstaat?"*, in *Die Öffentliche Verwaltung (DÖV)*, 52, Jahrgang, Heft 18, September 1999, pp. 749-758; Sérgio VASQUES, *O princípio da equivalência como critério de igualdade tributária*, Almedina, Coimbra, 2008.

económicos de contenção ou modelação da procura[11], que remetem para a reabilitação das funções directivas do direito e da política no quadro do *Estado Garantidor*[12].

No limite é a realização do próprio *projecto-promessa de institucionalização da justiça distributiva*[13] – intencionado pelo direito – que se ressente, à medida que as expectativas normativas de validade que o suportam cedem perante os constantes desmentidos fácticos e que a faceta jurídica do *projecto social global* oferece o flanco a imprecações múltiplas (de degenerescência *racional-finalística* a *paternalismo totalitário*), provindas dos mais diversos quadrantes.

Não se pense, porém, que os ventos sopram apenas nesta funesta direcção. No caldo das múltiplas intenções materialmente constitutivas da sociedade (valores, interesses, poderes), tentativamente sintetizadas pelo direito, e por entre a teia de relações sociais e estruturas de interacção societariamente re-institucionalizadas pela juridicidade (que também embebem este entretecem o sector da saúde), descortinamos hoje *sinais contraditórios*, que apontam ora para uma dessolidarização (*Entsolidarisierung*),

---

[11] V., por último, Jorge SIMÕES/ Sofia Nogueira da SILVA, "O controlo dos custos na saúde – uma perspectiva europeia", in *Lex Medicinae – Revista Portuguesa de Direito da Saúde*, Ano 5, n.° 9, Janeiro/Junho de 2008, pp. 15-26, *maxime*, 23-25.

[12] Noutra ocasião não hesitamos mesmo em inclui-las expressamente entre os instrumentos de *racionamento lato sensu*, compreendido como política pública de direcção ou de regulação (jurídica) do sector da saúde, tendente a dosear a oferta e disciplinar a procura de forma válida e eficaz, a fim de conciliar a justiça com a eficiência (evitamos assim a querela, um pouco estéril, sobre as diferenças entre racionalização e racionamento, cujo resultado é a legitimação automática das medidas racionalizadoras, empurrando para o racionamento o odioso da priorização médica: a exclusão). Verdadeiramente fulcral é saber de que modo o direito, com a sua racionalidade específica, se mostra capaz de modelar estas políticas e de as inervar, racionalizando-as juridicamente. – v. o nosso *Racionamento e racionalização no acesso à saúde. Contributo para uma Perspectiva jurídico-constitucional, maxime* os *volumes I* e *III*.

[13] Assim, José Manuel Aroso LINHARES, *Sumários Desenvolvidos de Introdução ao Direito*, Policopiado, Faculdade de Direito da Universidade de Coimbra, Coimbra, 2008/2009, pp. 56 e ss.

ora para uma *ressolidarização*, ora para uma crescente *subjectivação*, *indivi-dualização* e *libertação*, ora para uma maior *objectivação*, *socialização* e *regulação*[14]. Em última instância está em jogo um *paradoxo*[15] excruciante

---

[14] V., entre muitos outros, o debate entre David SCHMIDTZ e Robert E. GOODIN em *Social Welfare and Individual Responsibility*, Cambridge University Press, New York, 1998 e as referências mais genéricas nas obras de autores como Alain Touraine, Ulrich Beck, Antony Giddens, Boa-ventura de Sousa Santos, Zygunt Baumann, Richard Sennett, Alain Supiot, etc. Sobre a solidariedade em especial, tendo presentes a esfera da saúde e as perspectivas constitucional e fiscal, tomamos já em conta Gine ELSNER/ Thomas GERLINGER/ Klaus STEGMÜLLER, *Markt versus Solidarität. Gesund-heitspolitik im dereguliertern Kapitalismus*, VSA Verlag, Hamburg, 2004; Otto DEPENHEUER, *Solidarität im Verfassungsstaat. Grundzüge ein normativen Theorie der Verteilung* (Habilitationsschrift), Bonn, 1991, versão PDF em: *http:// staatsphilosophie.uni-koeln.de/mitarbeiter/depenheuer_ha bilitation.pdf*; Gerd BENDER, "*Regieren durch solidarität?*", in *Rechtsgeschichte*, 5, 2004, pp. 13-20; Alexander GRASER, "*Grenzenlose Solidarität*", *ibidem*, pp. 29-34; Alessandro SOMMA, "*Fare cose com la solidarietà*", *ibidem*, pp. 35-48; Felice GIUFFRÈ, *La Solidarietà nell'Ordinamento Costituzionale*, Giuffrè Editore, Milano, 2002; Winfried J. De GOOIJER, *On Solidarity in Changing Health Care Systems – Europe in Search of a New Balance*, (ed.) Winfried J. de Gooijer, Leuven, 1997; Hasso HOFFMANN, "*Vielfalt, Sicherheit und Solidarität statt Freiheit, Gleicheit, Brüderlichkeit?*", in *Sicherheit, Vielfalt, Solidarität. Ein neues Paradigma des Verfassungsrechts? – Symposium zum 65. Geburtstag Erhard Denningers*, am 20, Juni 1997, Nomos Verlagsgesellschaft, Baden-Baden, 1998, pp. 101-116; Ulrich K. PREUSS, "*Solidarität unter den Bedingungen von Vielfalt. Anmerkungen zu einem neuen Paradigma*", in *ibidem*, pp. 125-135; Jürgen HABERMAS, *The inclusion of the other: studies in political theory*, Polity Press, Cambridge, 1988; J. Casalta Nabais, "*Solidariedade Social, Cidadania e Direito Fiscal*", in *Por Um Estado Fiscal Suportável – Estudos de Direito Fiscal*, Almedina, Coimbra, 2005, pp. 81-118; idem, "*Algumas Considerações Sobre a Solidariedade e a Cidada-nia*", in *Boletim da Faculdade de Direito*, Universidade de Coimbra, Vol. 75, 1999, pp. 145-174; Riccardo PETRELLA, *O Bem Comum – Elogio da Solida-riedade* (trad.), Campo das Letras (ed.), Porto, 2002; Alain SUPIOT, "*Sur le principe de la solidarité*", in *Rechtsgeschichte*, 6, 2005, 67-71; Carlos Kohn WACHER, "*Hannah Arendt's Conception of Solidarity as a Critique to Libe-ralism*", in *Pluralism and Law – Proceedings of the 20th IVR World Congress, Amsterdam, 2001*, Volume 1: Justice, Arend SOETEMAN (Ed.), Franz Steiner

que crepita no creme do direito e a que vimos fazendo referência[16]: o de, como *traço* de uma justiça que sempre o ultrapassa, ser *limite* e *limiar* (M. Filomena Molder) da acção individual e colectiva e da interacção humana, *castração promovente* (F. Dolto) e emancipatória, tanto quanto por vezes regulação domesticadora e disciplina normalizadora, factor de *desinibição* e de *reoneração* (P. Sloterdijk), em suma.

Atingido no coração do seu projecto normativo-social, sofrendo a concorrência de outros discursos societários e respectivas pretensões de validade conformadora da sociedade, a braços com uma realidade indómita, e perturbado pelas tempestades na *noosfera*, o direito é obrigado a repensar-se nos seus fundamentos e intenção, funções e fins, conteúdo e estruturas. O que só se torna mais ostensivo a propósito do bem fundamental da saúde (tão dispendioso quanto valioso) e num domínio, como o do direito constitucional, a que se arrimam muitas das vertentes da juricidade vindas à colação e que enleia juridicamente as várias dimensões do *político*, qual *húmus* de uma determinada comunidade histórica.

Verlag, Amsterdam, 2003, pp. 123-130; e os textos reunidos em Ruud ter MEULEN/ Wil ARTS/ Ruud MUFFELS (Ed.), *Solidarity in Health and Social Care in Europe*, P & M – Philosophy and Medicine, n.º 69, Kluwer Academic Publishers, Dordrecht/Boston/London, 2001.

[15] Sobre a fundação do direito em paradoxos, num interessantíssimo diálogo com Derrida e Luhmann, v. Gunther TEUBNER, "Dealing with Paradoxes of Law: Derrida, Luhmann, Wiethölter" ("Storrs Lectures 2003/04", Yale Law School), in *On Paradoxes and Inconsistencies in Law,* Oren PEREZ and Gunther TEUBNER (eds.), Hart, Oxford, 2006, pp. 41-64.

[16] V. o nosso *Racionamento e Racionalização no Acesso à saúde, op. cit., vol. I* (pp. 229 e ss e 323 e ss) e *II.* (pp. 392 e ss).

Parte I – Elementos para uma Episteme Jurídico-Constitucional

1. Referências jusfilosóficas e filosófico-políticas.

Quer se refira o direito a um *projecto axiológico-normativo* (C. Neves) com um sentido civilizacional específico, ou a um *projecto social global* (O. de Carvalho), o seu fundamento último deverá encontrar-se no *reconhecimento* da *dignidade* das pessoas concretas e terá na *justiça* o seu valor cardeal, posto que não exclusivo.

Dada, porém, a multiplicidade e complexidade das relações de *reconhecimento* juridicamente sancionáveis[17] não surpreende que a justiça apresente várias declinações, irradiando diferentes sentidos para as diversas esferas da prática[18].

---

[17] Para uma recuperação da categoria do reconhecimento, v. Axel Honneth, *Kampf um Annerkennung,* Suhrkamp Verlag, 1992 – *The Struggle for recognition: The Moral Grammar of Social Conflicts*, Polity Press, Cambridge, 2005 e Paul Ricoeur, *Parcours de la reconnaissance*, Editions Stock, Gallimard, Paris, 2004.

[18] A tipologia da justiça que se apresenta remonta à *Ética a Nicómaco* de Aristóteles mas foi trabalhada sobretudo por São Tomás de Aquino na *Summa Theologica* e depois sucessivamente por autores como Grócio, Leibniz ou Kant. Para uma versão actualizada, v., entre nós, A. Castanheira Neves, *Curso de Introdução ao Direito*, Polic. Coimbra, 1971; F. Pinto Bronze, *Lições de Introdução ao Direito*, 2.ª edição, Coimbra Editora, Coimbra, 2006, e João Loureiro, *Constituição e Biomedicina. Contributo para uma teoria dos deveres bioconstitucionais na esfera da genética humana*, polic. Coimbra, 2003, *volume I*. Veja-se também sobre as tipologias da justiça, Frank Witzleben, *Gerechtigkeit*,Vanenhoeck et Ruprecht, Göttingen, 2004; Luigi Lombardi Vallauri, *Corso di Filosofia del Diritto*, Cedam-Padova, 1981, pp. 117-232, Paul Ricoeur, «Dever de Memória, Dever de Justiça», in *A Crítica e a Convicção. Conversas com François Azouvi e Marc de Launay*, tradução de António Hall, Edições 70,

Ao nível das *relações que os cidadãos estabelecem entre si* enquanto particulares, espera-se que o direito garanta a *autonomia* de cada um na prossecução dos seus interesses e a *igualdade como paridade*, pelo que o ideal
de justiça aqui presente é o da equipolência e *comutatividade*: a corres-
pectividade das prestações que se cruzam e mutuamente se compensam,
no cenário social.

Diferentemente, as *relações que estabelecemos com a sociedade como um
todo* pautam-se pela *justiça geral* e pela *justiça protectiva* – porque está em
causa o que, sem melindre dos direitos fundamentais de cada um, lhe
pode ser exigido em nome de todos e que, portanto, também ele tem o direito de reclamar da sociedade e, por intermédio dela, das demais pessoas. Neste campo, o espaço de *autonomia* de cada um depende da (cor-)
responsabilidade comunitária pelos bens da colectividade, ainda que não
possa ser invadido sem mais em nome deles: a sociedade tutela certos
bens, valores e interesses, radicados nas pessoas, mobilizando o seu poder
para assegurar que os respeitamos, mas não pode brandi-los para nos
impor *à outrance* uma qualquer concepção estrita do bem colectivo ou
da perfeição individual.

Lisboa, 1997, pp. 161 a 173; idem, *Le Juste*, trad. Vasco Casimiro – *O Justo
ou a Essência da Justiça*, Instituto Piaget, Lisboa, 1997; idem, "Le juste entre
le legal et le bom", in *Lectures 1: Autour du Politique*, pp. 176-195; Otfried
Höffe, *Gerechtigkeit – Eine Philosophische Einführung*, Verlag C. H. Beck,
München, 2001; Arthur Kaufmann, *Rechtsphilosophie*, Verlag C. H. Beck,
München, 1997, trad. António Ulisses Cortês – *Filosofia do Direito*, Fundação Calouste Gulbenkian, Lisboa, 2004, G. Husserl, "Justice", in *Recht und
Welt. Rechtsphilosophische Abhandlungen*, Vittorio Klostermann, Frankfurt am
Main, 1964; Chaim Perelman, "*Justice Re-examined*", (Austin Lecture,
presented on March 30, 1979, at the meeting of the U.K. section of the
IVR in Durham), in *ARSP*, vol. 93, 2007, Heft 2; idem, *Éthique et Droit*
(1990), *Ética e Direito*, Martins Fontes, São Paulo, 2000; Carlo Maria Mar-
tini/ Gustavo Zagrebelsky, *La domanda di giustizia*, Giulio Einaudi editore,
Torino, 2003; *Diritto e Giustizia: Per una introduzione allo studio del diritto*,
San Paolo, Milano, 2000; Miguel Reale, *Lições Preliminares de Direito*, 10.ª
edição revista, Almedina, Coimbra, 1982; Ralf Dreier, "Was ist Gerechtigkeit?" in *Jus*, 1996, Heft 7, pp. 580-584; Reinhold Zipelius, *Rechtsphilosophie:
ein Studienbuch*, 4 Aufl. Beck, München, 2003 (há edição posterior).

A partir do momento em que a *colectividade* se concebe como *sujeito* e vê no direito, não um mero *pressuposto* (*Vorgabe*) das acções individuais – garantindo a segurança jurídico-penal e a confiança contratual, através de um simples enquadramento formal dos livres alvedrios – mas uma *tarefa* (*Aufgabe*) a realizar *socialmente* e até em termos macroscópicos, passa a ter guarida jurídica o projecto de institucionalização da provecta *justiça distributiva* nos termos de uma moderna *justiça social*: no âmbito das relações que estabelece com as pessoas, ao actuar os programas sociais transformadores que cumprem aquela *promessa* de justiça, realizando o interesse público, a sociedade organizada legitima-se, orienta-se e é racionalizada pelo direito ao mesmo tempo que o mobiliza para atingir certos objectivos[19] de *bem--estar* que assumiu como valiosos.

De todo o modo, em período de *morte do sujeito* e de declínio da *ideia de projecto*, e depois das inúmeras catilinárias contra a *justiça social*, sobre nós impende um ónus suplementar de argumentação, para cujo cabal afastamento rareia, porém, o fôlego neste instante.

    Ainda assim, lembre-se que, desde Platão e Aristóteles, sabemos que a justiça distributiva exige o *reconhecimento* a *cada um* daquilo que lhe é *devido*. A determinação do *suum* exigível não pode hoje advir de um qualquer tipo de realismo metafísico, de tipo neotomista, no quadro de um objectivismo jurídico em que a *parte* de cada um constitua a *ipsa res iusta* numa ordem ontológica. Também não pode ser o fruto de um qualquer legalismo nominalista, correspondendo apenas aos poderes jurídicos conferidos por lei, nem tão pouco deduzido de axiomas da razão humana a partir de um jusracionalismo individualista. Por fim, não deve resultar de uma pura e simples materialização empírico-social, sob pena

---

[19] Donde a tentação, sempre à espreita, de o degradar numa tecnologia social.

de funcionalização da própria justiça a escopos de utilidade, eficiência económica, eficácia política ou bem-estar.

Perante estas dificuldades dir-se-ia ser impossível aventar um critério último para a justiça distributiva, remanescendo apenas a possibilidade de nos refugiarmos na racionalidade formal associada à igualdade (Perelmann)[20], no procedimentalismo, mais ou menos sofisticado e deontologicamente cunhado, de uma justiça deliberativa (Habermas)[21], ou na perspectiva *reflexiva* da uma justiça mediatriz (Teubner)[22] dos vários discursos sociais.

Todavia, suspendendo os considerandos mais especulativos que haveria a fazer, julgamos ser possível assertar que, sem prescisão das mediações procedimentais (mormente pragmático-transcendentais)[23], formais e reflexivo-conflituais ocorrentes, é possível alcançar um fundamento material como que transsubjectivo (numa sorte de autotranscendentalidade[24] prático-cultural) para a justiça distributiva, com sedimentos suficientes para um preenchimento e precisão – ainda que imperfeita – do respectivo conteúdo. Dir-se-á então que a justiça distributiva implica o reconhecimento a cada um daquilo que lhe é devido

---

[20] V., por exemplo, Chaim PERELMAN, *"Justice Re-examined"*, (*op. cit.*, *Éthique et Droit* (1990), *Ética e Direito, op. cit.*.

[21] V. Jürgen HABERMAS, *Faktizität and Geltung – Beiträge zur Diskurstheorie des Rechts und des Demokratischen Rechtsstaats,* (trad.) *Facticidad y Validez*, Editorial Trotta, Madrid, 2001.

[22] V. Gunther TEUBNER, *"Altera pars audiatur: le droit dans la collision des discourse"*, in *Droit et Société – Revue Internationale de Théorie du Droit et de Sociologie Juridique,* n.º 35, 1997, pp. 99-123; idem, *"Recht als Autopoietisches System"* – tradução: *O Direito como Sistema Autopoiético,* Lisboa, Fundação Calouste Gulbenkian, 1989.

[23] V. Karl-Otto APEL, *Ética e Responsabilidade: o problema da passagem para a moral pós-convencional,* Instituto Piaget, Lisboa, 2008.

[24] V. A. Castanheira NEVES, *A Crise Actual da Filosofia do Direito no Contexto da Crise Global da Filosofia. Tópicos para a Possibilidade de uma Reflexiva Reabilitação,* Studia Iuridica, Coimbra Editora, Coimbra, 2003.

em nome da sua dignidade como *pessoa*: (o respeito, protecção e promoção da sua *igual liberdade*)[25]/[26].

A ideia de pessoa como fim em si mesmo, credora de *igual consideração e respeito* (Dworkin), tem sido decantada historicamente, assimilando novas vertentes e dimensões culturais, e foi assim que veio a integrar a exigência de reconhecimento dos direitos sociais e de assunção de deveres de solidariedade[27].

---

[25] O que de igual modo não comporta a vinculação completa a uma monolítica identidade cultural e até à sua axiologia imanentemente constitutiva, porque é no diferimento permanente em relação aos outros, a nós mesmos e à nossa colectividade de pertença e em sentido tanto sincrónico como diacrónico, que colhemos a nota transcultural que alicerça uma possível transracionalidade intencional do direito. A *estranheza, diferença* e *alteridade* constitutivas de cada um são a razão de ser do *cuidado* primário que lhe devemos, feito tanto de omissões e abstenções como de acções – de justiça como afeição, atenção, respeito e hospitalidade (J. Derrida). A responsabilidade como entrega ao absoluto do outro é uma abertura à transcendência do *infinito* que nele principia (E. Lévinas). O mesmo é dizer que o fundamento do direito é o *sem fundo* (*Abgrund*) de uma pessoalidade insusceptível de ser totalmente cunhada por uma cultura, pois que consiste na própria *fissura, desvio* e *novidade*, introduzida por cada um, fazendo dele um princípio de sentido autónomo. Para este exercício de fundamentação em diálogo como importantes intérpretes jurídicos dos autores citados, remetemos para os nossos *Racionamento e Racionalização no acesso à saúde, op. it, volumes I e II*, e "A Crise económica (como crise) da cultura", in *MACA – Magazine de Artes de Coimbra & Afins*, n.º 5, Coimbra, 2009.

[26] F. Pinto BRONZE associa o princípio da liberdade (pessoal e económica) à justiça social, e autonomiza um *princípio da progressiva eliminação das diferenças* que determina *se tente melhorar sempre e tanto quanto possível, através de criteriosa repartição da riqueza, operada pelo legislador (pense-se no legislador fiscal), a situação (e, nomeadamente, a situação económica) dos grupos sociais menos favorecidos* – cfr. *Lições de Introdução ao Direito, op. cit.*, pp. 484–486.

[27] V. Gustav RADBRUCH, «*Del Derecho Individualista al Social*», (1930), in *El Hombre en el Derecho, Conferencias y artículos seleccionados sobre cuestiones fundamentales del derecho*, traducción de Aníbal del Campo, Ediciones Depalma, Buenos Aires, 1980 (Conferências I, III, VII), pp. 45-60.

A igualdade material, como expressão da justiça, mesmo não importando uma igualação real no plano social, concretiza-se cada vez mais num critério de capacidade, como possibilidade ou potencialidade de auto-realização – de qual se colhe hoje uma interessante versão no pensamento de autores como A. Sen e Martha Nussbaum[28]. A igualdade no plano dos *bens primários da sociedade* (Rawls), entre os quais se deverá integrar o próprio acesso a meios de protecção e promoção da saúde[29], implica uma responsabilização de todos e cada um pela criação colectiva das condições propositadas de capacitação[30].

Daí que os *princípios jurídicos fundamentais* da *igualdade* e da *solidariedade*, que projectam normativamente a justiça distributiva, sejam ainda uma expressão da axiologia fundamentante do direito, do princípio normativo que articula o *suum* e o *commune,* mesmo que tenham começado por manifestar-se no plano (*inferior*) da assimilação político-cultural e ideológica da *consciência jurídica geral* e por ela *permaneçam modelados*, em virtude da dialéctica animada e reconstitutiva que mantém com a realidade[31].

---

[28] V. Martha NUSSBAUM, "Capabilities and Human Rights", *in* Richard O. Brooks and James Bernard Murphy, *Aristotle and Modern Law*, Ashgate, Dartmouth, 2003, pp. 273-300; Amartya SEN, *Development as Freedom* (1999) – tradução: *O desenvolvimento como Liberdade*, Gradiva, Lisboa, 2003. Para a sua projecção no plano da saúde, v Jan-Hendrik HEINRICHS, "Grundbefähigungsgleicheit im Gesundheitswesen", *in Ethik in der Medizin*, 17, 2005, pp. 90-102.

[29] O que, todavia, não acontece na obra seminal de John Rawls, como é consabido.

[30] Uma *responsabilidade prospectiva* (K. BAYERTZ), que constitui uma *missão* (F. OST) e se alia pois à *ética da responsabilidade solidária* propugnada por K.-Otto APEL.

[31] O respeito pelo *igual valor das pessoas entre si e no todo comunitário* exige uma garantia normativa de *igual autonomia e participação*, cujas dimensões negativas convivem com as positivas. Por outro lado, olhando às implicações axiológico-normativas da pertinência de cada um de nós a uma comunidade

Razão pela qual nos inclinamos a concordar com a sugestão de autores como Fleischacker[32], para quem a *justiça social* é uma *especificação* da justiça distributiva[33], graças à adopção da *necessidade*

de direito, deparamos também com uma dimensão positiva ou de contribuição, no âmbito da mais genérica *responsabilidade pelas condições gerais de existência comunitária* que se traduz no *princípio da solidariedade*, remetendo para o *suum cuique tribuere*. Todavia estas intenções axiológico-normativas que hoje nos aparecem como uma adquirido axiológico-cultural, materialmente constitutivo do direito, mas também como ideais regulativos e transpositivos, fundamentados na própria ideia de pessoa e portanto passíveis de crítico-reflexivamente e fundamentantemente transcenderem a própria factualidade, mesmo jurídica, são o resultado de uma tormentosa *luta pelo reconhecimento*, em que intervêm concepções político-ideológicas várias e experiências históricas de concretização muito díspares.

[32] V. Samuel FLEISCHACKER, *A Short History of Distributive Justice*, Harvard University Press, Cambridge, Massachusetts, London, England, 2004.

[33] Divergimos, portanto, da construção de João Sérgio Ribeiro, na qual a justiça distributiva surge como subespécie da justiça social. Só assim seria se esta última fosse entendida num sentido muito amplo, diluente da própria prestabilidade do termo, uma vez, que em sentido lato, *toda a justiça é social...* v. João Sérgio RIBEIRO, "Justiça distributiva através dos impostos. Perspectiva comparada e comunitária", in *Estudos em Comemoração do Décimo Aniversário da Licenciatura em Direito da Universidade do Minho,* Almedina, Coimbra, 2003. Nem a ideia de justiça distributiva como *princípio de repartição dos bens escassos de forma justa* ali ventilada passa incólume a um escrutínio atento, seja pela sua *redundância*, seja pela *ambiguidade*, seja pela *incorrecção*, seja pelo seu *acanhamento*. Bem mais promissora nos parece a insistência do autor na ideia de *repartição,* e a busca de confirmação para a tese habermassiana de uma extensão da solidariedade cívica para além das fronteiras do Estado. Sobre a justiça social, v, como pequena amostra, Ben JACKSON, "*The Conceptual History of Social Justice*", in *Political Studies Review,* Volume 3, Number 3, September 2005, pp. 356-373; David MILLER, "*Perspectivas de Justiça Social*", in *Análise Social,* Vol. XXXIII (146-147), 1998, pp. 323-339; Reinhard MARX/ Bernhard NACKE, *Gerechtigkeit ist Möglich − Zwischenrufe zur Lage des Sozialstaats,* Herder, 2004; Wolfgang KERSTING, *Theorien der Sozialen Gerechtigkeit,* J.B. Metzler, Stuttgart/Weimar, 2000; Hasso HOFFMANN, *Einführung in die Rechts− und Staatsphilosophie,* Darmstadt, Wissenschaftliche

como critério do *suum*[34] – a que teremos de fazer acrescer o critério da *capacidade* (contributiva) no que toca à responsabilidade solidária perante a comunidade e os seus membros.

Em suma, a garantia jurídico(-constitucional) de um justo estatuto de autonomia responsável da pessoa e do cidadão incorpora uma componente de *socialidade* que se traduz numa igual liberdade de acesso aos diferentes bens sociais[35], e na contribuição solidária para a sua provisão. Por isso o *Estado social*[36], confor-

---

Buchgesellschaft, 2000 – tradução italiana (a cura di Giuseppe Duso): *Introduzione alla filosofia del diritto e della politica*, Laterza, Roma, 2003; Bruce ACKERMAN, *Social Justice in the Liberal State*, trad. Carlos Rosenkrantz – *La Justicia Social en el Estado Liberal*, Centro de Estudios Constitucionales, Madrid, 1993; Van PARIJS (cf. os vários artigos disponíveis em: http://www.uclouvain.be/8609.html); Lester J. MAZOR, *"Social Justice/Asocial Injustice – Lament for two voices"*, in *Law, Justice and The State – Essays on Justice and Rights – Proceedings of the 16ʰ World Congress of the International Association for Philosophy of Law and Social Philosophy (IVR) Reykjavík, 26 May-2 June, 1993,* Aleksander PECZENICK & Mikael M. KARLSSON (Eds.), Franz Steiner Verlag Stuttgart, 1995, pp. 195-198; Wilfried HINSCH, *Gerechtfertigte Ungleichheiten – Grundsätze Sozialer Gerechtigkeit*, Walter de Gruyter, Berlin, 2002; Dragan MILOVANOVIC, *Social Justice: Theories, Issues and Movements*, Rutgers University Press, 2007; Otfried HÖFFE, "Soziale Gerechtigkeit: Über die Bedingungen realer Freiheit" in *Neue Zürcher Zeitung*, 4. Juni 2005; Wolfgang MERKEL/ Mirko KRÜCK, *Soziale Gerechtigkeit und Demokratie: auf der Suche nach dem Zusammenhang,* Bonn, 2003 (Elec. Ed.: http://library.fes.de/fulltext/id/01706.htm).

[34] A juridificação do critério só ocorre com P. Kropotkin, pois até então o mesmo relevava apenas da esfera da caridade.

[35] V. J. J. Gomes CANOTILHO, "«Bypass» social e o núcleo essencial das prestações sociais" in *Estudos de Direitos Fundamentais*, 2.ª edição, Coimbra Editora, Coimbra, 2008, pp. 245-268.

[36] V. Brenda M. BAKER, *"The Welfare State: Objectives, Subordinate Principles and Justifying Grounds"*, in *Law, Justice and The State – Essays on Justice and Rights, op. cit.,* pp. 170-178; Peter BADURA, *"Der Sozialstaat"*, in *Die Öffentliche Verwaltung*, Juni 1989, Heft 11, pp. 491-499; Bent GREVE (ed.), *The future of the Welfare State. European and Global Perspectives*, Ashgate,

mado pelas hodiernas constituições[37] de tipo ocidental, é um *Estado Fiscal*[38], baseado no *princípio da capacidade contributiva*[39] e estribado numa ideia de *progressividade tributária*[40] e também um *Estado de protecção da saúde*, assegurada aos cidadãos de acordo com as *necessidades*[41] que manifestem.

Hampshire, England, 2006; François EWALD, *Histoire de L'État Providence, Les origines de la solidarité*, Éditions Grasset & Fasquelle, 1996; idem, *L'Etat Providence*, Grasset & Fasquelle, 1986; Pierre ROSANVALLON, *La Nouvelle Question Sociale. Repenser L'État-Providence*, Seuil, Paris, 1995; J. J. Gomes CANOTILHO, "A Governance do Terceiro Capitalismo e a Constituição Social (Considerações Preambulares), in J. J. Gomes CANOTILHO e Lenio Luiz STRECK, *Entre Discursos e Culturas Jurídicas*, Studia Iuridica 89, Coimbra Editora, Coimbra, 2006, pp.145-154; João LOUREIRO, "Adeus ao Estado social?: o insustentável peso do não-ter", in *Boletim da Faculdade de Direito da Universidade de Coimbra*, volume 83, 2007, pp. 99-182; Maria Lúcia AMARAL, *A Forma da República. Uma Introdução ao Estudo do Direito Constitucional*, Coimbra Editora, Coimbra, 2005, pp. 174 e 175; Paulo OTERO, *Instituições Políticas e Constitucionais*, Volume I, Almedina, Coimbra, 2007, pp. 449 e ss.

[37] V. os textos reunidos em Franz RULAND/ Bernd B. von MAYDELL/ Hans--Jürgen PAPIER *Verfassung, Theorie und Praxis des Sozialstaats – Festschrift für Hans F. Zacher zum 70. Geburtstag*, C. F. Müller Verlag, Heidelberg, 1998.

[38] V., por todos, José Casalta NABAIS, *O Dever Fundamental de Pagar Impostos*, Almedina, Coimbra, 1998; idem, *Por um Estado Fiscal Suportável, op. cit*; idem, "Reforma tributária num estado fiscal suportável", in António J. Avelãs NUNES e Jacinto N. Miranda COUTINHO, *O Direito e o Futuro – O Futuro do Direito*, Almedina, Coimbra, 2008, pp. 253-287.

[39] V. Sérgio VASQUES, "Capacidade Contributiva, Rendimento e Património", in *Fiscalidade: Revista de Direito e Gestão Fiscal*, Julho–Setembro de 2005, n.º 23, pp. 15-45.

[40] Ibidem; J. Teixeira RIBEIRO, *A Justiça na Tributação*, in *Separata do Boletim de Ciências Económicas*, Vol. XXX, Coimbra, 1987, pp. 3-15; João Sérgio RIBEIRO, "Justiça distributiva através dos impostos. Perspectiva comparada e comunitária", *op. cit.*; J. Xavier de BASTO, "Justiça Tributária: Ontem e Hoje" in *Boletim de Ciências Económicas*, XLIX, 2006, pp. 113-152.

[41] V. Michael WALZER *Spheres of Justice* (trad. Nuno Valadas) – *As Esferas da Justiça – Em defesa do pluralismo e da igualdade*, Editorial Presença, Lisboa, 1999.

Continuamos a fazer fé em que as *constituições de tipo ocidental* (Häberle), mais do que serem meras *ordens-quadro* (Bockenförde), e menos do que codificarem uma *Wertordnung*, albergam projectos colectivos de *esperança* e *responsabilidade* e constituem uma *reserva de justiça*, na qual se descobre uma teleonomologia, que enleia valores e fins numa constante dialéctica com a realidade – política, económica e social[42].

Daí que nelas se achem índices para uma resposta às três questões formuladas por Norman Daniels acerca dos problemas de justiça em matéria de determinantes de saúde, e de financiamento e provisão dos respectivos cuidados: *Porque é que a saúde é um bem tão importante? Quando é que se pode falar de injustiças em saúde? Como distribuir justamente os recursos escassos no sector da saúde?*[43]

Ninguém discutirá que a saúde é um *bem substantivo, externo, condicional ou transcendental*[44], imprescindível para uma vera *capacitação* da pessoa, que pode ser posto em causa, quer no âmbito de relações horizontais entre particulares, quer ao nível das relações, de sentido ascendente, entre estes e a comunidade, quer até no âmbito das relações que a colectividade estabelece com os seus membros. Releva pois tanto da justiça

---

[42] V., por exemplo, a PARTE I de J. J. Gomes CANOTILHO, *Direito Constitucional I – Sumários Desenvolvidos do curso 2008/2009*, Faculdade de Direito da Universidade de Coimbra, 2008/2009. Bem mais cauteloso, a respeito da *normatividade* da constituição (em particular) financeira, se mostra um dos mais notáveis especialistas brasileiros no assunto – v. Ricardo Lobo TORRES, "A Constitucionalização do Direito Financeiro", in Cláudio Pereira de Souza NETO/ Daniel SARMENTO (Coord.), *A Constitucionalização do Direito: Fundamentos Teóricos e Aplicações Específicas*, Lumen Juris, Rio de Janeiro, 2007, pp. 961-986

[43] V. Norman DANIELS, *Just Health – Meeting Health Needs Fairly*, Cambridge University Press, New York, 2008.

[44] Remetemos novamente para a nossa dissertação de mestrado, agora a páginas 18 e ss. do volume II.

comutativa, como da justiça geral e da justiça distributiva e social. Como bem jurídico, a saúde tem carácter simultaneamente *pessoal, social* e *público* (pois que pressupõe uma actuação defensiva e promocional de iniciativa alheia) e carece de protecção quer em relação a terceiros, quer face aos fenómenos naturais e aos riscos colectivos, quer ainda, segundo alguns, perante as acções do próprio sujeito. Concomitantemente, requer uma série de medidas positivas, desde a criação de condições ambientais e sócio-económicas propícias, à previsão normativa e instituição efectiva de esquemas prestacionais que assegurem os cuidados de saúde[45]. Esta dimensão de *garantismo social* (Ferrajoli), que tange o problema da afectação justa e eficiente de recursos ao sector e da sua repartição, culmina na consagração constitucional da saúde como objecto de um verdadeiro direito social fundamental.

Não representa, pois, grande ousadia colocar o direito fundamental à saúde no eixo de um verdadeiro subsistema constitucional – a *constituição parcial da saúde* – contendo os princípios fundamentais do direito da saúde português, enquanto complexo normativo-jurídico que toma a saúde por objecto (imediato ou mediato), regulando em especial a organização e funcionamento das instituições destinadas à provisão e defesa da saúde e, em geral, todas as relações que sobre ela versam.

2. **Cristalizações dogmáticas e impulsos prático-normativos**

O *direito à protecção da saúde*[46], tal como se acha constitucionalmente agasalhado no artigo 64.º da CRP, *é um direito fun-*

---

[45] V. João Loureiro, "Direito à (protecção da) saúde", in *Separata de: Estudos em Homenagem ao Professor Doutor Marcello Caetano no Centenário do seu Nascimento*, Coimbra Editora, Coimbra, 2006.

[46] Sobre a consagração do direito à saúde na CRP, v. *Racionamento e racionalização no acesso à saúde, op. cit. volume II.*, pp. 176 e ss; para uma panorâmica de *direito comparado*, v. *ibidem*, pp. 175-176, nota 422, acerca dos ordenamentos austríaco, sueco, finlandês, irlandês, suíço, inglês, grego, holandês, belga, sul-africano, e sul-americanos (colombiano, argentino, mexicano) e, com mais detalhe (no que toca ao direito à saúde em Itália,

damental social[47], que compreende uma *vertente negativa* e uma *vertente positiva*[48], apresenta uma *dimensão objectiva* e outra *subjectiva*[49] e surge acoplado a um *dever de promoção e defesa da saúde*.

Acudindo à necessidade de o garantir institucionalmente e dinamizar politico-administrativamente, o legislador constituinte estatuiu como verdadeira *obrigação de tarefa constitucional* a criação de um *Serviço Nacional de Saúde* (SNS) e estabeleceu *imposições legiferantes precisas* quanto à respectiva configuração (carácter *universal, geral* e *tendencialmente gratuito*), complementadas depois por outras *incumbências, mais indeterminadas*, no que toca à sua implementação e funcionamento (*gestão descentralizada* e *participada, socialização dos custos, cobertura racional*, etc).

---

na França, na Alemanha, no Brasil e na Espanha), as páginas 113-132, 132-139, 140-155, 155-162 e 162-175 respectivamente.

[47] Acerca desta qualificação, a partir da doutrina nacional e estrangeira, v. *ibidem*, pp. 415 e ss.

[48] Buscando uma interpretação mais actualizada, precisa e concreta da sua faceta positiva, que especialmente nos tem atraído, configurámo-lo como um típico *direito à segurança social* (no sentido que lhe atribui P. Badura), um *direito do status positivus socialis* (na qualificação de Murswieck), o que significa que a todo o cidadão deve ser reconhecida uma *posição jussubjectiva activa substancial de vantagem* perante a sociedade, tendo por conteúdo a *provisão de serviços e produtos médicos e (afins) de que essencialmente necessite*, o que implica a invenção de soluções institucionais adequadas à garantia da disponibilização e da acessibilidade económica, geográfica e social desses bens, à respectiva aceitabilidade ou acomodação e qualidade. O mesmo vale por dizer que o cidadão deve poder exigir do Estado a prestação de cuidados *essenciais* para a manutenção, recuperação ou minoração dos danos das suas capacidades comunicativas, sensitivas, intelectuais, activas e produtivas ou para a paliação de aflições intoleráveis. Tem, depois, pretensões de vinculatividade graduada em função da sua *necessidade* e da *importância* dos cuidados, à obtenção de outros produtos e serviços.

[49] Sobre a dupla dimensão em causa, v. Robert ALEXY, *"Grundrechte als subjektive Rechte und als objektive Normen"*, in *Recht, Vernunft, Diskur – Studien zur Rechtsphilosophie*, Suhrkamp Taschenbuck Wissenschaft, Frankfurt am Main, 1995. pp. 262 e ss.

O SNS representa a *espinha dorsal* do mais amplo sistema de realização da saúde, constituído igualmente pelas instituições privadas e sociais (sujeitas a regulação jurídica rigorosa, nomeadamente no que concerne à respectiva qualidade), e, em virtude das suas características, é alimentado pelo sistema económico--financeiro constitucionalmente consagrado, além de imbuído dos princípios fundantes e estruturantes da constituição e do regime dos direitos fundamentais, e densificado – até sob influxo jusinternacional e comunitário e na dialógica interconstitucional – pelo reconhecimento crescente dos direitos dos cidadãos usuários de serviços públicos económicos e sociais.

3. *Teoria(s)*: *olhares* **cruzados**[50]

O pensamento jurídico que excogita os referentes axiológicos fundamentantes para os precipitar objectivamente em soluções dogmático-normativas, integra hoje uma complexa *rede teorética*, feita de perspectivas outras, potencialmente perturbadoras, mas ainda assim considerandas num âmbito como o vertente, que se centra na constituição, dada a situação especial em que se encontra no seio do direito e da própria sociedade.

Na verdade, os *olhares* que se cruzam *no* direito e *com o do* direito são múltiplos, especialmente quando o chamamos a regular um domínio social muito disputado como o da saúde.

---

[50] O carácter prático-normativo do direito não desacredita uma reflexão teórica a seu respeito, contanto que a *teoria do direito proprio sensu* não perca a índole metanormativa e crítico-reflexiva que deve ser seu timbre. Se há demandas à teoria jurídica, no que concerne às *fontes*, ao *sistema jurídico* ou à *realização do direito*, elas emergem da própria *praxis* e é com uma intenção sempre praxeológica em vista que devem ser atendidas e equacionadas

a) Dos capítulos que precedem se desprende que as **teorias da justiça**, seja de cariz mais jusfilosófico, seja de índole filosófico-política, repercutem directamente sobre a juridicidade, inflitrando-se na **teoria do direito** e dos *direitos*, ao mesmo tempo que a atingem indirectamente a partir das reflexões desenvolvidas acerca de outras dimensões fundamentais da sociedade. São diferentes, desde logo, as *visões do justo* em matéria de saúde propugnadas por orientações *comunitaristas* (Daniel Callahan[51]) e *liberais* (Tom Beauchamp[52]) e, dentro destas, pelas *correntes libertárias* (H. Tristam Engelhardt[53], Baruch Brody[54]), *prioritaristas* (Charles Fried[55]) ou *igualitaristas* (Robert M. Veatch[56]), tal como é fácil distinguir as propostas utilitaristas, as de sabor axiológico e as de carácter deontológico, etc[57].

---

[51] V., nomeadamente, *False Hopes: Why America's Quest for Perfect Health is a Recipe for Failure*, Simon & Schuster, New York, 1998; idem, *What Kind of Life. The Limits of Medical Progress*, Georgetwon University Press, Washington, 1994; idem, *Setting Limits. Medical Goals in an Aging Society,* Georgetown University Press, 2nd Edition, Washington, 1989.

[52] V. Tom BEAUCHAMP/ James F. CHILDRESS, *Principles of Biomedical Ethics,* 5th edition, Oxford University Press, Oxford, 2001.

[53] V. *The Foundations of Bioethics,* 2nd edition, Oxford University Press, New York, Oxford, 1996.

[54] V. *Taking Issue: Pluralism and Casuistry in Bioethics*, Georgetown University Press, 2004.

[55] V. "Perfect Freedom or Perfect Control?", *Harvard Law Review*, 114, 606, 2000; idem, "Perfect Freedom, Perfect Justice," in *Boston University Law Review,* 78, 3, 1998.

[56] V., *The basics of bioethics*, Prentice Hall, New Jersey, 1999; idem, "Doctor does not know best: why in the new century physicians must stop trying to benefit patients", in *The Journal of Medicine and Philosophy*, vol. 25, n.º 6, 2000, pp. 701-722; idem, "The impossibility of a morality internal to medicine", in *The Journal of Medicine and Philosophy*, vol. 26, n.º 6 (2001), pp. 621-642; idem, "Egalitarian and maximin theories of justice: directed donation of organs for transplant", in *The Journal of Medicine and Philosophy,* Vol. 23, n.º 5, 1998, pp. 456-476. Destacam-se,

b) Por sua vez, diferentes perspectivas sobre o *direito objectivo* e os *direitos subjectivos, humanos* e *fundamentais* digladiam-se a propósito do fundamento, funções, estrutura, conteúdo, justicia-bilidade, etc daquele, mas sobretudo destes últimos[58].

c) Uma vez que o direito é uma realidade social, não se estranhará o influxo que recebe das *teorias sociológicas*, desde o *estruturalismo* ao *funcionalismo*, do *interacionismo simbólico* à *fenome-*

---

acerca dos problemas da justiça em geral e da ética médica em particular, duas obras já antigas do professor da universidade de Georgetown: *The Foundations of Justice*, Oxford University Press, New York, 1986 e *Medical Ethics*, Jones and Bartlett, Boston, 1989.

[57] Para uma análise mais densa, veja-se as páginas que dedicamos ao tema em *Racionamento e Racionalização no acesso à saúde, op. cit., volume II*, bem como a breve exposição do pensamento de Norman Daniels, Daniel Callahan, Ronald Dworkin, Leonard Fleck, Tristram Engelhardt, Diego Gracía, Daniel Serrão e Rui Nunes (no que concerne ao problema especí-fico do racionamento) que pode ler-se no *volume III*, pp. 59-146.

[58] É o que se comprova designadamente quando nos reportamos à esfe-ra da saúde e aludimos aos princípios jurídicos estruturantes do sector e aos direitos fundamentais a reconhecer com igualdade a todas as pessoas. Temos para nós que os direitos não se contrapõem necessariamente ao princípio democrático, nem importam o menoscabo dos deveres e respon-sabilidades perante os outros e a sociedade em geral, sobretudo no âmbito de um Estado de Direito, Democrático e Social. Mais do que isso, enten-demos que se verificam importantes sinergias entre as várias dimensões ou momentos de cada direito fundamental e dos direitos fundamentais no seu todo. Em vez de falar em *gerações* de direitos, preferimos discretear sobre as diferentes realizações ou reconhecimentos jurídicos da subjectividade hu-mana que sedimentam: *liberdades, direitos de participação, direitos sociais* e *direi-tos de solidariedade*. E seria muito interessante averiguar de que modo os novos direitos de solidariedade retroagem sobre os direitos sociais, num período em que a crise destes últimos, induzida pela crise do Estado, do direito social e da jussocialidade em geral, impele alguns a recuar a *muralha jurídica* para o *pseudo-bastião* dos direitos de liberdade, como se também estes não tivessem sido transformados pelos demais.

nologia ou à *teoria dos sistemas*. Nota comum a todas é o reconhecimento da *complexidade* e *diferenciação* sociais, quer a mesma seja trabalhada com o recurso às categorias do *campo* (na linha de Bourdieu), das *esferas* (assim em Walzer), das *arenas* (Elster), ou dos *subsistemas* (como em Luhmann ou Teubner). Uma coisa parece clara: as relações sociais entretecidas em torno da saúde, lentamente sedimentadas, institucionalizadas e reflexivamente estruturadas, tendem a formar uma região demarcada da sociedade, ainda que sujeita aos apetites de outros discursos sociais, com os seus códigos e programas próprios.

d) Explorando a via assim aberta pelas teorias sociológicas, podemos espreitar pela <u>teoria política e económica</u> para o domínio da saúde, antes de afluirmos à teoria jurídica propriamente dita.

i. De um ponto de vista *político*, ressalta nomeadamente o contributo das *teorias da democracia* (republicanas, liberais, comunicativas)[59] e das *teorias do Estado*, para além da genérica reflexão sobre o problema do *poder* e das complexas relações entre *o político*, *a política* e *as políticas* públicas[60].

A esfera da saúde constitui um interessantíssimo campo de experimentação, mormente no que respeita à conjugação da *teoria do estado*, com a *teoria da administração*[61], ambas cruciais de uma óptica jurídico-constitucional.

Não são raros os casos de abandono puro e simples da categoria do Estado Social, na sua versão de Estado-Providência, com o argumento

---

[59] V. J. J. Gomes CANOTILHO, *Direito Constitucional e Teoria da Constituição*, 7.ª edição, Almedina Coimbra, 2003, pp. 1314 e ss.

[60] V. *Racionamento e Racionalização no acesso à saúde, op. cit., volume I.*, pp. 247 e ss, e, entretanto, Maria Glória P. GARCIA, *Direito das Políticas Públicas*, Almedina, Coimbra, 2009.

[61] Tendo como zona axial as teorias da *governance* – v. *ibidem*, e também *Racionamento e racionalização no acesso à saúde, op. cit., volume II*, pp. 290-330.

da respectiva caducidade e obsolescência – testemunho de um casa-
mento entre neokeynesianismo e humanitarismo social que calara fundo na consciência geral do pós-guerra e se legitimou igualmente nos
resultados económicos obtidos durante os 30 anos gloriosos; pressupostos ideológicos e económico-financeiros que teriam sido derruídos,
desde os anos 90, pela institucionalização progressiva de uma nova ordem mundial.

Ao concurso para a predicação do Estado actual[62], têm-se apresentado
os mais diversos candidatos. Em vez do *Estado produtor* e *prestador*, um
Estado *financiador* e *regulador*; no lugar de um *Estado dirigente* ou pelo menos activamente *interventivo*, um Estado *supervisor, catalisador* e *cooperativo*.

A última moda é o *Estado Garantidor* (*Gewährleistungsstaat*), teorizado
por autores como Claudius Franzius[63] e analisado entre nós por Gomes
Canotilho[64] ou João Loureiro[65]. Fim do Estado é garantir, designadamente com recurso ao direito, ainda que de base negocial, o acesso aos
bens sociais fundamentais, cuja prestação, contudo, pode ser entregue a
entidades privadas. Retraindo-se na sua actuação prestativo-material
directa e nas actividades de gestão, veste o território descoberto com uma
malha normativa (estabelecendo *obrigações de serviço público* mas fixando
também *objectivos em termos de resultados económicos e sociais*), ao mesmo
tempo que actua selectiva e cirurgicamente nos novos mercados criados,
através de *novos instrumentos de planificação*[66] (lembre-se o *Krankenhaus-*

---

[62] J. J. Gomes CANOTILHO, *"Estado Adjectivado e Teoria da Constituição"*, in
Revista da Academia Brasileira de Direito Constitucional, Volume 3, 2003,
pp. 455-474.

[63] V."Der Gewährleistungsstaat", in *Verwaltungsarchiv*, 98. Band, Heft 3,
Juli 2008, pp. 351 e ss; idem, "Der «Gewährleistungsstaat» – Ein Neues
Leitbild für den sich Wandelenden Staat", in *Der Staat*, 2. Band, Heft 4,
2003, pp. 493 e ss. A talhe de foice, v. também, Friedrich SCHOCH,
"Gewährleistungsstaat: Stärkung der Privatrechtsgesellschaft?", in *Neue
Zeitschrift für Verwaltungsrecht*, 3, 2008, pp. 241 e ss.

[64] V. "O Princípio democrático sobre a pressão dos novos esquemas
regulatórios", in *Revista de Direito Público e Regulação*, n.º 1, Coimbra, 2009,
pp. 99 e ss; e "O Estado Garantidor: Claros-Escuros de um Conceito", *in
O Direito e o Futuro – O Futuro do Direito, op. cit.*, pp. 571 e ss.

[65] V. "Adeus ao Estado Pós-Social?", *op. cit.*

[66] Sobre a reinvenção da programação por confronto com a planificação
económica pretérita, v. Maria Nazaré CABRAL, *Programação e decisão orçamental:*

plannung)[67], contratualização (parcerias público-privadas) e regulação (normas técnicas de acreditação, certificação e controlo de qualidade, mas também de criação de tarifas e de supervisão ou coordenação) e desenvolve novos esquemas de financiamento (como as contribuições de solidariedade – que escapam à racionalidade do Estado fiscal, ao dirigirem-se ao financiamento dos serviços universais – ou até outros impostos e contribuições enquanto instrumentos de intervenção estadual de garantia); aprendendo com as ciências políticas, administrativas, económicas e sociais, não desiste de invocar os princípios da igualdade e da socialidade, mas coloca agora a seu lado os princípios da eficiência, da efectividade e da qualidade, o que não deixa de gerar tensões.

ii. Em relação à *teoria económica*, se bem que ameace colonizar o próprio direito[68], não deixa de apresentar uma construção do real – no caso, da esfera social da saúde – a que aquele não pode permanecer alheio[69].

Nos termos da codificação económica de que são objecto, os produtos e serviços de saúde emergem na sua natureza de *bens sem qualidade intrínseca*[70] – puramente instrumentais – *heterogéneos*[71], frequentemente

---

Da racionalidade das decisões orçamentais à racionalidade económica, Almedina, Coimbra, 2008.

[67] Trata-se do recurso a planos de necessidades, elaborados e gizados com base em cenários de futuro relativamente à oferta e à procura num determinado espaço geográfico e que, com o envolvimento do Estado, de outras entidades públicas e de entes privados, estabelecem obrigações quanto à criação de instituições de saúde e aos sistemas de seguros que as financiarão, e servem depois como parâmetros de decisão.

[68] V. *Racionamento e Racionalização do acesso à saúde, op. cit, volume II*, pp. 337-360.

[69] Sobre a economia política dos direitos sociais numa óptica de direito económico, v. Saldanha SANCHES, *Direito Económico: um projecto de reconstrução*, Coimbra Editora, Coimbra, 2009, pp. 80 e ss.

[70] V. Manuela FREDERICO, *Princípios de Economia da Saúde, op. cit.*, p. 28.

[71] Ou de consumo heterogéneo – v. Álvaro MATIAS, "*O Mercado de Cuidados de Saúde*", Documento de Trabalho 5/95, Associação Portuguesa de Economia da Saúde, Novembro de 1995, p. 5 (versão pdf.).

interdependentes[72], e *de reputação*[73], e são também normalmente integrados tanto entre a categoria dos *bens primários*[74], como dos *bens de mérito*[75], tanto no seio dos *bens privados de provisão pública*[76] como dos *bens semi-públicos*[77] e inclusive dos *bens públicos*[78]/[79].

Consideramos que a *saúde pública* constitui um bem público, em sentido económico, e que os cuidados de saúde (médicos, medicamentosos e de enfermagem, sejam primários, secundários ou de especialidade, paliativos ou continuados, etc.) devem ser vistos como bens *semi-públicos e meritórios*.

De todo o modo, diante destas características, não admira que o mercado da saúde esteja longe da *perfeição* e do *equilíbrio*, apresentando uma vasta gama de problemas tanto no lado da *oferta* como da *procura*[80]: o *esgotamento do consumo* e a *irracionalidade do consumidor* são patentes e as

---

[72] V. *ibidem,* p. 5.

[73] V. P. Pita BARROS, *Economia da Saúde – Conceitos e Comportamentos*, Almedina, Coimbra, 2005.

[74] V. Philippe HUGON, *L'économie éthique publique: biens publics mondiaux et patrimoines communs*, in *Economie Ethique*, N° 3, SHS-2003/WS/23, 2003; numa leitura a partir de Rawls, cf. Norman DANIELS, – *Justice and Justification – Reflective Equilibrium in Theory and Practice*, Cambridge University Press, 1996; idem, *Just Health Care*, Cambridge University Press, 1985.

[75] V, J. Garcia PEREIRA, *Economia da Saúde. Glossário de Termos e Conceitos*, APES, Lisboa, 1992.
J. Teixeira RIBEIRO, "*Sobre os bens meritórios*", in *Boletim da Faculdade de Direito da Universidade de Coimbra*, Coimbra, 1996.

[76] V. Joseph STIGLITZ, *Economics of The Public Sector*, Third edition, W.W. Norton & Company, New York, 2000.

[77] V. J. Teixeira RIBEIRO, *Lições de Finanças Públicas*, Coimbra Editora, 5ª edição, Coimbra, 1997, pp. 26 e 27.

[78] V. J. Garcia PEREIRA, *Economia da Saúde. op. cit.*, p. 6. Abel Mateus considera expressamente a saúde básica como um bem público – v. Abel MATEUS/ Margarida MATEUS, *Microeconomia – Teoria e Aplicações*, capítulo 29, pp. 602-642, Editorial Verbo, Lisboa – São Paulo, 2002.

[79] Além de ser um *bem público por determinação constitucional* (Casalta NABAIS).

[80] Quanto ao que se segue, cf. o nosso *Racionamento e Racionalização no acesso à saúde, op. cit. Volume II*, pp. 226-251.

externidades e *situações de incerteza*[81] (a vários níveis) campeiam; grassa a *assimetria informativa*, e imperam as *relações de agência* entre os doentes e os seus médicos; por fim, o *fenómeno da indução da procura*, as tendências para o *monopólio crescente* e a *manutenção do rendimento alvo* por parte dos profissionais de saúde, bem como as *situações de risco moral*, de *selecção adversa*, de *sub-seguro* e de *desnatação*, mais as dificuldades causadas pela *variação da prática clínica*, as *listas de espera*, as *taxas moderadoras*, a *saúde gerida*, etc – são igualmente realidades indesmentíveis neste domínio.

Todavia, não apenas a este respeito terçam armas as mais diversas correntes do pensamento económico – da *escola da Escolha Pública* à *Economia do Bem-Estar,* do *Keynesianismo* ao *Monetarismo* e do *Institucionalismo* à *Altereconomia, etc*[82]. Exemplificativamente, a nível económico, as teorias das *falhas do governo* da primeira complementam as teorias das *falhas de mercado*, formuladas pelas segundas. No plano financeiro e tributário, a ressurreição do *princípio da equivalência* como expressão da igualdade fiscal muito deve à *Public Choice Theory*, que pretendeu reproduzir, no plano do direito público, a soberania do consumidor que é característica do direito privado[83].

---

[81] A referência clássica nesta matéria é o artigo de Kenneth J. ARROW, "*Uncertainty and the Welfare Economics of Medical Care*", in *The American Economic Review,*Volume LIII, Number 5, December 1963, pp. 941 a 973.

[82] V. E. Paz FERREIRA, *Ensinar Finanças Públicas numa Faculdade de Direito*, Almedina, Coimbra, 2005; José REIS, *Ensaios de Economia Impura,* Almedina, Coimbra, 2007; A.D. CATTANI, J.-L. LAVILLE, L.I. GAIGER, P. HESPANHA (Coord.), *Dicionário Internacional da Outra Economia,* Almedina, Coimbra, 2009.

[83] «Levando a que o volume e a qualidade da despesa pública sejam determinados pelos indivíduos em função das contribuições que realizam, em vez de o serem por um decisor político que lhes imponha "de cima" uma qualquer escolha. O princípio da equivalência constitui deste modo uma expressão de justiça e um instrumento de responsabilização do indivíduo perante a comunidade. A repartição dos encargos tributários em função do custo gerado por cada indivíduo e do benefício que a cada indivíduo aproveita serve a garantir uma organização financeira dominada pelo valor da *responsabilidade*, em que cada um suporta os custos dos seus comportamentos sem os transferir para os seus concidadãos e em que cada um devolve à comunidade as vantagens que este lhe proporciona» – v. Sérgio VASQUES, *O princípio da equivalência como critério de igualdade tributária, op. cit.,* p. 373.

iii. Por fim, a *teoria da cultura*[84] acentua no direito a sua participação no complexo processo de produção de sentidos vinculantes e relaciona-o com outras esferas da significação humana, ora em perspectiva puramente descritiva, ora crítica... Sendo o direito uma manifestação da cultura, tanto remete para alguns dos seus conteúdos imanentes como para intenções regulativas por referência às quais se autotranscende. Ponto é, naturalmente, que a concebamos cada vez mais como síntese de *universalidade* e *singularidade*, apoiada sobre um diálogo *intercultural* e repousando nas *matrizes transculturais* que a mais recente antropologia tem voltado a sublinhar (W. Welsch).

Sem que o direito arrisque perder a sua especificidade no magma do *mundo-da-vida*, bem se pode dizer que a *teoria do direito* (e, em especial, a *teoria da constituição*) é também uma peculiar *teoria da cultura*, que engloba disquisições históricas, políticas e dogmáticas (P. Häberle)[85].

4. Um apontamento metodológico

A assimilar-se a racionalidade especificamente jurídica a uma das clássicas modalidades de *logos* cunhadas por Weber, a eleita seria, com grande probabilidade, a que se associa a uma *ética da responsabilidade*, imune aos defeitos, tanto de uma categórica *ética da consciência*, quanto de uma pragmática *ética das consequências* ou resultados. O mesmo vale

---

[84] V., entre muitos outros possíveis, Terry EAGLETON, *A ideia de Cultura*, Temas e Debates, 2003 e Manuel ANTUNES, *Teoria da Cultura*, Edições Colibri, 2ª edição, 2002.

[85] v. Peter HÄBERLE, *Verfassungslehre als Kulturwissenschaft. Schriften zum offentlichen Recht* – tradução: *Teoria de la Constitución como ciência de la cultura*, Tecnos, Madrid, 2000; Cristina QUEIROZ, *Direito Constitucional: As Instituições do Estado Democrático e Constitucional*, Coimbra Editora, Coimbra, 2009, p. 19.

por dizer que o direito convoca uma teleonomologia ou uma arqueote-leologia, que concilie axiologia e teleologia. Pormenor relevante, quando se trate de interpretar as normas sobre taxas num domínio como o da saúde, mantendo em linha de vista a dupla natureza das primeiras e o caldo de *princípios* e *políticas* em que está mergulhado o segundo[86].

PARTE II – O SISTEMA DE SAÚDE E O SEU FINANCIAMENTO: BREVE BOSQUEJO

1. Sistema de saúde

1.1. *Caracterização geral*

Não precisamos de bordejar qualquer teoria sistémica para explicar o recurso constante à figura do sistema em diferentes domínios do saber. Nela se recolhem, de forma simbiótica e com elevada proficiência, contributos do *estruturalismo* e do *funcionalismo,* da *cibernética* e das *teorias da informação* e *da comunicação*[87].

Numa definição que se tornou clássica, M. Roemer apresenta o sistema de saúde como uma *combinação de recursos, organização, financiamento e gestão que culmina na prestação de serviços de saúde para a população*[88]. Quanto a nós, à semelhança da OMS, usare-

---

[86] Ninguém contestará o *nexo* entre fins e valores jurídicos fundamentais aqui presentes, mas a ponderação de uns e outros não está isenta de difi-culdades metodológicas mormente ali onde as *policies* e os bens comuns parecem chocar com os *rights* e os *principles*, uma *racionalidade axiológica* embate com uma *racionalidade finalística*, a *democracia* se mede com o *cons-titucionalismo*, as *dimensões negativas* dos direitos com as *positivas* e *activas*, a *igualdade* com a *liberdade* e a *responsabilidade individual* com a *solidária*.

[87] V. Daniel DURAND, *A Sistémica*, 5.ª edição revista, Dinalivro, Lisboa, 1992.

[88] V. M. ROEMER, *National Health Services of the World (Vol. 1. The Coun-tries)*, Oxford University Press, Oxford, 1991.

mos aqui uma terminologia de *travor* parsoniano, concebendo-
-o como a *institucionalização* política, económica e jurídica de
determinados valores mas acima de tudo como um *esquema funcional de realização de objectivos.*

1.2. *Modalidades*

São vários os critérios utilizáveis para classificar os sistemas
de saúde, ordenando o material factual das experiências histó-
rico-concretas em diferentes tipos, mais ou menos ideais.
Articulando o *financiamento* com a *provisão* é possível identificar três tipos de sistemas prestacionais e três modelos de obtenção de receita: o *sistema de reembolsos*, o *sistema de contrato ou de
convenção* e o *sistema integrado*, no primeiro caso[89]; e o *sistema de
seguro privado*, o *sistema de seguro social* (bismarkiano) e o *sistema
de base eminentemente fiscal* (beveridgiano), no segundo[90].

---

[89] No *sistema de reembolso*, os prestadores são pagos pelos serviços fornecidos, seja por uma entidade seguradora, seja directamente pelos doentes
que os consomem e que depois são reembolsados parcial ou totalmente
por um seguro; o *sistema de contrato ou convenção* implica um acordo entre
os terceiros pagadores e os prestadores de cuidados, fixando as condições
de pagamento; no *sistema integrado*, um mesmo organismo exerce as suas
competências, quer no financiamento, quer na prestação de cuidados; o
pessoal, nomeadamente os médicos, são, em regra, assalariados e o financiamento dos hospitais é assegurado por dotação global – v. Jorge SIMÕES,
*Retrato Político da Saúde. Dependência do Percurso e Inovação em Saúde: da Ideo-
logia ao Desempenho*, Almedina, Coimbra, 2004.
[90] Quanto ao *sistema de seguro privado*, cobre indivíduos ou grupos, sendo
os prémios fixados em função das características do risco. O *sistema de seguro social*, por sua vez, funciona no âmbito de caixas de seguro-doença, em
regra geridas por entidades sociais mas submetidas à supervisão de organismos públicos. O *sistema de financiamento por imposto,* por sua banda, pode
organizar-se de dois modos: ou o financiamento e a prestação são assegurados

Conhecem-se bem os avatares históricos da protecção e promoção sociais da saúde, nos quais se distinguem os marcos de uma *assistência puramente residual* (ainda hoje sobrevivente em ambientes liberais), de *sistemas de segurança social* de base eminentemente corporativa[91] (exemplificadores do tipo continental de Estado Social) e, por fim, dos projectos de *institucionalização* da responsabilidade social de todos e cada um pela garantia, a todos os cidadãos, do acesso aos cuidados relacionados com a saúde (cujo zénite foi atingido nos países nórdicos)[92].

1.3. *Finalidades e parâmetros reguladores*

Os diferentes tipos de sistemas visam atingir vários objectivos, por vezes decorrentes de compromissos jurídicos, e regem-se por esses e outros valores do Estado de direito democrático e social.

a) Começando pelos objectivos, segundo a **OMS**, os sistemas de saúde visam essencialmente uma elevação e melhor distribuição do nível de saúde da população, uma repartição justa dos encargos financeiros que acarretam e maior e mais difundida responsividade às expectativas dos doentes – quer na mera veste de utentes, quer como pessoas – nas prestações que realizam[93].

---

por um só organismo público, que recebe do orçamento de Estado as verbas de que necessita, ou a prestação de cuidados é realizada tanto por serviços estatais como por entidades privadas contratadas pelos fundos públicos autónomos – v. *ibidem*.

[91] E inicialmente *retributiva*.

[92] Sobre os sistemas de saúde sueco, dinamarquês, finlandês e norueguês (embora numa investigação concentrada no racionamento), v. *Racionamento e Racionalização no acesso à saúde, op. cit., Volume I* (Introdução) e *Volume III*, pp. 167-178.

[93] V. WHO, *The world health report 2000 – health systems: improving performance*, WHO, Geneva, 2000.

Para a **OCDE**[94], os fins prosseguidos pelo sistema de saúde devem ser a *equidade no acesso*, a *eficiência técnica* dos serviços e a *eficiência económica* ou *distributiva* do sistema.

Para a **União Europeia** – mais concretamente, no entendimento da Comissão Europeia – os escopos primaciais dos sistemas de saúde são o *acesso universal*, a *elevada qualidade* e a *sustentabilidade duradoura*[95].

b) A título de constituição societária, sorte de normatividade fundamental e estruturante do sector, gestou-se na prática dos próprios agentes da saúde uma plêiade de orientações, guias de conduta, *standards* de avaliação, *benchmarks*, etc., que os mesmos pressupõem como vinculativos, que modelam as estruturas criadas, consubstanciando-se desse modo em candidatos a uma juridificação, desde logo consuetudinária (mas que pode também ter lugar através de outro tipo de infiltrações, por outros modos de constituição do direito vigente) e que, para todos os efeitos, coonestam muito do que os teóricos da *autopoiése* vêm sustentando a este respeito[96].

Reunindo inúmeros contributos na matéria, ousamos resumir esse tecido normativo[97] em 6 parâmetros fundamentais de avaliação, prescrição e decisão, facilmente ancoráveis no bloco constitucional, considerado em termos amplos: a equidade no acesso aos produtos e serviços de saúde; a responsividade das prestações realizadas; a efectividade dos

---

[94] Vejam-se os documentos da OCDE em http://www.oecd.org/topic/ 0,3373,en_2649_33929_1_1_1_1_37419,00.html; e, a propósito, Adam WAGSTAFF, *Social Health Insurance vs. Tax-Financed Health Systems— Evidence from the OECD,* (Policy Research Working Paper 4821), The World Bank Development Research Group, Human Development and Public Services Team, January, 2009.

[95] V. *Racionamento e Racionalização no acesso à saúde, op. cit. volume II,* pp. 96 e ss.

[96] V. Rui NUNES, *Regulação da Saúde,* Vida Económica, Porto, 2005; *idem,* "*A Plataforma ética da Saúde*", in *Revista Portuguesa de Filosofia,* volume 62, Fasc. 1 (Janeiro-Março), 2006, pp. 185-205

[97] Estamos a pensar num complexo de princípios deontológicos da medicina e demais profissões ligadas à saúde, em regras de boa administração e governança, em normas técnicas de gestão, em postulados de ética organizacional, em direitos do utente e do consumidor, etc.

cuidados; a solidariedade no financiamento; a eficiência na organização e funcionamento; e a transparência e participação em todos os processos.

2. O **sistema de financiamento em especial: pequeno quadro**[98].

a) Noção. O esquema de financiamento de um sistema de saúde designa o modo de *obtenção* de recursos financeiros para enfrentar as suas *despesas*.

b) Objectivos e funções. Deve reparar-se que, através do financiamento, se podem realizar outros objectivos para além da pura e simples angariação de receitas. Se assim não fora, escopo único e exclusivo a ter em conta na eleição do tipo de financiamento a perfilhar e na sua posterior avaliação, seria a respectiva *eficiência financeira*, o que não corresponde à realidade, uma vez que os sistemas se propõem igualmente *distribuir o risco de saúde e suas consequências* de *modo equitativo* entre as pessoas, *realizar uma função redistributiva do rendimento* e *limitar o risco moral*.

Além disso, uma vez que o sistema de saúde é conformado pela finalidade prestativa que persegue, os modelos de financiamento equacionam normalmente as condições em que o *input* que acolhem se volve em *output* prestacional de bens de saúde e em *outcomes* de saúde[99] (o que fica, em não pequena

---

[98] V. os contributos recolhidos em Anthony J. CULYER/ Joseph P. NEWHOUSE, *Handbook of health economics*, North-Holland, Amsterdam, 2000.

[99] Apesar de se ensaiar um cotejo de realidades, em rigor, incomensuráveis: recursos financeiros, quantidade e qualidade de serviços e produtos de saúde e nível de saúde da população.

medida, na dependência dos modelos de organização e funcionamento instituídos, cada um com as suas necessidades de financiamento específicas).

Por esse motivo se adverte que um bom sistema de financiamento deve, por um lado, assegurar uma prestação eficiente, entendida como a obtenção do nível de cuidados de saúde, considerado adequado, a custo mínimo e, só por outro, recolher os fundos de modo a minimizar as distorções na economia[100]. Na base destes objectivos está, pois, a necessidade de coordenar a *função angariação* e a *função pagamento* do sistema. Com efeito, qualquer que seja o tipo de sistema de saúde em causa, sempre terá de desempenhar concertadamente duas funções: recolher da população os fundos necessários para o pagamento das despesas em cuidados de saúde; proceder ao pagamento dos prestadores pelos cuidados fornecidos às pessoas doentes.

c) **Fontes**. Para levar a cabo a angariação de fundos perfilam-se, como opções básicas, a criação de um *Seguro público* através de impostos gerais ou consignados; o recurso ao *Seguro privado*, pela via dos prémios de seguros (que são pagos); e a cobrança de *pagamentos directos* dos utilizadores no momento do consumo.

Nenhum destes sistemas existe em forma pura na realidade, seja em Portugal, seja no resto do mundo, quer porque os sistemas de seguro têm frequentemente *co-pagamentos* e *franquias* — que não são mais do que pagamentos directos no acto de consumo — quer porque, mesmo no caso de pagamento directo dos consumidores, há alguma componente de seguro por via

---

[100] V. P. Pita BARROS, *Economia da Saúde, op. cit.* Se bem que este último propósito releva de uma clara intencionalidade económica, cuja invocação autónoma nos deixa algumas dúvidas.

fiscal, uma vez que existe a possibilidade de as pessoas deduzi-rem despesas de saúde ao rendimento colectável[101].

*d) **Perspectivas de futuro***. Duvidamos existir melhor teste às estratégias de superação da crise do Estado social do que a sua experimentação no delicado terreno da tutela da saúde. As inú-meras ineficiências e injustiças que os sistemas teórica e princi-palmente mais generosos e progressistas têm evidenciado na prática tornaram instante uma reflexão séria sobre o assunto, que aqui não caberia de todo empreender.

> Sói dizer-se perante a magnitude dos grandes problemas civilizacionais, que se impõe uma revolução das mentalidades − *wishfull thinking* fadado a esfumar-se nas proposições e acções mais inócuas se não se levar a sério a capacidade de produção de sentido dos sujeitos humanos, individual e colectivamente considerados. Pois bem, no plano da saúde, é ao nível mais profundo da autocompreensão do homem e, portanto, do seu reco-nhecimento intersubjectivo, que deverão germinar as alterações de fundo, conducentes a uma mais responsável relação com o seu corpo, a sua saúde e o ecossistema natural e social. O direito deve ter aí um papel a dizer, nomeadamente induzindo comportamentos adequados − ou seja, *justos, devidos* e *correctos*. Independentemente da função de determinação de condutas e transformação social, concebem-se, em especial, medidas financeiras, de grande alcance jurídico-político, quer no plano da *despesa* quer no da *receita*.
>
> A *consumerização* da saúde, instigada pela confusão amplamente divul-gada da *liberdade igual* com a soberania do *homo oeconomicus* (no que é só o último episódio do monismo individualista e das suas expressões sociais), obrigará a uma revisitação dos critérios axiológicos e deontológicos do acesso aos bens fundamentais e a um reforço da função reguladora, priorizadora e ordenadora do direito em nome do bem comum e da autonomia e liberdade existencial de cada um[102].

---

[101] O sistema fiscal actua, nessa hipótese, como se fosse um mecanismo de reembolso − assim, P. Pita Barros, *ibidem*.

[102] V., para a França, os textos coligidos na *Revue D'Economie Financiere, n.º 76*, inteiramente dedicada à *Régulation des Dépenses de Santé*.

A referida saturação do Estado fiscal, acompanhada da multiplicação
e diversificação das prestações, em resposta a uma população acentua-
damente polimórfica, convidará a conferir maior espaço às medidas de
co-pagamento e *co-seguro*[103], a esquemas complementares de seguro privado, à consignação de impostos[104] e à criação de novas contribuições[105].

A corroborar esta perspectiva, a Comissão designada para estudar a
sustentabilidade do SNS português[106], findou recomendando (1) uma
*actualização das **taxas moderadoras*** – na qual entreviu uma *tríplice função*
de *disciplina da utilização excessiva do SNS, valorização dos serviços prestados
e contributo para o financiamento do SNS* – (2) a *revisão do respectivo regime*

---

[103] Convém recordar a diferença entre as duas modalidades de partilha
de gastos que são os *co-pagamentos* e os co-financiamentos ou *co-seguros*: os
primeiros, que abrangem as taxas de utilização e as taxas moderadoras, são
aqueles em que o utente é chamado a pagar um valor fixo no momento
da utilização do serviço; nos segundos, o utente paga uma percentagem ou
fracção do serviço (como acontece com a parte não comparticipada dos
medicamentos prescritos no âmbito do SNS).

[104] Sobre os problemas levantados pela consignação de impostos
(*Zweckbindung, Assignation* ou *Earnmarking*), v. Andreas Musil, "Steuer-
begriff und Non-Affektationsprinzip", in *Deutsches Verwaltungsblatt*, 15.
Dezember 2007, pp. 1526 e ss; atente-se paradigmaticamente no caso bra-
sileiro, que traz a lume os perigos de *complexificação do orçamento* (em virtude da cópia de vinculações inscritas) e de *rigidificação da execução orçamental*
(com os consequentes *desperdícios*, quando as despesas dos serviços fiquem
aquém da receita consignada) mas também algumas virtudes desta afectação juridicamente determinada – cf. Fernando Facury Scaff, *Constitucionalismo, Tributação e Direitos humanos*, Renovar, Rio de Janeiro, São Paulo,
Recife, 2007 (em especial, os artigos de Fernando Scaff e Marconi Costa
Albuquerque).

[105] No entanto, julgamos que não implicarão o trânsito para um Estado
industrial de serviços, mero taxador e cobrador de preços numa lógica de
pura comutatividade tendencialmente comercial. Discordamos pois de
muito do que pode ler-se em publicações como a nossa *Economia Pura*
(nomeadamente, os dossiers: *Os Remédios para a Saúde,* Ano V, N.º 51, Outubro 2002 e *O Estado da Saúde,* Ano III, N.º 25, Junho 2000).

[106] V., antes mesmo, as *Recomendações para uma reforma estrutural*, aventadas
pelo Conselho de Reflexão sobre a Saúde, em 1998.

de isenções, redefinindo-as de acordo com os *critérios da capacidade de pagamento* e da *necessidade continuada de cuidados de saúde*, e, em última instância, (3) a imposição de contribuições compulsórias temporárias, determinadas pelo nível de rendimento, utilizando o sistema fiscal e direccionando as verbas obrigatoriamente para o SNS[107].

PARTE II – AS TAXAS MODERADORAS EM ESPECIAL

1. Das Taxas às taxas moderadoras

1.1. *As taxas*

As *taxas moderadoras* obrigam-nos antes do mais a revisitar[108] uma anfractuosa região da dogmática tributária, que nem a *Lei Geral Tributária*, a *Lei do Regime Geral das Taxas das Autarquias Locais*, a jurisprudência do tribunal constitucional e dos tribunais administrativos e o labor constante da doutrina conseguiram dominar por completo. O problema não é exclusivo do nosso país[109], mas encontra aqui uma agravante especial, visto persistir

---

[107] Tratar-se-ia de um *seguro social obrigatório*, sob a forma de aumento de *impostos com base no rendimento*, consignados ao SNS e geridos pela própria *Administração Central do Sistema de Saúde* (entidade gestora do SNS) – v. A. Correia CAMPOS, *Reformas da Saúde – O Fio Condutor*, Almedina, Coimbra, 2008.

[108] Sobre o constante regresso ao tema, inclusive na Alemanha, vide Suzana T. da SILVA, *As Taxas e a Coerência do Sistema Tributário*, CEJUR – Centro de Estudos Jurídicos do Minho, Braga, 2008, pp. 5 e 6.

[109] Também Michael WILD observa, a respeito da Alemanha, que desde as primevas definições de taxas «*wurde in Literatur und Rechtsprechung nicht wenig über Begriff und Grenzen öffentlicher Gebühren gestritten, ohne dass jedoch bislang entscheidend präzisere Kriterien gefunden worden wären*» – v. "Die Höhe der Verwaltungsgebühr", in *Die Verwaltung*, 39, 4, 2006, p. 493.

uma omissão legislativa – claramente inconstitucional, aliás – no que toca à estruturação de um regime específico para a figura das taxas.

Um dos primeiros escolhos com que o aventureiro desprevenido se depara por estas paragens tem a ver com a própria demarcação das questões *conceituais*, *normativas* e *distintivas* acerca das taxas. Estamos, em crer, salvo melhor aviso, ser muito difícil e pouco prudente[110] *definir* com inteira precisão um *conceito* de taxa, os seus *requisitos de validade* e as *diferenças específicas* que apresenta face ao seu *género próximo* – o dos tributos – e às demais espécies que ele contempla.

Para mais, não sendo o nosso vezo especificamente tributário damo-nos por dispensados de aprofundar a questão, bastando-nos com tentar forjar uma sorte de *noção tipológica* de taxa, constitucionalmente adequada, através da discussão do elenco dos principais predicados que normalmente lhe vão apostos e eivada já de elementos considerandos normativos[111]/[112].

---

[110] Se bem que conveniente em nome de importantes valores jurídicos.

[111] Como se verá, cuidaremos de entremear as dimensões constitutivas da categoria das taxas com pressupostos de que depende a sua legitimidade aos olhos do direito, atendendo a aspectos estruturais, finalísticos e regimentais. Uma opção quase incontornável perante a constatação de que a taxa não é uma realidade ontológica que o direito se limite a acolher no seu regaço e a juridicizar, sem mais, visto sofrer inevitavelmente uma conformação constitutiva por parte da normatividade jurídica – com as suas intenções e estruturas, conteúdos e formas, finalidades e efeitos; face à impossibilidade de conservar uma talhante distinção entre factualidade e juridicidade e entre uma perspectiva empírico-analítica e uma perspectiva prático-normativa do direito, num tempo, como o nosso, em que a dogmática se impõe *constitutiva* e *de fundamentação*, e os problemas *conceituais* e *normativos*, bem como as dimensões *internas* e *externas* do *sistema* se tornam indiscerníveis; e diante da tendência para estudar as taxas por *via indirecta* através do seu apartamento face às figuras de referência que são os impostos e os preços (tal como as contribuições especiais o têm sido, por

a) Tipo nocional

Compilando diferentes contributos[113]/[114], podemos, em jeito de resumo, asseverar que uma taxa é uma *prestação pecuniária coactiva de carácter não sancionatório e estrutura bilateral, já que é devida pelo contribuinte a uma entidade pública como contrapartida de*

---

sua vez, relativamente aos impostos e às taxas). Por tudo o que a caracterização das taxas não pode ser equiparada a um exercício de pura e simples delimitação conceitual, capaz de nos permitir atingir os elementos constitutivos da *intensão*, com a pontaria suficiente para demarcarmos *a priori*, a respectiva *extensão*.

[112] Em particular sobre a normatividade do conceito de taxa constitucionalmente exigido, posto que não nos convencendo inteiramente nas desimplicações que dele pretende extrair, v. J. M. Cardoso da COSTA, "Ainda a Distinção entre "Taxa" e "Imposto" na Jurisprudência Constitucional", in *Separata de Homenagem a José Guilherme Xavier de Basto*, Coimbra Editora, Coimbra, 2006, pp. 568 e ss.

[113] V. Com um claro travo a *doutrina económica e financista*, v. J. Teixeira RIBEIRO, *Lições de finanças públicas, op. cit.*, p. 199; idem, "Noção Jurídica de Taxa", in *Revista de Legislação e Jurisprudência*, Ano 117, pp. 289 e ss; A Sousa FRANCO v. *Finanças Públicas e Direito Financeiro*, Vol. II, 4.ª edição, Almedina, Coimbra, 1997, pp. 63 e ss., e, mais recentemente, Aníbal de ALMEIDA, *Estudos de Direito Tributário*, Almedina, Coimbra, 1996, pp. 58 e ss e E. Paz FERREIRA, "Ainda a Propósito da Distinção entre Impostos e Taxas", in *Ciência e Técnica Fiscal*, n.º 380, Setembro-1995, pp. 59-84. No *domínio propriamente tributário*, a partir da *vizinhança fiscal*, v. Alberto XAVIER, *Manual de Direito Fiscal, I*, Lisboa, 1981, p. 42; Casalta Nabais, "Jurisprudência do Tribunal Constitucional em matéria fiscal", in *Estudos de direito fiscal, op. cit.*, p. 441 e "O Regime das Finanças Locais em Portugal", *ibidem*, pp. 582 e ss., e Sérgio VASQUES, *O Princípio da equivalência como critério da igualdade tributária, op. cit.*

[114] A contraposição entre uma perspectiva baseada na ciência das *finanças* e uma óptica *constitucional*, centrada no respeito pela propriedade e na legitimidade e transparência democrática da decisão que fundamenta e mantém a exacção em causa, resulta bem frisada por J. M. Cardoso da COSTA," *Ainda a Distinção entre "Taxa" e "Imposto" na Jurisprudência Constitucional"*, *op. cit.*, pp. 569 e ss.

uma prestação (latu senso administrativa), por ela realizada, e que o sujeito provocou ou de que se aproveitou.

Trata-se, portanto, do *conteúdo* de uma relação jurídico-tributária, como tal *garantida*, que tem por *sujeito activo* uma entidade administrativa (a entidade com poder tributário) e por *sujeito passivo* o contribuinte que provoca ou aproveita a prestação pública; que *incide* sobre uma prestação em dinheiro; e que pode ter como *facto constitutivo* (i) a prestação de um serviço de que o particular é o único beneficiário ou beneficiário diferenciado, (ii) a utilização individualizada de um bem do domínio público que, por força daquela utilização, deixa de estar afecto ao uso geral pela comunidade ou a um uso especial por outros interessados, ou, enfim, (iii) a remoção de um obstáculo jurídico a uma actividade do particular.

Elementos do tipo nocional são, assim, desde logo, a respectiva **legalidade e coactividade.**

Com efeito, o facto jurídico gerador e modelador do conteúdo da relação jurídica tributária em que se integra o dever de pagar uma taxa é o *conjunto das leis tributárias* e não a *vontade* das partes (mormente do sujeito passivo, o contribuinte) e é esse um dos factores decisivos para a distinguir dos <u>*preços privados*</u>[115]. Simultaneamente, serve o mesmo para recusar à sobredita relação jurídico-tributária o <u>*carácter sinalagmático*</u> que normalmente lhe vai atribuído. É que a sinalagmaticidade qualifica de forma *especificante* os *contratos*, quando, em rigor, a relação *táxica* não possui carácter negocial porque nem sequer tem cariz voluntário. A obrigação tributária que dá conteúdo à relação jurídica tributária nasce *ope legis* e não *ex voluntate* e muito menos com um conteúdo modelado

---

[115] Contudo, a complexidade da questão não se desfaz tão facilmente, como se depreende por exemplo da existência de *preços tabelados* e *autoritários*. Daí o recurso a critérios suplementares, como o do regime económico em que ocorre o pagamento e o da indispensabilidade dos bens assim acedidos contra esse pagamento. Sobre o assunto, cf. Aníbal de ALMEIDA, *Estudos de Direito Tributário, op. cit.,* pp. 58-60, A. de Sousa FRANCO, *Finanças Públicas e Direito Financeiro,* Vol. II, pp. 67-68 e Sérgio VASQUES, *O Princípio da equivalência como critério da igualdade tributária, op. cit.,* pp. 151 e ss.

secundum voluntatem[116]. O cidadão constitui-se como sujeito passivo assim que preenche o facto tributário, utilizando o seu serviço, mesmo que contra a sua vontade e sem ter interesse em beneficiar dele[117].

Característica fundamental das taxas é também a sua **bilateralidade**, que as aparta dos _impostos_, enquanto prestações coactivas unilaterais, e constitui o eixo essencial para a consideração dos respectivos pressupostos materiais (ou fácticos) e requisitos de legitimação material, uma vez que a sua verificação constitui simultaneamente uma *nota identitária das taxas* e uma *garantia dos respectivos sujeitos passivos* – paralela àquela que, no tocante aos impostos, o princípio da legalidade fiscal[118] representa para os contribuintes.

A taxa pressupõe, como requisito mínimo de ordem fáctica[119] (condição circunstancial da respectiva cobrança), a existência de uma *relação concreta* (Sousa Franco)[120] – no âmbito da qual tenha lugar um qualquer *facere* da administração, i.e., um comportamento positivo – identificada, pela doutrina económico-financeira, com o uso de um bem semi-público e, pela doutrina fiscal com uma prestação de facto dispendiosa em pro-

---

[116] V. Aníbal de ALMEIDA, *Estudos de Direito Tributário, op. cit.*, p. 63. Também Sérgio Vasques reconhece que não há verdadeiro nexo sinalagmático «porque a vontade do sujeito passivo se mostra irrelevante à génese e evolução jurídica da relação a que dá corpo» – v. Sérgio VASQUES, *O Princípio da equivalência como critério da igualdade tributária, op. cit,* p. 74.

[117] V. Suzana T. da SILVA, *As Taxas e a Coerência do Sistema Tributário, op. cit.*, p. 25.

[118] V. J. M. Cardoso da COSTA, "Sobre o Princípio da Legalidade das «Taxas» (E das «Demais Contribuições Financeiras»)", *Separata de Estudos em Homenagem ao Professor Doutor Marcello Caetano, op. cit.*, Coimbra Editora, 2006, pp. 789 e ss.

[119] V. Saldanha SANCHES, *Manual de Direito Fiscal*, 3.ª edição, Coimbra Editora, Coimbra, 2007, pp. 30 e ss.

[120] Embora o ilustre professor admita depois, a pensar, então, no regime de custas, que não é necessário «que o contribuinte entre, no plano de facto, em relações com o serviço».

veito individualizável do sujeito passivo[121]. Enquanto para a primeira a taxa é a contrapartida exigida aos utentes pela prestação de um *serviço tecnicamente semi-público*[122], para a segunda o essencial é a verificação de uma *contraprestação concreta, específica, determinada* e *individualizada*, de que o sujeito passivo é efectivo *causador* ou *beneficiário* e que a taxa visa, por princípio, compensar ou remunerar (i.e., a taxa não pode dirigir-se à compensação de *prestações indeterminadas* ou que se refiram a um conjunto amplo de pessoas e menos ainda ao todo da comunidade).

Por uma ou outra das vias, qualquer que seja o prisma adoptado, resulta de quanto se expendeu que a bilateralidade das taxas está intimamente ligada à provisão pública de bens passíveis de *prestação determinada* e *dirigida ao indivíduo* ou, o que é praticamente o mesmo, de *uso* ou *utilização individualizada* e *diferenciada* por parte deste[123].

Quando aludimos à **utilidade** da prestação administrativa ou do bem semi-público com o qual o contribuinte de alguma forma se relacionou (que em princípio usou), estamos a referir-nos à utilidade para o beneficiário, ou seja, ao valor de utilidade auferido com esse serviço pelo respectivo beneficiário.

---

[121] V. Suzana T. da Silva, *As Taxas e a Coerência do Sistema Tributário*, *op. cit.* p. 24

[122] Um serviço diz-se *tecnicamente semi-público* quando satisfaz necessidades colectivas (de satisfação passiva) e necessidades individuais (de satisfação activa) dos seus utentes. Será um serviço *financeiramente semi-público* se a pessoa colectiva que produz o serviço e detém o poder tributário exigir uma taxa como contrapartida da sua prestação, ou, melhor dizendo, do seu uso (A. de Almeida). Se a taxa deve estar necessariamente ligada à utilização de um bem semi-público, sob pena de se tratar antes de um imposto, a inversa não é necessariamente verdadeira, visto existirem bens semipúblicos que satisfazem necessidades individuais gratuitamente, como é o caso das estradas – v. J. Teixeira Ribeiro, "Noção Jurídica de taxa", *op. cit.*, pp. 289 e segs.

[123] Em rigor, melhor se aludiria a prestações determin*áveis* e usos diferenci*áveis* e individualiz*áveis*.

A ideia de **benefício** ocorre também com frequência na doutrina, a despeito de nem sempre estar verificada na realidade[124]. Basta recordar as situações dos réus condenados em processo-crime e obrigados a pagar a *taxa de justiça*, por terem feito uso de um serviço semi-público, preenchendo o respectivo facto tributário, posto dele não retirem propriamente um benefício[125].

Independentemente do peso que se confira à *utilidade proporcionada* e ao *benefício auferido/percebido* no *desenho* e na *validação* das concretas taxas com que nos cruzemos, afigura-se crucial esclarecer o sentido da **divisibilidade**, especificidade, determinação ou **individualização** mencionada uma vez que nela se apoia a pedra de toque da *bilateralidade*, em sentido estrutural.

De feito, a divisibilidade é a condição técnica imprescindível e suficiente para que sobre a utilização de um bem *possam* incidir taxas[126], ainda que não seja bastante para a impor necessariamente. O mesmo é dizer que a existência de uma taxa depende de uma prestação administrativa individualizável, i.e., referível ou imputável[127] ao contribuinte, como seu cau-

---

[124] V. A. Sousa FRANCO, *Finanças Públicas e Direito Financeiro, vol. II*, p. 66.

[125] Ou pelo menos um benefício individualizado – se nos é permitido ajuntar, em jeito de esclarecimento do que cremos ter estado no pensamento do Doutor Teixeira Ribeiro, a quem se deve a celebrização deste muito difundido exemplo. É que o funcionamento dos serviços de justiça é benéfico *a se*; mesmo para o cidadão que não obtém vencimento, a resolução das questões de justiça nos termos de um devido processo, com as implicações institucionais que tal acarreta constitui, em si mesma, um bem. Do que se tratará, isso sim, é da participação num processo que não se desencadeou e cujo resultado final, caso seja desfavorável, redundará numa desvantagem que é o pagamento da taxa (não que ela adquira carácter sancionatório, note-se – v. Teixeira RIBEIRO, *Lições de Finanças Públicas, op. cit.,* p. 291, nota 2).

[126] V. J. M. Cardoso da COSTA, "Ainda a Distinção entre «Taxa» e «Imposto» na Jurisprudência Constitucional", *op. cit.*, p. 551, nota 7, *in fine*.

[127] V. Kay WAECHTER, "Sonderabgaben sind normale Abgaben: Die Velastung von Individuen, Gruppen und Volk im Abgabensystem", in *Zeitschrift für Gesetzgebung*, 2, 2005, pp. 97-122. Na doutrina alemã, costumam ordenar-se as espécies tributárias em dois grandes blocos, o dos *Gemeinlasten*, constituído pelos impostos, e o dos *Sonderlasten* (tributos causais

sador e/ou destinatário individualizado[128]. Os tributos bilaterais apenas podem servir de complemento ao financiamento das entidades públicas quando estas, pela sua actividade (prestação de um serviço ou remoção de um obstáculo jurídico), ou então pelo gozo de um bem público, permitem a um destinatário usufruir de um benefício individualizável. Para financiar a produção de um serviço público, a entidade pública com poder tributário dirige-se às pessoas *uti cives*, através de impostos, ou toma-os *como utentes* (*uti singuli*), com recurso a taxas (A. de Almeida).

Graças ao que fica coonestada a ideia de que a *bilateralidade* das taxas implica (1) a existência de uma *relação* com uma entidade pública, (2) mediante a qual o contribuinte toma contacto com um serviço ou bem público, (3) que em virtude da sua *divisibilidade*, (4) é passível de ser *individualizadamente aproveitado* pelo sujeito passivo da taxa, (5) o que efectivamente sucede, desencadeando um custo.

---

ou de equivalência – *Kausalabgaben /Äquivalenzabgaben*), exactamente porque pressupõem uma causa específica e uma relação de bilateralidade. Dentro destes últimos cabem as taxas e uma panóplia de outras contribuições, e um dos critérios decisivos para traçar algumas divisórias entre as várias espécies tributárias é precisamente o da *Zurechnung* – categoria central do pensamento jurídico, diga-se de passagem. V. Hans WOLFF/ Otto BACHOF/ Rolf STOBER, *Verwaltungsrecht*, 11.ª edição revista, 1999 – tradução portuguesa: *Direito Administrativo*, vol. 1, Fundação Calouste Gulbenkian, 2006, pp. 635 e ss. Os autores referem-se às taxas como *preços administrativos* e reconhecem que o conceito é controverso porque não está delimitado exaustivamente pelo direito constitucional segundo alvitram, o aspecto básico para a doutrina e jurisprudência (constitucional e administrativa) encontra-se na *imputabilidade individual da prestação*, fórmula que abarca toda a ligação do devedor à prestação e permite que as taxas possam ser impostas não apenas a quem lhes deu origem, mas também a quem beneficia da utilização.

[128] Registe-se que nem sempre se torna fácil individualizar a utilidade proporcionada (nem tão pouco imputar a taxa a cada utilização ou determinar o seu montante em função da frequência e volume de tal utilização).

Cabe ainda elucidar melhor o *sentido* ou o *tipo* de correlação ou conexão estabelecida. Tratar-se-á de uma equivalência meramente jurídica ou também económica? E, já agora, estará em causa uma relação de proporção ou de tendencial equiparidade ou equipolência?

> A **equivalência jurídica** denota o *nexo* que intercede entre a obrigação tributária impendente sobre o sujeito passivo e a prestação que efectivamente aproveita ou provoca, ao passo que a **equivalência económica** traduz a relação entre o montante das taxas e o custo ou valor das prestações de que são a contrapartida[129].

---

[129] Autores há para quem a bilateralidade deve cobrir a totalidade dos elementos da taxa, de tal modo que o critério de fixação do montante a pagar decorra do elemento (a contraprestação administrativa) que determina a qualificação do tributo como taxa, sob risco de a mesma se convolar em imposto – v. F. Rocha ANDRADE, "Benefício, remoção de obstáculo jurídico e critério de determinação do valor da taxa – algumas reflexões face ao regime das taxas locais", in *Boletim de Ciências Económicas*, Vol. LI – 2008. De outro lado lado, acham-se aqueles, para quem não é preciso um *quid pro quod* "material e rotundo" (A. de ALMEIDA), bastando uma conexão entre a entidade detentora de *ius imperii* que presta o serviço (realiza a prestação de facto) e o indivíduo que lhe deu causa, que usou (fruiu ou desfrutou de) esse serviço, mesmo que não lhe tenha trazido utilidade (exemplo das taxas de justiça). A equivalência entre as prestações é então puramente jurídica e não económica como acontecia com as tarifas (v. J. Teixeira RIBEIRO, "Anotação ao acordáo do STA de 2 de Maio de 1996", in *Revista de Legislação e Jurisprudência* 1997, pp. 296 e ss). Esta equivalência jurídica seria por sua vez determinada em conformidade com o *princípio da igualdade* e da *proporcionalidade*, tomado no seu sentido geral. Vai neste sentido, de forma mais ou menos consistente, a jurisprudência do BVG e também a nacional, que se contenta em regra com uma correlação entre o tributo e a prestação pública sem verificar da *congruência* entre o valor do tributo e o da prestação pública, a menos que se revele manifestamente excessiva (S. VASQUES). Não é pois necessária uma equiparação entre os valores, traduzida numa equivalência económica perfeita, mas apenas, por sobre a bilateralidade jurídica e a atestá-la materialmente, uma referência mínima do montante da

Vem à colação, nesta instância, o confronto entre **noções formais** de taxa, que a definem apenas em função do seu pressuposto e **noções materiais**, que atendem também ao seu valor e aos critérios da sua determinação.[130]/[131]

As teses clássicas foram representadas respectivamente por Otto Mayer e Adolph Wagner, tendo-se gerado um relativo consenso em torno da ideia de que não basta uma equivalência jurídica em sentido puramente formal, para estarmos diante de uma taxa. Tem de existir uma qualquer conexão material, uma correlação entre a *prestação tributária* e a *sua contrapartida*, seja para efeitos da respectiva *qualificação*, seja como condição da sua *validade*[132]. A maioria dos autores sugere o recurso a

---

taxa ao valor da prestação de que é, de certo modo, a contrapartida. Em carecendo de qualquer relação com o custo ou valor desse serviço, a receita cobrada (e o tributo a que se reporta) melhor se qualificará como uma taxa fiscal, na acepção que a doutrina confere a esta categoria, isto é, como imposto camuflado de taxa (J. Xavier de Basto e J. Casalta Nabais).

[130] V. P. Pitta e Cunha/ J. Xavier de Basto/ A. Lobo Xavier, "Os Conceitos de Taxa e Imposto a propósito de Licenças Municipais", in *Fisco*, n.ᵒˢ 51/52, p. 6.

[131] A distinção deve ser manuseada com cautela, visto ser no exame da adequação económica das taxas ao custo ou valor das prestações administrativas que reside o mais importante problema jurídico que estas espécies tributárias colocam − V. Sérgio Vasques, *O Princípio da equivalência como critério da igualdade tributária, op. cit*, p. 351.

[132] Vimos de explanar que na doutrina nacional (Maria Margarida Palha, José Guilherme Xavier de Basto, A. Lobo Xavier, Casalta Nabais, entre outros) prepondera a tese de acordo com a qual a falta de equivalência (no sentido de *proporção*), entre a prestação pública e a do particular produz uma *convolação da taxa em imposto* − fiscal ou extrafiscal consoante a natureza do objectivo subjacente − devendo ser-lhe aplicado o correspondente regime constitucional. Todavia − protesta Sérgio Vasques − se as taxas perdem a sua natureza originária e se convertem em impostos, logo que a sua quantificação se revela excessiva, deixam de poder ser controladas materialmente, pelo que não convém de todo "injectar" no próprio conceito o princípio da equivalência, mantendo-o antes como parâmetro de legitimação material dos tributos, extrínseco e superior ao objecto de validação − v. Sérgio Vasques, *O Princípio da equivalência como critério da igualdade tributária, op. cit* p. 614. No entanto, tendo em conta o que o autor declara, páginas

uma **análise** *quantitativa*, olhando ao montante daquelas e ao custo e valor destas e submetendo esta relação a um *teste* de proporcionalidade considerado o fim em causa, seja ele financeiro ou extrafinanceiro (com o que transitamos definitivamente para a questão da medida devida de equivalência e, por conseguinte, dos critérios de determinação do montante das taxas).

b) A medida da taxa

Assente que a taxa apenas é exigível em troca de uma contraprestação específica, cumpre ainda averiguar qual o seu critério material, ou seja, *segundo* que *princípios* e em *função* de que *objectivos* ou com *vista a* que *fins* deve este tributo ser quantificado.

Ora são vários os princípios, e respectivos critérios concretizadores, candidatos a influir na fixação do valor das taxas, desde os que manifestam a justiça comutativa, aos que projectam normativamente a justiça distributiva e, em particular, a justiça social (correctiva): *princípio da equivalência, princípio da proporcio-*

---

antes, sobre a constitutividade do *fim* (qual elemento intrínseco da taxa) compreende-se que acabe por reconhecer que se encontram figuras em que os sobreditos elementos «contradizem de modo tão completo e radical o princípio da equivalência que resulta negada qualquer finalidade compensatória, não se podendo então reconhecer sequer a existência de tributos comutativos» – (v. *ibidem*, p. 618). E mais adiante reitera que «se podem encontrar casos extremos em que os planos da delimitação conceitual e da legitimação material dos tributos comutativos se acabam por tocar, obrigando-nos a discutir já não apenas a invalidade de uma taxa ou contribuição mas a sua inexistência enquanto tal» – (v. *ibidem*, p. 619). No fundo, apesar do louvável esforço de demarcação, o autor resigna-se a aceitar o carácter fluído dos requisitos de *validade* e de *existência* das taxas, e apela sobretudo a um critério teleológico como factor de distinção. Se a estrutura e o montante do tributo se não adequarem ao benefício teremos de o considerar inválido, sendo que nos casos extremos de desarmonia total com o princípio da equivalência, a ilação a retirar será a da ausência da finalidade compensatória que deve ser a das taxas.

*nalidade, princípio do custo, princípio do benefício, princípio da capaci-
dade contributiva, princípio do Estado social*, etc.[133].

---

[133] Em França, a propósito das *redevances,* que são justamente tributos
cobrados em função de serviços prestados, a doutrina tem propugnado a
existência de um *princípio de correspondência mínima* entre o montante pago
e o correspectivo serviço público. O mesmo é dizer que a taxa não precisa
de constituir uma contrapartida exacta do valor do serviço, contanto que
se não revele desproporcionada em relação àquele. As quantias pagas a título de financiamento das despesas gerais dos serviços e que não possam
ser cobertas com receitas ordinárias constituem antes *taxes fiscales,* figuras
pertencentes à categoria do imposto, que assim adquire um carácter residual – v. J. Xavier de BASTO/ A. Lobo XAVIER, *"Ainda a Distinção entre Taxa
e Imposto: a Inconstitucionalidade dos Emolumentos Notariais e Registrais devidos
pela Constituição de Sociedades e pelas Modificações dos Respectivos Contratos",
op. cit.,* pp. 16-18 e Suzana T. SILVA, *As Taxas e a Coerência do Sistema Tributário, op. cit.,* p. 63.
Na Alemanha, depois de um longo império (na jurisprudência como na
doutrina) do *princípio da cobertura de custos,* enquanto elemento constitutivo
do próprio conceito de taxa e modelador, portanto, dos respectivos montantes, surgiram, em crescendo, opiniões dissonantes. Aceita-se que a
cobertura de custos não constitua um momento constituinte e definitório
da taxa mas, com fundamento num *princípio da equivalência,* exige-se que o
montante da taxa, o respectivo fim e os meios utilizados na realização da
contraprestação administrativa se encontrem numa relação proporcionada,
respeitando o *princípio da proibição do excesso* – v. J. Xavier de BASTO/ A.
Lobo XAVIER, *"Ainda a Distinção entre Taxa e Imposto: a Inconstitucionalidade
dos Emolumentos Notariais e Registrais devidos pela Constituição de Sociedades e
pelas Modificações dos Respectivos Contratos", op. cit.,* pp. 18-21 e, igualmente,
Hans WOLFF/ Otto BACHOF/ Rolf STOBER, *Verwaltungsrecht, op. cit.,* pp. 635 e
ss. Para estes autores, aspectos a ter em conta na definição do montante da
taxa são a *despesa proporcionada à administração,* o *valor objectivo da prestação,* os
interesses económicos ou outros do destinatário e, no caso da medição individual,
as *condições económicas,* no respeito pelas normas de delimitação.
No país vizinho faz vencimento a tese de que a *ratio* das *taxas* reside na
compensação de um empobrecimento da Fazenda provocado directamente
pelo particular ou de que este retira um benefício equivalente. Preconiza-se,
pois, a adopção do *critério do custo do serviço* como parâmetro material da
taxa. Nesta linha, propôs-se mesmo uma distinção, de enorme operatividade

prático-normativa e percuciência analítica, entre os *custos* ditos *trasladáveis* e os *custos imputáveis*. O fito desta contraposição terá sido o de obviar à possibilidade de o Estado repercutir sobre os sujeitos passivos, a título de taxa, *todos os custos* de *todos os serviços públicos*. Dizem-se então *trasladáveis* os custos relativos à utilidade do serviço de que apenas o sujeito passivo da taxa tenha beneficiado e que, por conseguinte, lhe podem ser exigidos. Os *custos imputáveis*, por seu turno, correspondem à utilidade do valor da prestação ou benefício recebido pelo utente do serviço. Para a quantificação dos primeiros, recorre-se a um *teste da utilização zero*, através do qual se aferem os custos do serviço independentemente de qualquer utilização individualizada, para, de seguida, operar a repercussão sobre o sujeito passivo da diferença entre o custo normalmente originado pelo serviço (que recairá então, consoante satisfaça interesses gerais ou de um conjunto diferenciado de pessoas – através de impostos ou de contribuições especiais respectivamente – sobre a colectividade em geral ou sobre esse grupo diferenciável de destinatários) e o custo específico que a sua solicitação causou. Já a determinação do montante dos segundos resulta da consideração do benefício global obtido pelo particular através da prestação do serviço ou da actividade administrativa, atendendo por isso também, ainda que a título meramente subsidiário, e apenas nos casos (especiais) legalmente previstos, à utilidade derivada do serviço (v. Suzana T. da Silva, *As Taxas e a Coerência do Sistema Tributário, op. cit.* e, para mais desenvolvimentos, Ruiz Garijo, *Problemas actuales de las tasas*, a páginas 194 e ss, obra em que a autora se baseou neste passo). O raciocínio que suporta esta posição revela-se bastante simples: dado que o serviço gera interesses particulares para além do interesse público que levou à sua criação, entende-se que os respectivos beneficiários devem partilhar com a comunidade uma parcela dessas externidades positivas que dele retiram. Assim, o montante das taxas deve ser fixado de modo a que o seu rendimento cubra os custos directos dos serviços ou actividades realizados e a percentagem dos custos gerais que lhe seja imputável. Duas últimas notas, para salientar, em primeiro lugar, que à violação do princípio da equivalência consegue a convolação da taxa em imposto, visto que deixa de consubstanciar o pagamento da contraprestação recebida, e passa a integrar, na medida em que a exceda, as receitas unilaterais da entidade pública; e, em segundo lugar, que o princípio da capacidade contributiva, porquanto exorbita da ideia de compensação (e não obstante a utilização de um serviço público revele sempre a força económica

Aos que colocam em paralelo[134] os princípios do benefício, da compensação de custos, da proporcionalidade, da capacidade contributiva ou qualquer outro que extravase das intenções especificamente tributárias, contrapõem-se os que exalçam um princípio e detrimento dos demais, seja ele o princípio da pro-porcionalidade[135], assimilado muitas vezes ao da equivalência (C. Nabais), seja o princípio do benefício ou o da cobertura dos custos enquanto concretizações deste último (assim Tipke e entre nós, com grande clareza, Sérgio Vasques).

Tradicionalmente[136] sufragava-se a tese segundo a qual tem de existir uma relação entre o valor da taxa e o *custo do serviço*[137], vedando assim a

---

do contribuinte, numa acepção geral), é admitido a derramar os seus efeitos na região das taxas de forma muito condicionada, limitando-se a justificar isenções quando o particular se encontre abaixo do limiar de existência – v. J.Xavier de BASTO/ A. Lobo XAVIER, "Ainda a Distinção entre Taxa e Imposto: a Inconstitucionalidade dos Emolumentos Notariais e Regis-trais devidos pela Constituição de Sociedades e pelas Modificações dos Respectivos Contratos", *op. cit*, p. 15.

[134] A doutrina alemã contrapõe o *Äquivalenzprinzip* ao *Kostendeckungsprinzip*, associando o primeiro à equivalência entre a taxa e o benefício proporcio-nado ao contribuinte, e reportando o segundo à equivalência entre a taxa e os custos provocados à comunidade – cf. Casalta NABAIS, "O Regime das Finanças Locais em Portugal", in *Estudos de direito fiscal, op. cit.*, p. 584, nota 65 (a partir de H.-W. Arndt).

[135] V. Hans WOLFF/ Otto BACHOF/ Rolf STOBER, *Verwaltungsrecht, op. cit*, 2006, pp. 635 e ss. Da *proibição do excesso* constitucionalmente prevista ex-trai-se o *princípio da equivalência*; da determinação do montante da taxa com base na despesa proporcionada à administração e da sua natureza de retribuição resultaria, por seu turno, o *princípio da cobertura de custos*.

[136] V. J. Xavier de BASTO/A. Lobo XAVIER, "Ainda a Distinção entre Taxa e Imposto: a Inconstitucionalidade dos Emolumentos Notariais e Regis-trais devidos pela Constituição de Sociedades e pelas Modificações dos Respectivos Contratos", *op. cit.*, p. 21 e ss.

[137] Nos termos do *princípio da cobertura de custos* a fixação do montante da taxa deve atender ao custo real ou previsível do serviço, que funciona

possibilidade de a mesma ser utilizada para o financiamento de serviços de âmbito geral ou de ser indexada à capacidade contributiva dos sujeitos passivos ou à utilidade derivada que retiram do bem ou serviço em apreço. Entretanto, surgiram vozes a preconizar a fixação do valor da taxa em função do _valor da utilidade_ auferida pelo beneficiário[138].

Ponto é, em todo o caso, que os serviços de interesse geral ou que assegurem contraprestações não só genéricas mas também específicas aos seus utentes, e que se remuneram inteiramente a partir das taxas, respeitem o limite imposto pela exigibilidade de um *benefício* individualizável.

Pese embora pareça fazer coro com a doutrina portuguesa na recusa de protagonismo ao princípio da capacidade contributiva no sector das taxas, Suzana Silva não deixa de introduzir algumas importantes ressalvas, inspiradas na literatura nacional e estrangeira (sobretudo tudesca). Da primeira se acolhe a generalizada *tolerância* e até o *apelo instante* de alguns ao princípio da capacidade contributiva como fundamento e critério de *desagravamento*s do valor da taxa, em nome do próprio princípio da justiça. Na segunda encontram-se argumentos de peso a favor de

---

como um limite inultrapassável. Este critério intervém subsidiariamente como um parâmetro material das taxas, indissociável do princípio da equivalência e auxiliando ou coadjuvando o princípio ou critério do benefício ao obrigar a que a fixação do montante da taxa leve também em conta a compensação do custo específico causado à comunidade pelo facto tributário. Anima-o a precípua preocupação de garantir que o rendimento das taxas logre cobrir as despesas suportadas pelas entidades públicas que prestam os serviços. Destarte, convence-nos plenamente a interpretação do artigo 4.º da LGRTAL aduzida por Suzana Silva, sob o eflúvio da alusão germânica a uma função de *interface* dos custos do serviço: os critérios do *benefício* auferido pelo particular e dos *custos* acarretados pelo serviço ou actividade pública, limitam-se reciprocamente, pois se a prioritária determinação do montante da taxa em função dos custos do serviço não pode levá-la a exceder o valor do benefício auferido (sobre os utentes só deverão recair os custos trasladáveis), também a consideração deste último como referente para a fixação do valor da taxa não pode conduzir a que o mesmo sobreleve o custo do serviço que lhe está subjacente, sob pena de, nessa estrita medida, se converter num imposto.

[138] V. Suzana T. da SILVA, *As Taxas e a Coerência do Sistema Tributário, op. cit,* p. 63.

uma interpretação do benefício individual que o sujeito retira da contraprestação subjacente à taxa como manifestação da capacidade contributiva, qual base do princípio da equivalência na sua concretização segundo o princípio do benefício. Curiosamente, é o próprio Schmehl[139], altamente responsável pela recuperação e reabilitação do princípio da equivalência no domínio do direito financeiro (das finanças públicas) e tributário, a afiançar que o princípio da equivalência e o princípio da capacidade contributiva *«formam um par complementar na determinação em concreto da contraprestação devida pelo sujeito passivo de qualquer tributo».*

Resta ponderar em que medida os diferentes fins perseguidos pelas taxas devem ser *tidos e havidos* na fixação do seu montante, pois que, em havendo quem protenda a equiparar as várias finalidades visáveis pelos tributos (Sousa Franco, Xavier de Basto), tão pouco falta quem hierarquize os fins prosseguidos, preferindo os financeiros aos extra-financeiros (S. Vasques, M. Wild).

Boa parte dos autores que se ficam pela exigência de uma equivalência *proporcionada* entre as taxas e o custo/valor dos serviços que originam ou pressupõem – sem fazerem questão de que, pelo seu montante, consigam cobrir exactamente os *custos de produção* ou correspondam ao *valor de mercado* dos serviços em causa (J. Xavier de Basto/A. Lobo Xavier) – esgrimem como argumento determinante a heterogeneidade das finalidades que o Estado, por via tributária, se propõe atingir.

O princípio da equivalência, em vez de tomado num sentido estrito, deveria pois ser interpretado com atenção às *finalidades públicas* que, em cada situação, estiverem em causa; e como se revele assaz dificultosa a tarefa de determinar *a priori* a medida da equivalência económica inerente à natureza das taxas, compreende-se que, para lá do equilíbrio mínimo entre o que se dá e o que se recebe, requerido pelo princípio da equivalência, este último conceda alguma margem de indeterminação que só em concreto pode ser reduzida mediante a apreciação das cir-

---

[139] V., Arndt SCHMELL, "Dimensionen des Äquivalenzprinzips im Recht der Staatsfinanzierung", in *Zeitschrift für Gesetzgebung* – 2/2005, 20, pp. 123 e ss.

cunstâncias do caso analisando[140]. Alega-se, por exemplo, que, na hipótese de o objectivo tributário ser a redução da procura, a fixação do montante da taxa acima do custo dos serviços não lhe altera necessariamente
a natureza nem a torna automaticamente inválida. É precisamente o que
sucede com as taxas moderadoras. O que só nos conduz à necessidade
de explanar, posto que num ápice, as finalidades assinadas às taxas (e cuja
pressuposição atravessou subterraneamente as considerações precedentes).

c) Fins das taxas.

Sobrevoando o território normativo jurídico-tributário, os
autores distinguem habitualmente entre as *normas de finalidade
ou fim fiscal* – as *Fiskalzwecknormen* (assim, em Dieter Birk, K.
Tipke ou Joachim Lang) – cujo sentido primacial consiste na
repartição de encargos (são *Lastenausteilungsnormen* na expressão de
K. Vogel) e as *normas de orientação social* – i.e., *Lenkungsnormen*
(K. Vogel, Dieter Birk), que visam um *escopo social* (são
Sozialzwecknormen, normas de finalidade social, na expressão de
K. Tipke e Joachim Lang).

Também segundo Sousa Franco, o legislador pode ter em vista dois
principais objectivos, exclusivos ou cumulativos, ao lançar as taxas: a *justa
repartição dos encargos públicos*, que está sujeita aos princípios do rendimento fiscal e da justiça distributiva[141]; e a *dissuasão* ou o *estímulo* do
acesso aos serviços públicos – consoante esteja em causa o desfavoreci-
mento de um uso precipitado e imoderado ou a garantia de um princípio de livre acesso – obedientes a critérios políticos, nos termos de um
princípio de oportunidade ou *conveniência*[142]. Quer isto significar que, de
acordo com os fins, as taxas não são necessariamente remuneratórias ou

---

[140] V. J. Xavier de Basto/ A. Lobo Xavier, "Ainda a Distinção entre Taxa
e Imposto: a Inconstitucionalidade dos Emolumentos Notariais e Regis-
trais devidos pela Constituição de Sociedades e pelas Modificações dos
Respectivos Contratos", *op. cit.*, pp. 22 e 23.

[141] O que se pretende não é cobrir o funcionamento do serviço, mas
sim distribuir os encargos públicos entre os cidadãos, de harmonia com
critérios de justiça, à semelhança do que acontece com os impostos

compensadoras, podendo ser também, *meramente estatísticas, redistributivas e estimulantes* ou *moderadoras*.

Estatísticas são – no dizer de Aníbal de Almeida – as taxas de expressão monetária quase insignificante, instituídas e cobradas com um único fim de memória ou registo. De *taxas redistributivas*, por seu turno, deve falar-se na medida em que a utilização necessária de um serviço seja aproveitada para obter rendimentos, pretextando a instituição de tributos cujo montante exceda o custo desse serviço. No caso das *taxas de incentivo*, uma vez que não se reputa conveniente dissuadir os cidadãos de utilizarem o serviço em apreço, tender-se-á a manter o montante da taxa a um nível MUITO baixo[143]. Relativamente *às taxas moderadoras*, visto que se pretende dissuadir o contribuinte de um uso imoderado ou precipitado do serviço, há-de convir-se que, conquanto propiciem um rendimento elevado, não se apoiam em razões financeiras, mas em objectivos políticos ou sociais.

As taxas que visam finalidades não estritamente financeiras – isto é, que procuram, a título principal, alcançar objectivos económicos e sociais antes que de pura e simples angariação de receita – trazem-nos até ao cerne da chamada[144] *extrafiscalidade*[145]. O fenómeno coloca inúmeros problemas e abraça vários tipos tributários, entre os quais avultam as taxas moderadoras. Deles cuidaremos por esta ordem.

---

[142] V. sobre este princípio em geral, F. Pinto Bronze, *Lições de Introdução ao Direito*, 2.ª edição, pp. 488 e 489.

[143] Bem observa Aníbal de Almeida que as taxas só poderão ser qualificadas como *estimulantes* por confronto implícito com a taxa-padrão ou a modalidade-tipo que é representada pelas *taxas compensadoras*, visto que não se concebe um estímulo material (um estimulante) que seja negativo (e por conseguinte e em rigor, um contra-estímulo). – cf. *Estudos de Direito Tributário, op. cit.*, p. 56, nota 15.

[144] De modo não inteiramente rigoroso, uma vez que toma por referência orbital os impostos.

[145] V. Marcus de Freitas Gouvêa, *A Extrafiscalidade no Direito Tributário*, Belo Horizonte, 2006.

d) A extrafiscalidade

O tema da extrafiscalidade, não primando propriamente pela novidade[146], obriga-nos ainda, nesta fase, a proceder a uma elucidação rápida de 5 questões sumamente importantes: (1) a da *possibilidade, em geral,* desta *finalização extrafiscal* dos tributos, (2) a da sua distinção face à mera *produção de efeitos extrafiscais,* (3) a da *legitimidade* de operar uma diferenciação entre *fins fiscais* e fins *extra-fiscais,* nomeadamente à luz de uma constituição como a nossa, (4) a da *viabilidade* de destrinçar na prática esses *momentos tributários* e *não tributários* de uma taxa, e (5) a do *cabimento* de uma *hierarquização das finalidades* em jogo, designadamente para efeitos do *escrutínio* das inferiores pelas superiores.

Ensaiando uma resposta rápida a este repto, havemos de começar por 2 singelas observações, que acorrem à primeira dupla de interrogações.

---

[146] V. Michael KLOEPFER, "Die lenkende Gebühr", in AöR, 1972, pp. 232 e ss; v., igualmente, Hans WOLFF/ Otto BACHOF/ Rolf STOBER, *Verwaltungsrecht, op. cit.,* p. 637, acerca do carácter de orientação da taxa. A noção de extrafiscalidade começou por se associar ao proteccionismo comercial, centrando-se nos *direitos aduaneiros,* deslocou-se depois para os programas de redistribuição da riqueza e fomento económico, em que avultava a figura dos *benefícios fiscais* e hoje, não obstante o protagonismo que assume no domínio ambiental, acha-se largamente democratizada, relacionando-se seja com a promoção da cultura e a protecção da saúde pública, seja com a defesa da agricultura − v. Sérgio VASQUES, *O Princípio da equivalência como critério da igualdade tributária, op. cit.,* pp. 578-579. «Mesmo no domínio da intervenção económica, onde se concentrava o essencial da extrafiscalidade do século vinte, o reforço das preocupações de eficiência face às preocupações de redistribuição de riqueza tem vindo a valorizar o uso de taxas e contribuições na optimização dos recursos públicos, sejam as <u>taxas moderadoras</u> com as quais se procura desmotivar o recurso impensado aos serviços públicos de saúde, sejam as *taxas de congestionamento* empregues na optimização das infra-estruturas rodoviárias em Maios urbanos» − v. *ibidem,* p. 577 (sublinhado nosso).

A primeira, para salientar que as taxas são instrumentos do poder público que, à semelhança dos demais tributos, *podem* ser usados pelo legislador ou pela administração local na prossecução de objectivos de ordenação social. Criadas normativo-juridicamente, acabam por reflectir as intenções e fins da juridicidade enquanto regulativo social. Representando uma intromissão coactiva no património privado dos cidadãos particulares a que se dirigem, constituem um instrumento de orientação das respectivas escolhas e comportamentos.

No entanto – e neste ponto se fixa a segunda anotação – não basta que um tributo tenha por efeito desmotivar determinadas condutas para que o reportemos de imediato à esfera da extra-fiscalidade. E não apenas porque esta se pode saldar também na prossecução de intuitos promocionais, através do estímulo de certos comportamentos; antes sobretudo porque a cobrança de uma taxa num serviço público actua sempre como um desincentivo, demovendo o contribuinte de lhe aceder e assim moderando uma procura que, de contrário, seria mais elevada. As taxas, sendo *receitas* por princípio destinadas a cobrir os custos dos serviços públicos em cujo âmbito são cobradas, actuam igualmente como *preços* (T. Ribeiro), pelo que a sua imposição opera sempre uma limitação da procura (maior ou menor, consoante a elasticidade desta última), ao mesmo tempo que uma repartição de custos e encargos. Para que se qualifique uma taxa como extrafiscal não chega a produção de um efeito de modelação das condutas, secundário relativamente ao fim prototípico de angariação de receitas. É mister que a realização de fins sociais não especificamente financeiros ou tributários constitua a finalidade principal da taxa[147].

---

[147] Atentemos nas palavras de A. de Almeida, sempre luminosas: «O carácter compensador das taxas não significa (...) que o seu montante tenha de equivaler pontualmente ao custo do serviço (o que aliás, só poderá estatuir-se como exigência prévia, em termos de pura previsão), podendo, pois, verificar-se no fim do período, quer em termos globais, quer caso a caso, que o montante da receita de uma taxa compensadora ficou aquém ou foi além do custo total (fixo e variável) do serviço. Nem aquele carácter parece depender da adopção de um rígido princípio de política financeira que se traduza, tanto quanto possível, na intenção de financiar certo serviço financeiramente semi-público exclusivamente por meio da cobrança de taxas junto dos seus utentes (os seus causantes) *uti singuli*, pelo

Sucede porém que a perquirição teleológica efectuanda apenas no plano enunciativo aparecerá expedita, pois que, tanto em termos teóricos como práticos, a distinção entre fins fiscais e extrafiscais muito dista de ser fácil.

Primeiro, porque resiste com dificuldade à aparente equiparação constitucional dos objectivos de angariação de receita e redistribuição da riqueza que domina e ilumina o direito constitucional financeiro, a partir do artigo 103.º da CRP[148]. A constituição decidiu deliberadamente infiltrar no subsistema jurídico-tributário valorações de justiça distributiva e social que perturbam a suposta autonomia daquele, radicada na angariação de receita, de acordo com o princípio da igualdade, tal como ele aí ocorre: enquanto princípio da capacidade contributiva e enquanto princípio da equivalência.

Segundo, porque, em se aceitando a serventia da distinção, pelo menos em termos analíticos e expositivos (sem que dela se retirem, por inerência, as devidas consequências normativas), haverá de superar-se depois a barreira das enfraxias práticas, ligadas à riqueza indomável da própria realidade. Efectivamente, os momentos propriamente tributários e os momentos extratributários convivem amiúde nas taxas, complicando a distinção entre as finalidades compensatória e de ordenação ou regulação económico-social e cultural[149]. Ao contrário do que ocorre com os impostos, as taxas possuem uma natureza comutativa no âmbito da qual a compensação de custos e benefícios se confunde muitas vezes com a orientação de comportamentos não apenas porque a primeira tem como efeito a segunda, nos moldes acima mencionados, mas por-

---

que a distinção entre taxas moderadoras e compensadoras, p. ex.º, sempre se faz com base num critério teleológico, não simplesmente quantitativo» – v. Aníbal de ALMEIDA, *Estudos de Direito Tributário, op. cit.*, p. 65, nota 14.

[148] V. *ibidem*, p. 64.

[149] Indicadores da finalidade da taxa são o seu montante, o recorte da base objectiva e subjectiva de incidência e a própria afectação da receita obtida. Senão veja-se: a fixação da taxa num valor muito elevado permite intuir que o legislador tinha em vista a angariação de receita típica de um imposto ou a desmotivação de determinados comportamentos da procura. Do mesmo modo, a consignação da receita ao financiamento de prestações diferentes das que lhe estão subjacentes, contraria a sua finalidade compensatória.

que ambas são queridas simultaneamente[150]. A pensar nos casos análogos (ao menos para o que agora nos interessa) da tributação ambiental, em que se verifica esta súmula de objectivos, Casalta Nabais[151] alude a uma *extrafiscalidade imprópria* ou *concorrente*.

Já Sérgio Vasques, de quem nos temos mantido próximos ao longo de alguns dos raciocínios precedentes, conclui que a dimensão extrafiscal dos tributos comutativos somente se revela com autonomia nas hipóteses em que se sobreponha à compensação de custos ou benefícios, pelo que só quando o seu montante excede o valor do custo ou do benefício e deixa por isso de ter amparo no princípio da equivalência, a extrafiscalidade se revela, reclamando então o suporte de outros princípios do Estado social, extra-sistemáticos em relação ao direito tributário assente na comutatividade. Repare-se todavia que esta última ideia nos reenvia para o problema – agora normativamente perspectivado – da conjugação, ponderação e eventual hierarquização das finalidades constitucionalmente assacadas ao sistema tributário, que se exibe na sua maior candência justamente a propósito do <u>controlo material das taxas</u> de que falaremos adiante.

e) Extrafiscalidade e moderação.

Paul Kirchoff sugere a tripartição das taxas funcionalizadas a escopos extrafiscais em (a) *Säumnisgebühren* ou *taxas por atrasos,* que correspondem a agravamentos resultantes do não cumprimento tempestivo de obrigações; (b) *Missbrauchsgebühren* (taxas moderadoras), de que curamos por ora, colimadas à evitação de abusos na utilização de bens e serviços públicos; e (c) *Abschreckungsgebühren* (taxas intimidatórias), cuja preocupação primacial consiste na protecção do ambiente, procurando dessa feita obviar à sua deterioração[152].

---

[150] Parafraseamos aqui Sérgio Vasques, *O Princípio da equivalência como critério da igualdade tributária, op. cit.,* pp. 584-585.

[151] V. J. Casalta Nabais, "Direito Fiscal e Tutela do Ambiente em Portugal", in *Por um Estado Fiscal Suportável – Estudos de Direito Fiscal, op. cit.,* pp. 325 e ss.

[152] V. ver P. Kirchhof, "Nichtsteuerliche Abgaben", in J. Isensee/P. Kirchhof, *Handbuch des Staats Rechts,* 3.ª ed., Band V, Müller, Heidelberg, 2007, pp. 1101 e ss, *maxime,* neste caso, p. 1127.

Nas palavras certeiras de Aníbal de Almeida, que nos arroga-
mos adaptar ligeiramente, são *moderadoras* as taxas que têm como
finalidade, só, ou predominante, *moderar o uso* dos serviços, *reduzindo a procura* que se lhes dirige aos casos *dignos* de desencadear
o seu funcionamento. Afastam-se, deste modo, do fim prototípico a cuja resposta acode este tipo de receita, e, por conseguinte, daquele que é o critério normal (ou padrão) da fixação
do respectivo montante: respectivamente, a *finalidade compensatória* e o critério da extensão e intensidade do uso.

Convém todavia manter presente o aviso de Kirchhof, segundo
o qual, mau grado a legitimidade da utilização destas taxas radi-
que na *racionalização do acesso aos bens e serviços ensejada*, não
pode deixar de pressupor a existência de um benefício individualizado. Vale isto por dizer que as taxas criadas segundo este
desiderato de modelação de comportamentos num sentido
tendencialmente *desmotivador, demovedor, dissuasor* ou *desincenti-
vador*, devem ainda assim preservar uma relação com um qualquer benefício individualmente referível, i.e., imputável ao (ou
auferível pelo) cidadão utente/contribuinte[153].

> Não se oblitere, contudo, por mor da aproximação a partir da teoria
> dos tributos comutativos efectuada, que as taxas moderadoras são também
> medidas administrativas de contenção de custos, justificadas por razões
> de *eficiência económica* e por preocupações de *eficiência distributiva* de bens
> tão importantes como a *saúde* ou a *justiça*. Correspondem, pois, a uma
> expansão da comutatividade e da liberdade e responsabilidade indivi-
> duais mas obedecem ainda a uma rediviva ideia de direcção e transfor-
> mação jurídicas e não devem ser alheias a renovadas noções de solidari-
> edade e sustentabilidade dos sistemas de prestações sociais.
>
> Temos então de conhecê-las mais em pormenor, para proferir um
> juízo jurídico-constitucional, perfunctório que seja, a seu respeito.

---

[153] V. *ibidem*.

2. As taxas moderadoras

2.1. *Um breve relance comparatista*[154]

Existem hoje taxas moderadoras no *ambulatório*, no *internamento*, ou em ambos, em países como a Alemanha, a Suécia, a Bélgica e a Irlanda, a Dinamarca, a Espanha, a Grécia, a Itália ou o Reino Unido. Registem-se apenas alguns informes sobre as experiências da França, da Itália e da Alemanha.

a) Ao que se sabe, o *nomen* taxa moderadora tem origem em **França**, onde surgiu, sob a designação de *ticket moderateur*, nos debates parlamentares que antecederam a **Lei de 1928 sobre as Assurances Sociales**[155]. Inspirado em figuras semelhantes instituídas no precursor sistema social alemão, o *ticket moderateur* representa, desde os primordios, uma participação do doente nas despesas médicas. Tratava-se inicialmente de um *ticket* de visita, que o médico recebia do doente e remetia à *caixa* respectiva, a fim de receber o montante dos seus honorários. Não obstante este sistema tenha entretanto sido substituído, sobreviveu-lhe a designação que levava associada[156].

---

[154] Para uma breve referência ao direito da saúde francês, inucleada no direito fundamental à saúde, atrevemo-nos a remeter para o nosso *Racionamento e racionalização no acesso à saúde, volume II*, pp. 132-139.

[155] V. os informes de Marie-Odile SAFON em "Les exonérés du ticket moderateur", in *Rapport Irdes,* n.º 1058.

[156] Mais tarde, na *Lei de 30 de Abril de 1930*, o *ticket moderateur* reapareceu novamente, agora na veste de uma participação dos segurados na *tarifa de responsabilidade* estabelecida pelas *convenções* (cujas taxas variavam entre 15% e 20%, em função do assegurado) e da qual só estavam isentos os beneficiários da legislação de pensões militares. Foi então determinada também uma limitação diária das despesas ou custos médicos e farmacêuticos.

Tanto basta para se ver que a chamada dos cidadãos à responsabilidade financeira pelos cuidados de saúde que lhes são directamente proporcionados, é anterior à edificação do sistema de saúde francês[157] e conviveu com ele desde sempre, não só por causa dos pagamentos directos aos prestadores de serviços, como também pelo facto de os reembolsos assegurados pelos fundos de saúde raramente cobrirem as despesas realizadas. Os *tickets* moderadores correspondem hoje a essa diferença. Mas o percurso da sua integração no sistema não se fez, ainda assim, num só dia[158].

Cinco anos depois, o *Décret-loi de 28 de Outubro* veio suprimir a limitação diária e fixar a participação do segurado em 20%, excepção feita à parte das despesas farmacêuticas que excedessem 25 F por prescrição.

[157] O sistema de saúde francês, assente na *Ordinance de 4 de Outubro de 1945* e na legislação que subsequentemente a desenvolveu, constitui parte integrante do continente mais vasto da *segurança social*, cujo financiamento até aos anos 90 do século passado repousou sempre exclusivamente sobre as contribuições dos empregados e empregadores. Posteriormente, com o alargamento da cobertura a novos beneficiários, como os reformados e os desempregados, as contribuições foram crescendo consistentemente e, desde a *Lei de financiamento da segurança social* de 2001, são acompanhadas por uma *contribuição social geral* (CSG) que varia em função da fonte do rendimento (trabalho, capital, ganhos de jogo e outros benefícios) – v. S. SANDIER, V. PARIS, D. POLTON, *Health care systems in transition: France.* Copenhagen, WHO Regional Office for Europe on behalf of the European Observatory on Health Systems and Policies, 2004.

[158] No longo itinerário legislativo que pudemos refazer (mas se furta a uma explicação detalhada neste momento), salientamos a *Ordonnance de 19 de Outubro de 1945*, a *Lei de 2 de Agosto de 1949*; o *Décret de 20 de Maio de 1955*; a *Ordonnance de 21 de Agosto* e o *Décret de 19 de Outubro,* ambos de *1967*, o *Décret de 18 de Junho de 1968*, o *Décret de 6 de Fevereiro de 1969,* complementado pelo de *2 de Maio de 1974*; os *Décrets de 4 de Fevereiro e de 10 de Junho de 1977;* o *Décret de 31 de Dezembro de 1986;* o *Décret de 7 de Setembro de 1988*; o *Décret de 1 de Agosto de 1993* e o *Décret, de 26 de Setembro de 1994.*

Para fornecer um quadro de leitura fácil e acessível do *ticket moderateur*, temos de assentar na respectiva *noção*, *objecto* e *montante* (ou critérios da respectiva fixação).

Desta feita, o *ticket* moderador constitui a parte do *encargo financeiro*, relativo a prestações ou produtos médicos e farmacêuticos providenciados ao doente, que este tem de suportar, depois do reembolso (parcial) das despesas por parte do sistema de seguros da saúde.

A taxa moderadora, assim deixada a descoberto, incide sobre todos os cuidados e despesas médicas reembolsáveis, quer se trate de uma consulta médica ou de uma aquisição de medicamentos por prescrição médica.

O montante do *ticket* moderador varia em função de um conjunto de critérios muito heterogéneos, que compreendem a *natureza do risco* (doença, gravidez, acidente de trabalho), o *acto ou tratamento em causa*, a *condição de saúde da pessoa* (nas hipóteses em que sofra de uma doença de longa duração exonerante), a *situação social* (como sucede nas situações em que se percebe uma pensão de invalidez), a *inserção geográfica* (inscrição ou não no regime de Alsácia-Mosella) e, finalmente, o *respeito evidenciado pelo chamado percurso de cuidados coordenados*[159].

---

[159] Esta noção de *percurso de cuidados* é assaz interessante e remete para a *função orientadora* do direito, recentemente redescoberta e objecto de grande revalorização e investimento doutrinal. De resto, no domínio da saúde, as funções de determinação de comportamentos de direcção e de regulação jurídicas sempre foram importantes, mormente nos sistemas mais socializados. Assim acontece com os sistemas dos paises nórdicos que há muito cometeram aos médicos funções de *gatekeeping* e *signposting* e pretenderam estabelecer regras apertadas de acesso aos bens, a fim de garantir o necessário *trade-off* entre equidade e eficiência de forma justa e razoável. Claro que não falta quem acene com os fantasmas da *administrativização* e *burocratização*, da *juridificação* e *racionalização* excessivas. No entanto, nada obriga a que esta *regulação* seja completamente rígida e se torne desumanizante. Afinal de contas, trata-se apenas de instituir regras que visam disciplinar o encontro entre a oferta e a procura e que normalmente se inspiram – em busca de legitimidade – quer em critérios éticos, quer em *guidelines* técnico-profissionais (médicos), quer ou *standards* económicos. O direito juridifica estas

A par do tradicional *ticket moderador*, há que ter em atenção uma panóplia de figuras entretanto emersas, que desafiam a capacidade de ordenação e apreciação dogmáticas: a *franchise médicale*, a *participation forfaitaire* de 1 euro, o *forfait hospitalier* e o *forfait 18 euros*.

b) Como epítome do espírito que insufla o direito social alemão na esfera da saúde, vale recordar que o *SGB V* começa com uma alusão simultânea à solidariedade e à responsabilidade individual: (*Solidarität und Eigenverantwortung*)[160]/[161].

Por conseguinte, não deve causar espanto que, no sistema de saúde germânico, a previsão de co-pagamentos por parte dos cidadãos usuários tenha uma longa tradição, sobretudo no que respeita aos **produtos farmacêuticos**, relativamente aos quais foi introduzida, logo em 1923, para perdurar até hoje[162].

---

normações, e os processos dialógicos e democráticos do seu concurso, por vezes conflituante, acabando por instituir as regras justas do acesso aos bens que devem ser proporcionados a todos. Claro que tal só é possível em culturas de forte responsabilização individual pelo bem comum e os direitos de todos, através de um reconhecimento da validade das soluções impostas e do seu acatamento e observância.

[160] Sobre o financiamento do sistema, v. os §§ 220 e ss do *Sozialgesetzbuch V*.

[161] Embora na literatura germânica o sistema de saúde se alicerce sobre um espectro mais amplo de ideias-força: a igualdade de oportunidades (*Chancengleichheit*), com o significado de *Zugang zu Gesundheitsleistungen*; a capacidade de prestação (*Leistungsfähigkeit*), enquanto sinónimo de *schnelle und wirksame Behandlung*; a justiça da necessidade ou *Bedarfsgerechtigkeit* (atinente ao *Problem der Beeinflussung der Nachfrage durch die Anbieter*), a economicidade (*Wirtschaftlichkeit*), aferida pela *Verhältnis von Kosten und Nutzen*, e a sustentabilidade financeira (*Finanzierbarkeit*) – relativo a *Preisbildung und Inanspruchnahme von Leistungen*.

[162] V. Ursula WEIDE, "Law and the German Universal Healthcare System: A Contemporary Overview", in *German Law Journal*, No. 8, August 2006; Reinhard BUSSE/Annette RIESBERG, *Health care systems in transition: Germany*. Copenhagen, WHO Regional Office for Europe on behalf of the European Observatory on Health Systems and Policies, 2004.

Nos **restantes domínios da saúde**, uma visão de longo prazo permitir-nos-ia igualmente surpreender vários avanços e recuos[163] em matéria de repartição de responsabilidade financeiras, por um lado, e de regulação jurídica do acesso à saúde, por outro, através de instrumentos tributários, mais ou menos aparentados das nossas taxas moderadoras, como é o caso da *Praxisgebühr*, recentemente apreciada pelo *Bundessozialgericht*[164].

c) Também em Itália nos deparamos hoje[165] com uma figura semelhante às nossas taxas moderadoras. Os *tickets sanitários* ita-

---

[163] Nos anos 70, a partilha individual de custos foi reduzida, mediante um alargamento do *pacote de benefícios* cobertos pelo sistema de saúde, mas rapidamente voltou a ser aumentada. Durante os anos 80 e 90 e a primeira década do novo século a comparticipação estendeu-se a novas áreas, desde a diária do internamento hospitalar ao transporte em ambulâncias, passando pelos tratamentos de reabilitação e respectivas infra-estruturas. Etapas fundamentais de um percurso que se revela política, social e juridicamente muito rico a uma disquisição mais profunda, foram a *Lei da reforma da saúde – Gesundheits-reform-Gesetz* (GRG) – de 1988; a *Lei sobre a segurança e melhoria estrutural do sistema de segurança social na doença – Gesetz zur Sicherung und Strukturverbesserung der GKV (GSG)* – de 1992; a *Lei de renovação do sistema de seguros de doença – GKV-Renovierungs-Gesetz (GRG)* – de 1997; a *Lei de reforma da saúde – Gesundheitsreform-Gesetz 2000 – de 1999*; a *Lei de limitação das despesas com medicamentos prescritos pelos médicos – Arzneikostendämpfungs-Gesetz –* de 2001; a *Lei de estabilização das taxas de cotização – i.e., Beitragssatz-Sicherungs-Gesetz;* a *Lei de modernização do sistema de assistência na doença – GKV-Modernisierungsgesetz –* de 2003 e a *Lei para o reforço da concorrência entre as instituições de segurança social –* que entrou em vigor em Abril de 2007.

[164] Em acórdão de que houvemos notícia, sem porém termos logrado aceder ao respectivo conteúdo em tempo útil. Em todo o caso, pode consultar-se um informe elementar no dossier sobre saúde do *Welt*, disponível *on-line* em: http://www.welt.de/finanzen/article3995149/Sozialgericht-erklaert-Praxisgebuehr-fuer-rechtmaessig.html

[165] Depois de uma pressurosa sucessão de diplomas legislativos: o Decreto Ministerial (D.M.) de 8 de Fevereiro de 1982, o Decreto-Lei (D.L.) 23/

lianos são tributos públicos[166], distinguíveis das *tarifas*[167], dos impostos e dos contributos. Qualquer *tassa* é um pagamento voluntário devido pela fruição de um *serviço público divisível* (referível ao utente singularmente considerado) – como sucede com a *instrução* (a aí temos a *taxa universitária*) e a *saúde* (onde ocorre o *ticket sanitário*) – e baseado no *princípio do benefício,* que se contrapõe ao da *capacidade contributiva.* Por vezes, a taxa não cobre totalmente o custo do serviço público, que assim resulta financiado em parte também pelos impostos[168]. É o que acontece com os *tickets* sanitários[169], cuja anatomia requer uma grelha

/03/89, o D.M. de 24/5/89 substituído depois pelo D.M. de 1 de Fevereiro de 1991; o Decreto de 5/9 de 91, a Lei 724/9, a Lei de 6/3/95; o DMS de 22/6 de 96 com as sucessivas integrações; a lei orçamental (*finanziaria*) de 1999; o D.M. 329 e o Decreto 21 Maggio 2001, n. 296, entre muitos outros.

[166] Com efeito, representam uma prestação patrimonial coactiva, satisfeita em dinheiro, que é realizada a favor do Estado ou de outro ente público com o poder de exacção correspondente e se destina à satisfação de necessidades públicas.

[167] As tarifas partilham das características das taxas constituindo, em certa medida, o seu correspectivo de direito privado.

[168] Se quisermos delimitar, qual *constituição normativa parcial*, a disciplina jurídico-tributária estabelecida na lei fundamental italiana, devemos adoptar como cerne os princípios da *solidariedade económica e social* (artigo 2.º), da *legalidade* (reserva de lei), previsto no artigo 23.º, e da *capacidade contributiva* (artigo 53.º) e desenhar depois um círculo exterior que abranja a proibição de referendo relativamente às leis tributárias e orçamentais (artigo 75.º), a interdição de criar novos tributos e prever novas despesas através da *Legge di bilancio* (artigo 81.º) e a proscrição, imposta às regiões, de instituição de tarifas de importação ou exportação ou de trânsito entre elas (artigo 120.º).

[169] V. Rosella LEVAGGI, "Il tiket per le prestazione nella Reforma del sistema sanitario", in *Rivista di Diritto Finanziario e Scienza delle Finanze*, anno LVIII, n. 4., Dicembre 1999, pp. 475-491; Franco REVIGLIO, "Health Care and its Financing in Italy: Issues and Reform Options", *ibidem*, anno LX, n. 1, 2001, pp. 3-28. Temos considerado que o sistema de prestações sociais

analítica elementar[170], constituída pelas respectivas *noção, incidência subjectiva* e *objectiva, montante* ou *custo, tempo e local de pagamento* (cobrança) e *hipóteses de reembolso*.

Destarte, o *ticket* sanitário pode ser configurado como a taxa por meio da qual se efectiva uma comparticipação do cidadão utente nas despesas de saúde[171].

No seu *âmbito objectivo* incluem-se os casos de prestação em ambulatório, de serviço diário e de pronto-socorro, as prestações de odontologia e a aquisição de medicamentos.

Relativamente à *incidência subjectiva*, ressalvadas as situações de isenção, todos os cidadãos dos 6 aos 65 anos, que usufruem do SNS, estão obrigados ao seu pagamento. A fim de se qualificarem como isentos do

---

italiano, independentemente dos seus resultados práticos, constitui hoje um interessantíssimo caso de estudo para os constitucionalistas e, com isso, para os juristas e politólogos. Em período de *constitucionalismo multinível*, a conciliação ali operada entre os princípios da *universalidade/uniformidade* e da *diferenciação/heterogeneidade*, entre a *unidade do Estado* e a *autonomia regional*, entre *democracia representativa* e *participativa* e inclusive entre *democracia e constitucionalismo* é, no mínimo, aliciante do ponto de vista teórico e metodológico, fornecendo importantes pistas para uma reconsideração analítica, dogmática e empírica dos direitos fundamentais sociais e das instituições e políticas públicas colimadas à sua realização. Poupando na caracterização – que se embora circunstanciada se pretendesse ser minimamente rigorosa – permitimo-nos remeter para o recente *Libro Bianco sui Principi Fondamentali del Servizio Sanitario Nazionale, polic.*, 2008, preparado pelo *Centro di ricerca sulle amministrazioni pubbliche "V. Bachelet"*da Libera Università di studi sociali – Luiss "Guido Carli".

[170] V. Silvério GHETTI e Roberta LORENZONI, "I tickets sanitari: il loro costo, le esenzioni...", in *L'Inserto*, n.º 3, Marzo 2007; cf. também o dossier dedicado à questão pela revista *Care*, 4, 2006, pp. 20-24, e que conta com as muito curtas mas certeiras intervenções de diversas personalidades, como sejam Federico Spandonaro, Teresa Petrangolini, Alberto Mingardi, Mario Falconi, Sérgio Dompé, Claudio Cricelli, Carla Collicelli, Vera Buondonno Lombardi, Augusto Bataglia e Ornella Barra.

[171] Cabe a cada uma das regiões decidir se e como deve adoptá-lo.

pagamento do *ticket*, os cidadãos têm de reunir algum ou alguns pressupostos relativos à idade, rendimento, situação de invalidade[172], cronicidade ou raridade das doenças ou patologias, entre outras circunstâncias.

O custo varia em função das regiões e das prestações em causa, mas há um tecto máximo para cada receita e um limite para o número de prescrições por especialidade. O pagamento tem lugar antes de o cidadão se submeter à prestação ou ao serviço do SNS. Na hipótese de o *ticket* haver sido já pago e o cidadão não poder afinal sujeitar-se à prestação, prevê-se a possibilidade de obter o respectivo reembolso.

2.2. *As* taxas moderadoras *do SNS português.*

2.2.1. *Recorte dogmático*

2.2.1.1. Legislação

Entre nós, as taxas moderadoras estão hoje ancoradas na Base XXXIV da *Lei de Bases da Saúde* e no artigo 23.º do *Estatuto do Serviço Nacional de Saúde* (SNS)[173].

Debrucemo-nos, com maior detença, sobre o primeiro diploma.

---

[172] Variável quanto às *causas* – civil, militar, de serviço laboral – à *intensidade* – leve, médio-grave e grave – e ao *grau de isenção* que justificam – total ou parcial.

[173] Cuja epígrafe reza "responsabilidade pelos encargos". Para além da Lei de Bases da Saúde, aprovada pela Lei 48/90, de 24 de Agosto e do *Estatuto do SNS* – Decreto-Lei n.º 11/93, de 15 de Janeiro (com as alterações introduzidas pelos Decretos-Lei n.ºˢ 276-A/2007, de 31 de Julho; 223/2004, de 3 de Dezembro; 185/2002, de 20 de Agosto; 68/2000, de 26 de Abril; 157/99, de 10 de Maio; 401/98, de 17 de Dezembro; 97/98, de 18 de Abril; 53/98, de 11 de Março e 77/96, de 18 de Junho), v. o Decreto-Lei n.º 173/2003, de 1 de Agosto, a Portaria n.º 395-A/2007, de 30 de Março, o Decreto-Lei n.º 201/2007, de 24 de Maio, o Decreto-Lei n.º 79/ /2008, de 8 de Maio e a Portaria n.º 34/2009,de 15 de Janeiro.

Salta à vista, em primeiro lugar, a inserção sistemática do artigo em que se prevêm as taxas, autonomizado daqueloutro, imediatamente anterior, especificamente dedicado ao *financiamento* do SNS. Muito embora as receitas que as taxas proporcionam integrem também o elenco de fontes secundárias de financiamento do serviço nacional de saúde aqui previstas[174], o legislador concebe-as ali primacialmente como meios destinados a complementar as medidas reguladoras do uso do serviço nacional de saúde. Basta atender ao *teor literal* do preceito, em que pese o valor meramente indiciário que se lhe deve assinar. Com efeito, a formulação empregue configura uma *norma permissiva*, ao abrir a possibilidade de cobrança de taxas com a mencionada finalidade de regulação, e deixa transparecer o relevo secundário da finalidade recolectora, ao estatuir que as mesmas «constituem *também* receita do Serviço Nacional de Saúde».

Intento precípuo desta norma parece pois ser o de possibilitar o recurso aos tributos públicos que são as taxas como medida de política e administração da saúde, capaz de disciplinar o acesso aos serviços prestativos no sector. E como se reconheça ao longo de todo o diploma a transcendência do bem saúde, que o SNS se empenha em proteger, manter e promover, a preocupação principal, face à hipótese admitida, consiste em acautelar a situação das pessoas cujo direito subjectivo à saúde resulte ameaçado por esta providência regulatória. Daí que o número 2 da Base XXXIV imponha a isenção de dois grupos

---

[174] O Tribunal Constitucional defendeu, porém, que a Base XXXIII, n.º 2, alínea d) se refere *apenas* às taxas pagas directamente pelo sector privado na sequência da prestação de cuidados, da obtenção de serviços ou da utilização de instalações ou equipamentos pertencentes ao S.N.S., não recaindo sobre os utentes beneficiários do S.N.S., e distinguindo-se assim das taxas moderadoras propriamente ditas – cf. o Acórdão 731/95, de 14 de Dezembro de 1995.

populacionais, segundo dois critérios heterogénos, quais sejam o do *risco de saúde* e o da *carência económica*, a concretizar legalmente[175].

Malgrado o pendor extra-financeiro que temos de reconhecer às taxas a partir desta *epidérmica* interpretação, o produto que geram não deixa de concorrer para a sustentação económico-financeira do SNS. Mas mesmo a sua qualificação como receita, atrás aflorada, concita um apontamento complementar, ainda que breve.

Com efeito, convém frisar que, nos termos legais, o SNS é, antes do mais, «*financiado pelo Orçamento do Estado, através do pagamento dos actos e actividades efectivamente realizados segundo uma tabela de preços que consagra uma classificação dos mesmos actos, técnicas e serviços de saúde*». (Base XXXIII, n.º 1). As taxas integram apenas o lote de receitas que os serviços e estabelecimentos do SNS *podem* cobrar, talqualmente está estabelecido no número 2, ao lado dos *preços* pagos pelos cidadãos beneficiários do SNS, por terceiros responsáveis, ou pelos não beneficiários, do produto de rendimentos próprios e de benemerências ou doações, bem como do produto da efectivação de responsabilidade dos utentes por infracções às regras da organização e do funcionamento do sistema e por uso doloso dos serviços e do material de saúde.

Sobre uma tal diferenciação não se afigurará arriscado apoiar uma qualificação das taxas que desde logo sublinhe a destrinça tanto face aos *preços* cobrados pelo SNS, em regime próximo ao do mercado, como de *medidas sancionatórias*, de cariz pecuniário, cominadas para casos de violação das regras orgânico-funcionais do sistema e de abuso dos serviços e do material[176]. Um *distinguo* especialmente importante, uma vez que a reabilitação da *finalidade* compensadora das taxas e dos ideais de respon-

---

[175] «*Das taxas referidas no número anterior são isentos os grupos populacionais sujeitos a maiores riscos e os financeiramente mais desfavorecidos, nos termos determinados na lei*».V., igualmente, o artigo 23.º, n.º 2, do *Estatuto do SNS*.

sabilidade individual e de justiça comutativa nela implícitos, arrisca-se a aproximá-las excessivamente daqueles, ao passo que a constante invocação dos seus propósitos moderadores, disciplinadores e correctores de usos precipitados, tende a assemelhá-las por vezes às sanções pecuniárias punitivas de comportamentos indevidos.

2.2.1.2. Jurisprudência

Se as taxas moderadoras adquiriram protagonismo jurídico, tal deu-se sobretudo no *plateau* constitucional e ficou a dever-se a um significativo conjunto de arestos prolatados desde o *Palácio Ratton* a respeito de sucessivos diplomas legislativos mais ou menos directamente contendentes com o direito à saúde, constitucionalmente consagrado[177].

---

[176] Apesar de, quanto aos mesmos, se prever apenas a incursão em responsabilidade civil extracontratual.

[177] Referimo-nos, em particular, ao precursor Parecer 35/82 da Comissão Constitucional; ao Acórdão n.º 24/83 de 23 de Novembro de 1983, que declarou a inconstitucionalidade, com força obrigatória geral, dos n.ºˢ 1 e 2 da Portaria n.º 1023 – B/82, de 6 de Novembro (taxas moderadoras sobre o consumo de medicamentos); ao Acórdão n.º 39/84 de 11 de Abril de 1984, que declarou a inconstitucionalidade, com força obrigatória geral, do artigo 17.º do Decreto-Lei n.º 254/82, de 29 de Junho, na parte em que revogou os artigos 18.ª a 61.º, 64.º a 65.º da Lei n.º56/79, de 15 de Setembro (Serviço Nacional de Saúde); ao Acórdão n.º 92/85 de 18 de Junho de 1985, que veio declarar a inconstitucionalidade, com força obrigatória geral, do Despacho do Ministro da Saúde n.º 5/84, de 27 de Fevereiro e do Despacho do Ministro dos Assuntos Sociais, de 18 de Janeiro de 1982 (que criaram taxas moderadoras para o internamento hospitalar, consulta, meios complementares de diagnóstico e urgência e aprovaram as tabelas hospitalares); ao Acórdão n.º 209/87, de 25 de Junho de 1987, que declarou com força obrigatória geral, a inconstitucionalidade das portarias n.ºˢ 5/84, 7/84 e 8/84, todas de 30 de Dezembro de 1983, das secretarias regionais das finanças e dos assuntos sociais da Região Autónoma dos Açores, sobre «critérios de comparticipação dos utentes» ou «comparticipação dos utentes» no acesso aos cuidados de saúde nos serviços médicos

Em todo este manancial de jurisprudência judicial consegui-
mos colher elementos de sobejo para uma caracterização básica
das taxas moderadoras.

Logo no auroral ***Parecer n.º 35/82*** da **Comissão Constitucional**,
desencadeado por um pedido de apreciação da constitucionalidade das
normas contidas nos n.ᵒˢ 1 e 2 da Portaria n.º 509/82, de 22 de Maio,
relativas à comparticipação monetária nas receitas médicas devida pelos
utentes, se esboçou uma análise das taxas moderadoras, tendo-se centrado o debate na distinção entre taxa e imposto, a propósito da qualificação da contribuição exigida aos cidadãos. A Comissão Constitucional
filiou expressamente o novo tributo na experiência francesa do *ticket
moderateur*, acomodou-o no SNS constitucionalmente delineado, desco-
briu-lhe origens remotas no Decreto n.º 37 762, de 24 de Fevereiro de
1950 – fonte de um suposto veio nacional da figura, continuamente alimentado desde então, ao longo de vários diplomas por que perpassou –
e cunhou-o enfim, como medida destinada a fazer *"comparticipar os
utentes no custo das prestações ou cuidados de saúde, de modo a evitar ou minorar os abusos, v.g. de consumos excessivos e desnecessários."*.

Na declaração de voto de Armindo Ribeiro Mendes, que faz uso de
muitas fórmulas empregues no preâmbulo da portaria sindicada, temos
uma boa síntese da convergência com o legislador no que toca pelo
menos à configuração da taxa moderadora: tratar-se-ia de uma *"receita
tributária que, estando ligada embora a uma contraprestação por parte das instituições da segurança social, não visa primacialmente o pagamento de tal contraprestação, mas procura alcançar outros objectivos mais vastos, nomeadamente os*

---

daquela região autónoma; ao Acórdão n.º330/88, de 11 de Abril de 1989,
que não declarou a inconstitucionalidade de qualquer das normas do Decreto-Lei n.º 57/86, de 30 de Março, relativo às condições de exercício do
direito de acesso ao Serviço Nacional de Saúde; ao Acórdão n.º 731/95, de
14 de Dezembro de 1995, que não declarou a inconstitucionalidade das
normas constantes das Bases IV, n.º 1, XII, n.º 1, XXXIII, n.º 2, alínea d),
XXXIV, XXXV, n.º 1, e XXVII, n.º 1, da Lei n.º 48/90, de 24 de Agosto
(Lei de Bases da Saúde) e, num certo sentido, ao próprio Acórdão n.º 67/2007,
em que se discutiu a justeza de uma condição procedimental de acesso às
prestações de saúde nos termos constitucionalmente preconizados.

da moderação do consumo dos medicamentos, tendo em vista mesmo a defesa do equilíbrio psico-fisiológico do indivíduo". Em suma, à estrutura deste *"mecanismo de tributação"*, gerador de uma *"receita tributária"*, sobrepõe-se, como marca de identificação, a sua finalidade específica: *a moderação dos consumos, de forma a evitar «desperdícios e práticas claramente abusivas»*, contribuindo *«para a racionalização do consumo de medicamentos, certamente por maior consciencialização do seu custo, quer por parte dos médicos, quer por parte dos utentes»"*. Donde a sua natureza de tributos funcionais, ao serviço da evitação de *"gastos supérfluos* e *desperdícios"* e da racionalização do consumo de medicamentos.

A imagem manteve-se na jurisprudência do **Tribunal Constitucional**, que tratou de adoptar as causas de justificação destas controversas medidas, tal como as apresentou, por exemplo, o preâmbulo da Portaria 131/82, de 29 de Janeiro, do Ministério dos Assuntos Sociais, que estabeleceu as taxas moderadoras sobre o consumo de medicamentos[178].

No voto de vencido que apôs ao ***Acórdão n.º 24/83***, de 23 de Novembro de 1983, em que se apreciou a inconstitucionalidade de algumas normas daquela Portaria, o Conselheiro Cardoso da Costa reconheceu-lhes novamente o objectivo de *"obviar a um recurso imoderado e injustificado à assistência medicamentosa, que o mesmo é dizer"* um escopo de *"racionalização do recurso a tal assistência"*. E mais de 10 anos depois, o ***Acórdão 731/95,*** de 14 de Dezembro de 1995 repetia que as taxas moderadoras, tal como apareciam disciplinadas pelo Decreto-Lei n.º 54/92, então sob juízo, visavam a produção de um efeito psicológico de desincentivo do consumo de cuidados (médicos)

---

[178] *«O consumo de medicamentos tem vindo a acusar uma taxa de crescimento substancial que, do ponto de vista financeiro, tem sido agravada pelo aumento de preços dos produtos medicamentosos; (...) por outro lado, é líquido que o consumo actual de medicamentos, nalgumas zonas do país, é já excessivo, podendo, eventualmente, constituir motivo de preocupação, não só no que respeita ao equilíbrio psico-fisiológico do indivíduo, como demonstra situações de manifesto desperdício".*

e a racionalização da utilização do S.N.S. e não o pagamento do preço dos serviços prestados.

A serenidade desta construção e sobretudo dos juízos normativos que lhe estão associados só foi seriamente perturbada[179] pelo **Acórdão n.º 330/88** de 11 de Abril de 1989 e em especial, graças ao voto de vencido lavrado por Vital Moreira, que cedo intuiu as contradições que as taxas moderadoras encerravam, ao pretenderem associar a natureza tendencialmente comutativa de um tributo cobrado em função de uma prestação de serviço a uma finalidade não tributária[180]. Se a dinâmica constitucional alterou os pressupostos quer de validade, quer de eficácia, da normatividade que invocou como referente, em termos de tornar *caducas* ou *obsoletas* – aos olhos do próprio autor – algumas das suas desimplicações, não vemos que se ache

---

[179] Apesar de a maioria dos Conselheiros continuar a sufragar tranquilamente a concepção das taxas como medidas dirigidas a (1) racionalizar a utilização das prestações facultadas pelo serviço; (2) moderar a procura de cuidados de saúde, evitando a sua utilização, para além do razoável; (3) garantir uma maior racionalidade na utilização dos limitados recursos humanos, técnicos e financeiros, postos à disposição do SNS; (4) contribuir para reservar as prestações de cuidados de saúde aos utentes que delas careçam.

[180] *«Em primeiro lugar, não é procedente o argumento de que as taxas moderadoras visam não o pagamento das prestações, mas apenas a racionalização da utilização dos serviços contra o "uso abusivo". É que as taxas, exceptuados os isentos, valem para todos os que recorrem aos serviços de saúde; não só para quem abusa deles, mas também para quem precisa de a eles acorrer. (...) Em segundo lugar, não pode utilizar-se a favor da constitucionalidade das taxas moderadoras o facto de elas não visarem pagar as prestações ou financiar os serviços, mas apenas "moderar" ou "reduzir" a procura dos serviços e a utilização das prestações. É que, desde logo, sob o ponto de vista do utente, é sempre um pagamento que se faz por uma prestação que, constitucionalmente, deveria ser gratuita. (...) Finalmente, é óbvio que, pelo seu montante, as "taxas moderadoras" podem facilmente transformar-se para muitos em taxas inibidoras: taxas de 3000$ (v. Portaria n.º 344-A/86, de 5 de Julho) não estão seguramente ao alcance da generalidade dos cidadãos, mesmo descontando os isentos.»*

totalmente perimida a problemática conceitual e normativa ali denunciada.

2.2.1.3. Doutrina

Quando procurámos acercar-nos da figura das *taxas moderadoras*, adiantámos algumas indicações sobre o enquadramento dogmático que vêm recebendo entre nós.

> Polifacetadas como são, estas figuras predispõem-se a uma visão *caleidoscópica*. Na *doutrina económica e das ciências sociais* atentas à saúde, são equiparadas a *franquias* actuantes nos sistemas de seguros públicos a fim de limitar o excesso de consumo provocado pelo isolamento do preço e situadas nas imediações dos *preços de referência* e das *taxas de co-seguro* (P. Pita Barros), ou então qualificadas expressamente como *preços subsidiados* ou *taxas de utilização cativadas*, com a tríplice natureza de *fontes de financiamento* e *mecanismos de controlo e melhoria da atribuição de recursos* e integrados, por conseguinte, no amplo lote de medidas de racionamento do acesso à saúde que também alberga as constrições orçamentais, a priorização expressa e a selecção pelo preço (ou outras formas símiles de comparticipação na despesa) [J. Santos Lucas]. No campo das *finanças públicas*, Sousa Franco e Aníbal de Almeida referem-se-lhes expressamente como uma das modalidades ou tipos de taxas, atenta a respectiva finalidade exclusiva ou dominante. Quanto aos principais *fiscalistas* portugueses mencionam-nas a título marginal, posto que recentemente se achem importantes considerações a seu respeito, ainda que esparsas, ao longo da monografia de Sérgio Vasques.

As taxas moderadoras são *tributos* cobrados[181] aos utentes beneficiários do Serviço Nacional de Saúde pelos serviços e produtos que lhes são prestados e fornecidos[182]. A ser certo,

---

[181] Diferentemente das *propinas*, sujeitas normalmente a pagamento prévio, as *taxas moderadoras*, tal como as *custas judiciais*, são de pagamento posterior ao serviço prestado.

[182] Ou, eventualmente, pela utilização de instalações ou equipamentos que lhes é proporcionada nos termos legalmente previstos.

como parece, que a identificação das categorias tributárias deve passar pela demarcação dos diferentes tipos de relações entre os cidadãos e o Estado que exprimem, então os elementos jurídicos a considerar, também nesta sede, devem ser sobretudo os seus *pressupostos* e *finalidades*.

O **_pressuposto_** das taxas moderadoras é, tipicamente, a prestação de um *serviço* que não se materializa na prática de um *acto administrativo* ou *instrumental*, antes pertence ao domínio das *operações materiais da administração*.

Acresce que a actividade material em causa, traduzindo-se na realização de prestações sociais ligadas à saúde, se integra tipicamente na *Leistungsverwaltung*, fazendo das taxas moderadoras exemplos das chamadas **taxas de utilização** (*Benützungsgebühren*), normalmente contrapostas às *taxas administrativas* (*Verwaltungsgebühren*), que se cobram no âmbito da *Eingriffsverwaltung*, em função das prestações de autoridade – dificilmente delegáveis no sector privado – em que esta se actualiza e que são por isso designadas *taxas de autoridade*. As taxas de utilização porque pressupõem prestações de conteúdo económico e social[183], características da *Administração constitutiva*, ostentam muitas vezes a denominação de **taxas de provisão.**

Todavia, em razão mesmo de serem exigidas no quadro de «actividades que o poder público muitas vezes assume por razões de ordem económica e social»[184] acabam por se acercar das receitas do património e dos problemas de delimitação conceitual que as acompanham. Não por acaso, Pasquale Russo[185], ao distinguir entre *taxas ligadas ao exercício de funções públicas* e *taxas devidas pela prestação de serviços* se inclina para a recusa da natureza tributária a estas últimas.

---

[183] V. Sérgio Vasques, *O Princípio da equivalência como critério da igualdade tributária, op. cit.*, p. 146.

[184] V. *ibidem*, p. 147.

[185] V. *Manuale di Diritto Trubtario*, vol I., Giuffrè, Milano, 2002, pp. 16-24.

Apesar destas dificuldades de demarcação (mormente na zona de fronteira com os *preços de autoridade, preços públicos* e *políticos*) – as quais se antevê venham a agravar-se com a evolução previsível do serviço nacional de saúde – não fomos ainda demovidos de manter a qualificação das taxas moderadoras como verdadeiros tributos públicos, em vez de preços. Militam nesse sentido a *legalidade* e *coactividade* destas taxas, patentes não apenas logo no momento do *facto constitutivo da obrigação de pagar*, como também no regime jurídico do respectivo pagamento e nas circunstâncias que envolvem o acesso à contrapartida pública que a taxa origina ou pressupõe.

> No entanto, não advém da publicidade que tinge o ambiente desta relação tributária e o seu conteúdo que as mesmas devam aconfundir--se com outras figuras tributárias próximas, como os impostos ou as contribuições especiais. A bilateralidade das taxas moderadoras pode resultar vulnerada se olharmos aos fins que perseguem, mas sair confortada de uma análise dos seus pressupostos de facto e características estruturais. Verificando-se uma procura activa dos serviços de saúde prestados, cujo custo pode ser imputado à pessoa colectiva encarregada de assegurar tal provisão e cuja utilidade para o indivíduo é identificável e individualizável – uma vez que a prestação do serviço, pela afectação de tempo e meios públicos, implica a exclusão da prestação a outros – está preenchido o requisito mínimo para a incidência objectiva de uma taxa[186]: mas estão, ao mesmo tempo, afastadas grandes afinidades com os impostos – exigidos independentemente de qualquer prestação concreta – e das contribuições – assentes na utilidade provocada a um grupo de pessoas relativamente homogéneo.

Laivos de *publicidade, politicidade* e *socialidade* saltam à vista quando se perscrutam as **_finalidades_** da taxa moderadora, que todavia novamente nos afastam – mas agora em sentido contrário

---

[186] O problema será então *mais de limites do que de pressupostos*, nas palavras de Saldanha Sanches.

– da matriz específica das taxas, levando-nos aos confins das políticas públicas e sociais e das providências administrativas que as implementam.

> De facto, como tributo de índole bilateral, a taxa deve em princípio ser exigida não apenas *por ocasião* de uma prestação pública mas em *função dela*, reproduzindo uma certa *relação de troca* entre o contribuinte e o cidadão[187]. Todavia, em vez de remunerar o custo que a prestação acarreta para a administração ou o benefício que o cidadão/utente dela retira, a taxa moderadora tem por objectivo regular o acesso aos serviços e produtos de saúde, desmotivando a procura imoderada, precipitada, irresponsável. Constitui portanto, exemplo acabado do que muitos designam por **taxa extrafiscal**[188].

Ora a extra-fiscalidade constitui, assim o vimos, um verdadeiro desafio para o jurista, especialmente quando comparece num domínio, como o das taxas, estranho à sua típica área de irrupção, que tem sido a dos impostos[189]; algo sobremaneira relevante chegado o momento de determinar o __montante__ das taxas moderadoras, e que repercute no modo como essa quan-

---

[187] V. Sérgio VASQUES, *O Princípio da equivalência como critério da igualdade tributária, op. cit.*, p. 141.

[188] J. J. Gomes Canotilho e Vital Moreira dão justamente como exemplo de taxas extrafiscais as taxas moderadoras cobradas pelo SNS – v. J. J. Gomes CANOTILHO/Vital MOREIRA, *Constituição da República Portuguesa*, Coimbra Editora, Coimbra, 2007, p. 1094. No mesmo sentido se pronuncia Sérgio Vasques, para quem taxas extrafiscais *«são por exemplo as taxas moderadoras que se cobram nos hospitais públicos com o propósito de racionalizar o uso de serviços públicos de saúde (...)»* – v. Sérgio VASQUES, *O Princípio da equivalência como critério da igualdade tributária, op. cit.*, p. 143.

[189] Lembre-se tudo quanto aventamos no início deste capítulo e adicione-se ainda preocupação em distinguir as taxas de vocação mais retintamente proibitória (Stuart Mill) – que ostentam uma intenção claramente contra-motivadora – das verdadeiras normas de proscrição sancionadas com penas pecuniárias.

tificação se presta posteriormente a um controlo jurídico material, quando indagamos da validade de concretas taxas moderadoras.

Em tese, não dissentimos de quem divisa na equivalência a específica projecção da justiça no domínio das taxas, mas hesitamos em relegar para a pura *exogeneidade* fiscal (e quase para o exterior do próprio direito) intenções de justiça social em que a própria constituição faz radicar o sistema tributário e financeiro português.

Por isso, ao determinar a medida das taxas não devemos pura e simplesmente arrancar do *princípio do benefício* e da *cobertura de custos* para depois os corrigir e limitar de modo a salvaguardar o mínimo de existência positivamente garantido em nome do *Princípio do Estado Social*. E a alternativa não residirá num simples apelo ao princípio da *capacidade contributiva* para temperar o *princípio da equivalência*. Primeiro far-se-á necessário determinar o que devemos uns aos outros, através do Estado, em matéria de saúde, para respeitar os ideais de justiça da república, depois, aquilatar da legitimidade das medidas de racionamento e racionalização à luz do direito à saúde e respectivas garantias institucionais e dos princípios jurídicos fundamentais que travejam o sector – componentes do parâmetro constitucional de justiça social (o que passará por definir balizas, mas também afinar critérios orientadores da estruturação e quantificação dos tributos que realizem o direito da saúde). Só então caberá julgar da validade das taxas perante o direito constitucional tributário.

Por ora, encerre-se esta nótula acerca da medida das taxas moderadoras com a constatação evidente de que, também por razões *pragmáticas* de *exequibilidade* (que não *principiais*, de *validade*) nem sempre elas podem aspirar a uma adequação plena ao benefício auferido pelo contribuinte ou ao custo que ele individualmente haja desencadeado, fixando-se em função dos valores de mercado dos concretos cuidados médicos ou medicamentosos prestados ao cidadão enfermo. Usa-se apelar a *juízos de normalidade*, tipificando as condutas dos contribuintes e as correlativas prestações realizadas pelos profissionais (olhando por exemplo ao valor médio dos actos médicos ao fixar as taxas hospitalares)[190], com algum inevitável sacrifício das exigências de eficiência económica e justiça do caso concreto.

2.2.2. *Ensaio de apreciação material*

Muito por força da sua *hibridez,* as taxas moderadoras situam--se no fulcro de importantes controvérsias jurídicas, políticas e económicas, que inevitavelmente se refractam no debate de cariz especificamente jurídico-constitucional. Mesmo que à normatividade jurídica em geral e à constitucional, em especial, soçobrem condições para se arvorarem num *superdiscurso* social, há um mínimo de responsividade e reflexividade, ligados à *capacidade de prestação* das constituições contemporâneas, que reclama delas um abertura aos *inputs* materiais e espirituais da cultura de que participam e um consequente esforço de síntese das várias intenções constitutivas do *real*, segundo o sentido autónomo do direito.

  (a) Do **ponto de vista político**, a ausência de uma tradição politológica séria entre nós desaconselha grandes ilações sobre o problema das taxas moderadoras, mas não nos inibe de um comentário fugaz, para vincar bem o custo político que as medidas no sector da saúde, nomeadamente as que se atenham às taxas moderadoras, podem representar. As taxas são instrumentos d*as políticas públicas* simultaneamente financeiras, económicas e sociais, trazem à baila alguns dos nós fundamentais d*o político* de uma sociedade – atingem pois as nervuras da República – e podem influir no jogo d*a política*, enquanto actividade de disputa, conquista e manutenção do poder, na provecta acepção de Xenofonte. Daí a atenção que recebem na *esfera pública* e em particular nos meios de comunicação que nela pontificam. Não vemos nós os partidos políticos a tomarem posição explícita sobre o assunto nos seus programas? E as bancadas

---

[190] V. Sérgio VASQUES, O *Princípio da equivalência como critério da igualdade tributária, op. cit.,* p. 45.

parlamentares não investem igualmente na matéria? Não ouvimos profissionais do sector, especialistas das mais diversas áreas e produtores e fautores de opinião proeminentes a perorar sobre a questão?

Nos últimos tempos as taxas moderadoras foram acusadas de afectarem os mais desfavorecidos, de serem ineficazes quanto à consecução do seu fim moderador, de subverterem o Estado Fiscal e de desconsiderarem as obrigações constitucionais de gratuitidade do acesso à saúde. Argumentos ideológicos, políticos e constitucionais comparecem entrelaçados em alocuções como a de Vital Moreira, para quem há opções de taxação que se devem ter por prioritárias (no acesso a auto-estradas ou cidades) e segundo o qual não podem as taxas degenerar em meios enviesados de co-pagamento, mesmo se possam vir a variar no seu montante[191].

Por outro lado, alega-se em abono das taxas que os mais desfavorecidos, por razões de foro económico, social ou de saúde, estão isentos do respectivo pagamento, que o aumento da pressão fiscal é impensável nas actuais circunstâncias e não se augura provável num futuro próximo, que a moderação se verifica pelo menos em relação aos meios complementares de diagnóstico e aos medicamentos comparticipados prescritos pelos médicos, e que a própria constituição condiciona a tendencial gratuitidade às condições económicas e sociais dos cidadãos[192].

(b) As **ciências sociais**, como a **economia**, desenvolvem também análises aprofundadas, cujas conclusões acabam por permear todas as cogitações sobre o tema.

Do ponto de vista da tão apregoada eficiência, com elas visada, as taxas moderadoras provam bem em alguns estudos efectuados, sem necessidade de chegarem a pôr em risco a saúde da população. Em contrapartida, exibem tendência a prejudicar a equidade, visto que, com o independerem do nível de rendimento, se mostram regressivas, pese embora os dados revelem ao mesmo tempo uma enorme subutilização dos sistemas financiados através de impostos por parte das classes mais baixas, a par de uma distorção a favor da classe média.

Analisando separadamente os casos de (i) *aumento* das taxas moderadoras, em nome do *princípio do utilizador-pagador,* e da (ii) respectiva *dife-*

---

[191] V. Vital MOREIRA/M. M. Leitão MARQUES, *Mão Visível – Mercado e Regulação*, Coimbra, Almedina, 2003.

[192] V. A. Correia CAMPOS, *Reformas da Saúde – O Fio Condutor*, Almedina, Coimbra, 2008.

renciação, de acordo com o rendimento de cada indivíduo, por mor do *princípio da capacidade contributiva*, temos que:

– o primeiro bole claramente com o papel conferido ao *seguro de saúde* de garantir a protecção contra os elementos de incerteza quanto ao *momento* e *montante* de despesas médicas de que um indivíduo necessitará, ameaçando (embora o diagnóstico não seja líquido) os efeitos sistémicos de redistribuição do rendimento e apresenta um balanço em termos de eficiência que não é propriamente positivo, face à percepção geral de uma elevada aversão ao risco da população, favorecedora da manutenção de um papel residual, de mera gestão dos excessos da procura, para as taxas moderadoras.

– o segundo também destrói parte do elemento de seguro[193] e do seu valor social, diminuindo o processo de redistribuição, em cada momento do tempo, dos mais saudáveis para os menos saudáveis da população, e só deverá louvar-se em *razões de eficiência* (confiando às taxas um papel exclusivo de controlo dos excessos da procura) se os indivíduos com maior rendimento, para os mesmos preços e taxas moderadoras, gerarem uma maior distorção, por excesso, da procura (dependerá, assim, da elasticidade procura-rendimento, bem como dos custos que essa diferenciação acarrete em termos operacionais: se a montagem do sistema de verificação e atribuição de uma taxa moderadora diferenciada de acordo com o rendimento tiver custos superiores aos decorrentes do excesso de procura que se tenta limitar por uma tal via, naturalmente não se deverá avançar nesse sentido[194]).

Perante este cenário, J. Santos Lucas desaconselha a abolição e a diferenciação das taxas devido aos efeitos que produziriam na classe média, mas advoga medidas de comparticipação directa nos custos da saúde com as ressalvas necessárias para alcançar simultaneamente o estímulo da utilização dos cuidados de saúde pelos mais desfavorecidos e a moderação no que respeita às classes que os sobreutilizam. Em contrapartida, para Pita Barros, em termos de redistribuição, seria possível encontrar um novo sistema fiscal, que operasse transferências dos maiores para os

---

[193] Tanto mais significativa quanto mais substancial for o desejo de que as taxas moderadoras sejam um instrumento de financiamento.

[194] Limitámo-nos, como em boa parte do texto precedente, a servir-nos dos dados apresentados pelos especialistas, sobretudo Pita Barros, cujas reflexões longamente parafraseámos.

menores rendimentos, mantendo as taxas moderadoras indiferenciadas de acordo com o rendimento de cada um e obtendo assim o mesmo objectivo de justiça social com menores custos para a sociedade. Na sequência, o economista propõe um aumento dos impostos em lugar do acréscimo da taxa moderadora, o que garantiria uma igual receita fiscal, em média, mas com a vantagem de ser estável. Os cidadãos isentos de taxa moderadora não são afectados e os que pagam ficam livres da incerteza de quebra de rendimento; ao mesmo tempo, geram-se menores desigualdades sociais. É que, a existir, como parece ser o caso, uma relação entre menores rendimentos e pior estado de saúde, em média pagarão mais frequentemente taxas moderadoras os indivíduos com menores rendimentos. Não se pode excluir a possibilidade de ocorrência de um elemento perverso em termos de redistribuição fiscal. A taxa moderadora é, por isso, um instrumento de redistribuição pouco adequado.

(c) De uma **óptica jurídico-constitucional** impõe-se a distinção analítica de vários *problemas* e o cruzamento de dois *exercícios de controlo*, atenta a dual axiologia e funcionalidade das taxas[195].

Por um lado, importa sindicar as medidas (e respectivos critérios) (1) de lançamento das taxas, (2) de aumento do respectivo montante, (3) de alargamento do seu âmbito subjectivo ou objectivo de incidência (nomeadamente através da extinção de alguns motivos de isenção do pagamento), (4) de diferenciação, segundo os mais variados critérios, e até (5) da sua progressiva conversão em co-pagamentos.

Por outro lado, temos de as *julgar*, em geral, à luz dos princípios jurídicos fundantes e estruturais da Constituição da República, mormente

---

[195] Na verdade, abundantemente se frisou que elas constituíam institutos delineados pelo direito, através dos quais se intenta cumprir objectivos de regulação das condutas de cidadãos/utentes e dos próprios profissionais prestadores e entidades em que se integram, realizando assim uma ordenação justa e correcta da provisão *de* e do acesso *aos* bens de saúde, mas que, pela sua índole tributária, serviam também fins de angariação de receita, cada vez mais importantes, de acordo com um ideal de repartição dos encargos tributários crescentemente re-legitimado.

daqueles que conformam o Estado português como Estado democrático e social com uma base de sustentação eminentemente fiscal; e, em
especial, à face do *direito constitucional da saúde* e dos *princípios da constituição financeira* e também *fiscal*.

Todavia, duas questões prévias – anteriormente enunciadas – se
interpõem e reclamam uma tomada de posição jurídico-constitucionalmente sustentada: a primeira tem a ver com o apelo às
taxas como meio de financiamento dos sistemas prestativos, em
nome de um princípio do utilizador-pagador, de acordo com o
qual a igualdade nas relações entre a sociedade e os cidadãos se
funda na justiça comutativa, cumprindo-se num princípio de
equivalência; a segunda relaciona-se com a intromissão da
extrafiscalidade, atrás caracterizada, neste domínio específico,
que lhe é pouco atreito ou até bastante avesso[196].

    a) Nos últimos anos o *pensamento libertário*, cujo maior expoente é
Nozick, o *contratualismo empírico* da *Public Choice Theory*, a crítica à justiça
social, na linha de Hayek, a hegemonia do monetarismo da escola de
Chicago, a idolatria da *cost and benefit analysis*, culivada pela *Law and Economics*, e as versões mais individualistas da Economia constitucional – só
para referir algumas aportações – estiveram na origem de uma reconsideração dos fundamentos legitimadores da moderna fiscalidade, da qual
emergiu iluminado por nova aura o princípio da equivalência, a concretizar através dos subprincípios do custo e sobretudo do benefício. A
ideia é simples: tanto por razões de eficiência, como de justiça, numa
óptica *económica* (de afectação óptima dos escassos recursos públicos às
múltiplas e diversificadas necessidades a cuja provisão o estado deve
acorrer), mas também *jurídica* (de repartição adequada dos encargos tributários entre os contribuintes), quem provoca gastos determinados à
colectividade deve suportá-los individualmente; até porque – agora de

---

[196] O primeiro passo consiste pois em sondar da viabilidade de um recurso
às taxas como *fonte de financiamento* do SNS e (simultaneamente) *medida de
racionamento*, à sombra da constituição social, da saúde e economico-finan-
ceira (mormente fiscal).

outro ângulo – os cidadãos contribuem para os gastos comuns não apenas em nome da solidariedade, mas também na esperança de que a colectividade os recompense de forma individualizada na medida dos seus contributos.

Os ganhos seriam visíveis, igualmente, no que respeita às componentes procedimentais da democracia (mercantil...). O tentame de reproduzir o mecanismo de formação de preços do mercado, exigindo dos cidadãos contribuições correspondentes ao concreto valor que atribuam às prestações que provocam ou de que usufruem, almejaria o maior ajustamento possível da provisão de bens públicos às preferências dos cidadãos que arcam com as despesas do Estado[197].

Cumulativamente – desta feita em chave pragmática – as fraquezas do Estado fiscal volvem-se forças abonatórias de um Estado taxador, acenando-se com as situações de *fiscalidade parasitária*, que enviesam o *sistema fiscal* em favor da classe média, com correlativo menoscabo das classes mais desfavorecidas – a ponto de os sistemas contributivos se tornarem de facto regressivos em sectores como o da saúde e ensino[198] –, detractando-se veementemente a sua *complexidade e opacidade* – favorecedora de discriminações agudas em função das desiguais capacidades de conhecer e manobrar o sistema (ainda que nos limites da mera *planificação fiscal*) e mesmo de generalizados abusos e fraudes – bem como a

---

[197] Segundo ensina Sérgio Vasques, entendido em sentido procedimental, o princípio do benefício traduz-se num conjunto de mecanismos de controlo da decisão financeira e limitação do Estado Fiscal, que vão desde a criação de regras especiais de votação orçamental garantes do respeito pelas preferências dos contribuintes, até à escolha de bases estreitas e flexíveis para o imposto, passando pela fixação de limites constitucionais à carga fiscal, quer no plano da pressão fiscal (quer das taxas marginais a empregar) e pela consignação de receitas tributárias a programas de despesa determinados – V. Sérgio Vasques, *O Princípio da equivalência como critério da igualdade tributária, op. cit.*, pp. 328-329.

[198] Ver as referências de Nicholas Barr (*Economics of the Welfare State*, Fourth Edition, Oxford University Press, 2004, p. 165-167) à regressividade do sistema de financiamento por impostos do ensino superior público no Reino Unido e noutros países e sublinhadas, entre nós, por Jorge Miranda em "Propinas e sentido da proporção", *in Constituição e Cidadania*, Coimbra Editora, Coimbra, 2003, p. 252.

sua *impraticabilidade*, pelas dificuldades técnicas que coloca à Administração, incumbida da ingrata tarefa de o aplicar e fazer funcionar na realidade.

Mais se alega que a pretensa impraticabilidade das taxas nos sectores sociais que envolvam o acesso a bens públicos, pouco efeitos à diferenciação das utilidades proporcionadas aos utentes, prova pouco quando se tenha em conta o ascendente que os bens de natureza mista vêm adquirindo sobre aqueles nas complexas sociedades dos dias de hoje. Segundo Albano Santos[199], o aumento e a diversificação dos esquemas de provisão de bens mistos ou até privados abre novas possibilidades de recurso às taxas nos termos de um princípio tributário da igualdade como equivalência.

Contudo, nenhum destes argumentos chega para vencer o principal óbice a um *tournant* para a fiscalidade taxadora: o da regressividade dos tributos comutativos, qual resultado fáctico da sua desvinculação relativamente a princípios fundantes e estruturadores de um Estado de direito democrático e social.

Os tributos baseados no custo provocado ou no benefício aproveitado pelo contribuinte desatendem à sua força económica e têm um efeito socialmente negativo[200], porque as taxas de soma fixa atingem as pessoas pertencentes a diferentes classes económico-sociais com intensidade diferente visto representarem parcelas diferentes do seu rendimento; e porque as próprias prestações administrativas que fundamentam as taxas estão normalmente ligadas às classes mais desfavorecidas, que assim acabam por ser vítimas de uma sobretributação[201].

O princípio do Estado Social exige uma alteração da posição económico-social relativa dos indivíduos, realizada em grande medida através das opções financeiras da receita e da despesa e das relações entabuladas,

---

[199] V. Albano Santos, *Teoria Fiscal*, Lisboa, 2003, pp. 402-403.

[200] V. Sérgio Vasques, *O Princípio da equivalência como critério da igualdade tributária, op. cit.*, v. pp. 389 e ss.

[201] «(...) será porventura verdade que o uso de taxas nos cuidados públicos de saúde se abate mais gravemente sobre os mais pobres já que as classes mais abastadas se servem mais frequentemente da clínica privada (...). A generalização nesta matéria é com certeza arriscada mas podemos admitir que o efeito tendencial das taxas seja o de agravar as desigualdades sociais» – v. Sérgio Vasques, *O Princípio da equivalência como critério da igualdade tributária, op. cit.*, p. 390.

a esse propósito, com os cidadãos[202]. Daí que, como instrumento de concretização da justiça social, se adopte um sistema tributário progressivo, visando absorver uma parcela de riqueza dos particulares tanto maior quanto maior ela for. Foi o que fez a nossa Constituição ao integrar entre as finalidades do sistema fiscal, não apenas a angariação de receita, mas também a redistribuição justa dos rendimentos e da riqueza, assim a elevando a principal objectivo "extrafiscal". Neste quadro, seria preterido o recurso primacial a tributos comutativos assentes na equivalência, uma vez que, por princípio, rejeitam o *fiscal transfer* entre os contribuintes ou entre estes e o todo da comunidade, promovido pelo *general funding.*

E não se retruque, sob pena de total inversão do projecto constitucional, que o obstáculo se remove ou contorna, instaurando um Estado taxador *corrigido* ou *obtemperado* pela garantia do *mínimo da existência,* fundado no princípio da socialidade, ou no princípio da capacidade contributiva.

Em princípio, só numa óptica tributária já forada nas taxas, aí onde elas se justifiquem jurídico-constitucionalmente, a socialidade deverá intervir (novamente), agora a título de modelação dos diferentes elementos constitutivos desses tributos comutativos, num sentido desviante em relação à equivalência. Consoante a intensidade manifestada, o sacrifício imposto à comutatividade será maior ou menor, podendo mesmo determinar a gratuitidade das prestações[203], uma vez que a socialidade

---

[202] Na verdade é na relação económica directa com o cidadão que o estado melhor pode intervir sobre a sua riqueza, actuando como Robin Hood.

[203] «(...) quando estejam em causa serviços como os da educação, da justiça ou da saúde (...) em que o uso das taxas (...) ordenadas à equivalência seja condicionado por razões de ordem social, impondo a igualdade social uma estrutura ou montante diferentes dos que seriam ditados pelo princípio da equivalência, estabelecendo isenções na tributação (...). Sem dúvida por isso a Constituição da República impõe a gratuitidade tendencial do serviço nacional de saúde no seu artigo 64.º, devendo o estado português orientar a sua acção para a socialização dos custos dos cuidados médicos e medicamentosos, como impõe no seu artigo 74.º a gratuitidade do ensino básico e o estabelecimento progressivo da gratuitidade de todos os graus de ensino» – v. Sérgio v, *O Princípio da equivalência como critério da igualdade tributária, op. cit.,* p. 399.

de forma alguma se esgota na garantia do mínimo de subsistência[204].
Por sua vez, a discussão acerca de uma possível invocação excepcional
do princípio da capacidade contributiva, no cenário de uma tributação
eminentemente comutativa, enreda-se em contradições[205] bem elucida-
tivas da subversão que opera no sistema dogmático-constitucional e
também das inocultáveis claudicâncias dos movimentos em prol do Estado taxador.

Decerto que a diferenciação social nos vários subsistemas exige do
direito uma nova reflexividade e responsividade, abrindo «*oportunidades
para o recurso a esquemas mistos de financiamento, que combinem tributos comutativos e tributos unilaterais, uns amparados na equivalência, outros na capacidade contributiva*». (S. Vasques). E obviamente que a avaliação dos tributos
deve ter lugar no âmago de uma dialéctica entre a realidade e a
normatividade jurídica (reciprocamente implicadas), através de exercícios metodológicos de índole dogmática como teleológica, atentos ao
sistema de validade normativo-jurídica em que se integram e aos problemas concretos que tem por fim resolver eficazmente. O *princípio da
coerência* do sistema tributário[206], por exemplo, não autoriza juízos sobre
qualquer taxa que pura e simplesmente inconsiderem os restantes institutos tributários e o impacto conjunto que têm nos cidadãos por eles

---

[204] Já o defendemos inclusive para um sistema constitucional como o
alemão e, por maioria de razão, para o nosso. Sendo a socialidade uma decli-
nação da dignidade da pessoa humana, a sua previsão e consagração constitucionais não pode ser absorvida ou consumida naquela, como se de uma
redundância se tratasse. Tem de ser vista como um *plus* de sentido, uma
densificação que eleva o nível de protecção retirado da dignidade da pessoa humana. De contrário, o âmbito de protecção da dignidade da pessoa
humana funcionaria como um recinto constritor dos demais âmbitos normativos de protecção, permitindo restringir metodologicamente a socialidade e esvaziá-la de sentido autónomo.

[205] O princípio da *capacidade contributiva* actuaria como garantia e não
como parâmetro, de modo a proteger os contribuintes carentes da mais
elementar força económica, através de isenções e diferenciações. Contra
esta perspectiva, perfilhada entre nós designadamente por Margarida Palha,
v., com ponderosos argumentos, Sérgio Vasques, *O princípio da Equivalência
como critério da igualdade tributária, op. cit.*, pp. 400 e ss.

[206] V. Suzana T. da Silva, *As Taxas e a Coerência do Sistema Tributário, op. cit.*

atingidos. Paralelamente, a corresponsabilização dos cidadãos pela sustentação dos esquemas prestativos sociais, exige uma *desintroversão do Estado* (G. Canotilho)[207], que compele porventura à permanente equação do *todo* da receita e da despesa[208] quando se intervém numa medida tributária, reclama maior transparência quanto ao custo e valor das prestações públicas subjacentes às taxas e aos critérios de diferenciação e isenção, e quiçá incite a um recurso crescente à consignação tributária e a figuras contributivas diversificadas.

Ponto é que o sistema mantenha como pilar fundamental a tributação fiscal progressiva[209] e se empenhe em cumpri-la de modo eficaz, para assegurar a todos os cidadãos um estatuto de *igual liberdade* no acesso aos bens em que se inucleiam os vários subsistemas sociais – ensino, educação, segurança social, cultura, etc. A heterogeneidade prestacional não deve chegar a perverter o sentido da institucionalização político-social dos valores da própria igualdade e solidariedade[210], hipotecando

---

[207] V. J. J. Gomes Canotilho, *Metodologia «Fuzzy» Y «Camaleones Normativos» En La Problemática Actual De Los Derechos Económicos, Sociales Y Culturales"*, in *Derechos y Libertades*, Revista Del Instituto Bartolomé De Las Casas, Año III, Febrero, 1998, Número 6, pp. 35-49, Universidad Carlos III de Madrid, Boletín Oficial Del Estado.

[208] Em termos sincronicamente horizontais e verticais e diacronicamente longitudinais (aconselhando, neste caso, planeamentos orçamentais plurianuais, por exemplo).

[209] Acusando o toque das sempre penetrantes análises de Xavier de Basto, não cedemos ainda ao pragmatismo que atravessa alguns dos seus mais recentes ensaios – v., por exemplo, "Tópicos para uma Reforma Fiscal Impossível", *in Notas Económicas*, n.º 19, Junho de 2004, pp. 8-17.

[210] Mesmo P. Van Parijs admite a conjugação dos esquemas solidários, herdados do Estado Providência com as novas políticas de equidade sobre as quais vem trabalhando arduamente – v., *inter alia*, "Au-delà de la solidarité: les fondements éthiques de l'État-providence et de son dépassement", in Serge Paugam (Dir.), *Repenser la Solidarité – L' Apport des Sciences Sociales*, Presses Universitaires de France, Paris, 2007, pp. 125 e ss. A talhe de foice, v. na mesma colectânea, Jean-Pierre Dupuy, "Justice et Ressentiment", pp. 31 e ss; Michel Forsé, "Raison ouverte, raisons neutres. Lorsque le juste se fonde sur une égale liberté", pp. 51 e ss.; Marc Fleubaey, "Solidarité, Égalité, Libéralisme", pp. 71 e ss; Jacques Donzelot, "Un État qui rend

factores de coesão social capitais, e por isso há-de sujeitar-se à regulação jurídica dos termos e dos modos da provisão daqueles bens e serviços que à comunidade caiba financiar. Por seu turno, a solidariedade implica agora uma *responsabilização multímoda* – a vários níveis, em diferentes esferas, com intensidade e alcance variáveis – articulando-se com a *sustentabilidade* de um sistema que precisa de ser cada vez mais *diferenciado*. Talvez seja o despontar de uma nova forma de responsabilidade colectiva – mais reflexiva – requerida pelo conspecto da própria autonomia como capacidade efectiva de auto-realização

b) O segundo aspecto a ter em conta neste juízo geral prende-se com o problema da extrafiscalidade, tangenciado a propósito das taxas em geral, retomado no quadro das taxas moderadoras em especial, e carente de um remate em concreto.

Sendo certo que as taxas não podem dominar o financiamento do sistema de saúde por homenagem à justiça distributiva e social, e ao modo como os princípios da igualdade e da solidariedade, delas defluentes, se derramam na esfera tributária – nomeadamente através do *princípio da capacidade contributiva* –, não é menos correcto que a sua torsão fiscal e/ou instrumentalização (extra-)fiscal fere também a racionalidade jurídica e o modo como nos vincula aos valores do direito[211].

---

capable", pp. 87 e ss; François-Xavier Merrien, "Les devenirs de la solidarité sociale", pp. 839 e ss; Bruno Palier, "Des Assurances moins en moins sociales", pp. 855 e ss; Robert Boyer, "Comment concilier solidarité sociale et efficacité économique à l'ère de la globalisation: une lecture régulationniste", pp. 887 e ss; Anthony Atkinson, "Repenser la solidarité au niveau européen", pp. 915 e ss; e Serge Paugam, "Conclusion. Vers un nouveau contrat social?", pp. 949 e ss.

[211] Acertando, como de uso, no essencial, Suzana Silva tem por problemática a tentativa de introduzir critérios extrafiscais no domínio das taxas, na medida em que as finalidades não especificamente tributárias são pouco coerentes com a natureza jurídica destes tributos comutativos/bilaterais. Sérgio Vasques mostra-se mais enfático ainda: a igualdade possui natureza contextual e, quando projectada na área das taxas, assume o significado comutativo da equivalência. Soluções que venham a ser ditadas por razões de interesse económico, social ou cultural, isto é, por medidas de política económica, social e cultural devem justitifcar-se à luz do princípio da

Como o carácter essencialmente extrafiscal de certos tributos inculca que o seu lançamento mais tem a ver com orientação do comportamento dos contribuintes em determinado sentido, do que com a repartição dos encargos públicos entre eles e a colectividade, poderíamos ser induzidos a dispensar a análise do significado que a igualdade tributária neles reveste[212]. Bem previne Sérgio Vasques que este modo de ver as coisas atribui grande[213] liberdade ao legislador e à administração na conformação das taxas, acabando por tolerar que apenas casualmente correspondam ao custo ou valor das prestações públicas e por tornar irrelevantes as diferenças de tratamento que nelas se introduzam, debilitando assim as possibilidades de um controlo jurisdicional de índole material.

A despeito de não afinarmos completamente pelo tom (e dom) do autor em causa[214], temos para nós que os entorses ao princípio da igual-

---

equivalência, que actua não apenas negativamente, interditando o arbítrio, mas também positivamente, exigindo um ajustamento aos custos ou benefícios.

[212] V. Sérgio VASQUES, *O Princípio da equivalência como critério da igualdade tributária, op. cit,*. p. 587.

[213] Não "inteira", como todavia escreve.

[214] A tese de Sérgio Vasques tem inúmeros méritos, dois dos quais têm a ver respectivamente com a clareza que traz a estas matérias nevoentas, e com o potencial prático-normativo (de controlo judicial) que liberta neste sector. No entanto, parece enquistar-se numa certa ontologização dos tributos e na sobrevalorização da autonomia subsistémica da esfera tributária, como se a sua racionalidade própria se desenvolvesse autopoieticamente, no interior do direito. Ora o reconhecimento de constituições parciais, em resposta de resto à diferenciação funcional da própria sociedade não pode ser concebido nestes moldes autopoiéticos. Isto é tanto mais assim quanto a divisão jurídica tem ainda forte inspiração disciplinar e não problemática ou objectual. Como conciliar subsistemas como o tributário, o político, o económico e o da saúde, todos com guarida constitucional? Se as advertências que faz são importantíssimas, mormente ao chamar a atenção para a conveniência de encontrar pontos arquimédicos ao pensar estas intersecções sistémicas, parece-me que a sua avaliação só faz sentido se pretender ele próprio acantonar-se no interior do sistema tributário. Ora a *tragédia* (em sentido hegeliano) com que nos defrontamos advém justamente de

dade tributária em matéria de estrutura, montante e critérios de diferenciação, que venham a respaldar-se em propósitos extrafiscais carecem
de um rigoroso escrutínio[215] no plano judicial.

c) A racionalização (racionamento) do acesso à saúde?

Chegamos enfim à consideração da taxa como uma medida
de *política* ou *prática pública* (económica, social e financeira) no
domínio social da saúde.

O direito à saúde está constitucionalmente protegido mas, à
semelhança de todos os demais direitos, não é ilimitado nem
ilimitável. Como direito social, a despeito das pretensões jus-
subjectivas que nele directamente se fundem[216], carece de

---

termos de ponderar a justificação das taxas à luz de valores diferentes,
exactamente porque tanto são medidas tributárias como medidas de política económica. As taxas moderadoras exibem à evidência as falhas de uma
visão categórica do problema. Primeiro, não se pode transformar sem mais
as opções extrafinanceiras em expressões de *policies* a julgar à luz dos
principles tributários: muitos fins extrafinanceiros têm a mesma dignidade
constitucional dos financeiros (e em sectores sociais como o da saúde, e
respectivos serviços, isso é ainda mais evidente). A não ser assim, não terí-
amos verdadeira ponderação, mas um ajuizamento de interesses e fins à luz
de valores. É porque a prioridade entre os valores em causa não é clara que
os mesmos precisam de ser ponderados. São os fins em causa que carecem
de ponderação, e não as derrogações introduzidas em nome de uns à luz
de outros. A obtemperação destas finalidades é bem mais complexa, mesmo que haja de constituir argumento decisivo a favor do controlo da legitimidade das taxas a sua racionalidade específica. Depois, não se pode dizer
que as diferenciações introduzidas fogem totalmente ao controlo jurídico
porque elas são aferidas pelos valores que as justificam e nomeadamente
segundo um teste de proporcionalidade quanto à respectiva necessidade,
adequação e proporcionalidade em sentido estrito.

[215] Cujos pormenores metodológicos se furtam a uma exploração neste
pequeno artigo.

[216] V. J. J. Gomes CANOTILHO, "Tomemos a sério os Direitos Económicos,
Sociais e Culturais", agora também em *idem, Estudos de Direitos Fundamentais,*

mediações *procedimental, normativa* e *institucional* para que o seu conteúdo se determine, os *indirizzi* que dele procedem dinamizem internamente as políticas públicas de saúde e ele acabe por se realizar em concreto nas prestações fácticas demandadas pelas pessoas.

No entanto, não nos parece que a intervenção do legislador em matéria de saúde, mediante a instituição de taxas moderadoras, constitua um mero exercício de *conformação*[217] do direito e das políticas de saúde, de todo aproblemático, por não chegar a pôr em causa *o núcleo essencial* do direito e respeitar o *princípio da reserva relativa*[218]. Reticentes, por princípio, em demarcar *a priori estritos e rígidos limites imanentes aos direitos*[219], de acordo com os postulados da *teoria dos limites internos*, temos defendido o emprego de uma noção ampla de *regulação* – na linha de Reis Novais – para designar as acções legislativas que contendam com o sentido e o *modus* de realização de direitos fundamentais e reclamem por isso uma adequada fundamentação material, formal e procedimental, e igualmente sensível à *realidade constitucional*.

---

op. cit., pp. 35 e ss. Sem embargo de relativizarmos os ganhos normativos do notável exercício analítico empreendido neste texto e de estarmos a par da actualização que o pensamento do autor vem sofrendo, não capitulamos aos diagnósticos de perempção de partes leoninas de quanto nele se aventa.

[217] Nesse sentido, v. J. M. Cardoso da COSTA, "*Ainda a Distinção entre "Taxa" e "Imposto" na Jurisprudência Constitucional*", *op. cit.*, fazendo uso de uma conhecida tipologia de J. C. Vieira de ANDRADE, *Os Direitos Fundamentais na Constituição Portuguesa de 76*, 4.ª edição, Almedina, Coimbra, 2009.

[218] Sem falar nos demais obstáculos, claramente erguidos pelo artigo 64.º que teria de transpor.

[219] Sem deixarmos com isso de valorizar os exercícios fenomenológicos destinados a identificar conteúdos noemáticos dos vários direitos, ou então a reflexão mais ou menos especultaiva voltada a descobrir-lhes um *eidos* ou uma *ousia* nucleares.

Por outro lado, continuando a seguir uma via – ainda *periclitante* por não suficientemente consolidada doutrinalmente – de relativização da diferença regimental entre os *direitos de liberdade* e os *direitos sociais*[220] – não obstante a mais lassa adstrição e vinculatividade destes, a sua especial dependência política e económica, e a consequente maior tibieza da sua sindicância pelo tribunal constitucional – entendemos que uma tal regulação deve observar os princípios do regime geral dos direitos fundamentais, mas também o princípio da proporcionalidade, com o sentido que emana do artigo 18.º, pensado para os Direitos, Liberdades e Garantias.

Finalmente, estamos cada vez mais convictos de que o parâmetro para avaliar a constitucionalidade das taxas moderadoras é hoje constituído por uma complexa rede normativa, entretecida a vários níveis espaciais e co-constituida pela normatividade autopoieticamente gerada em diferentes esferas socialmente reflexivas para se estabilizar dogmaticamente num sistema constitucional aberto, fluído e deveniente, posto que suficientemente substantivado e projectivo, para permitir o seu *enraizamento, respiração* e *justificação* (Gomes Canotilho).

Tomando o *bloco constitucional* por pressuposto, sem cair, porém, nas más tentações de uma jurisprudência dispersiva e incaracteristicamente multicontextual, o **Tribunal Constitucional** tem sido precatado no controlo da constitucionalidade das taxas moderadoras. Após a Comissão Constitucional as ter proclamado *razoáveis* e *proporcionadas*, e reputado inclusive de despiciendo o seu impacto, dada a modéstia dos montantes em que foram fixadas, dois acórdãos do TC sobressaem: o Acórdão 330/88 e, depois da revisão constitucional de 89, o Acórdão 731/95.

---

[220] V., na sua versão porventura mais denodada, Isabel MOREIRA, *A Solução dos Direitos Liberdades e Garantias e dos Direitos Económicos, Sociais e Culturais na Constituição Portuguesa*, Almedina, Coimbra, 2007; mas também, J. Reis NOVAIS, *As Restrições aos Direitos Fundamentais Não Expressamente Autorizadas pela Constituição*, Coimbra Editora, Coimbra, 2003.

No primeiro defendeu-se que as taxas moderadoras não traíam a exigência de gratuitidade, visto que esta devia ser interpretada num sentido especificamente normativo – mediante o recurso ao elemento histórico e teleológico e não apenas ao elemento gramatical (e portanto ao seu significado literal) – de modo a bastar-se com a garantia de que os utentes não hão-de suportar, individualizadamente, os custos das prestações; ao mesmo tempo, reconheceu-se que uma fixação de taxas em montantes demasiadamente elevados e excessivos, e a inconsideração do particularismo de certas situações, em que a exigência de uma simples taxa moderadora pode constituir impedimento de acesso ao S.N.S., embateriam ainda, segundo o tribunal, nos princípios da *generalidade* e da *universalidade*.

No segundo, já depois de alterado o artigo 64.º, para atenuar a exigência de gratuitidade[221], repetiu-se a alegação – agora pretensamente reforçada pela história dos debates travados na *Comissão Eventual de Revisão Constitucional* e no *Plenário da Assembleia da República* – de que, numa acepção normativa, ela possui um halo de indeterminação no qual se inscrevem pacificamente as taxas moderadoras, conquanto não subvertam o seu conteúdo mínimo.

No entanto, por mais de uma vez acompanhámos[222] Reis Novais, na consideração de que o Tribunal não metabolizou ainda devidamente a *original* fórmula enxertada no texto constitucional, divergente tanto da mera *"gratuitidade"* anteriormente consagrada, como da *"gratuitidade progressiva"* a que alude um artigo como o 74.º. Talvez tenhamos aqui um sinal forte de que, para além das despesas com as infra-estruturas e a manutenção de uma capacidade instalada em toda a sua potencialidade responsiva – correspondente ao custo de utilização 0, de resto – os gastos provocados com a utilização dos equipamentos e instalações ou com os serviços devem ser igualmente suportados pela colectividade, para que, no momento do contacto com o SNS, valha um princípio da

---

[221] A *regra* da gratuitidade deu lugar a um *princípio* de tendencial gratuitidade.

[222] V. os nossos *Racionamento e Racionalização no acesso à saúde, op. cit. Volume III* e "A Jurisprudência do Tribunal Constitucional sobre o acesso às prestações concretizadoras do direito à protecção da saúde: alguns momentos fundamentais", in *Jurisprudência Constitucional*, n.º 12, Outubro--Dezembro de 2006, pp. 12-47.

gratuitidade sobre um princípio da compensação. Ou, por outra forma, os montantes cobrados aos utentes devem estar mais próximos da gratuitidade – isto é, *inclinarem-se* ou *tenderem* para ela – do que da remuneração ou compensação dos reais ou hipotéticos preços de mercado.

Quanto à doutrina, Reis Novais – quem mais aturadamente se deteve na questão – aceita a **criação** de taxas *ex novo*, ou o seu alargamento a serviços ou pessoas antes excluídas do respectivo âmbito de aplicação, contanto que se revelem *«meio idóneo, necessário e adequado, a moderar ou prevenir os consumos excessivos e abusivos de cuidados médicos e prestações garantidas pelo SNS»*[223]. Numa interpretação lata do autor dir-se-ia que, se, por qualquer motivo, ligado em especial ao seu *montante* ou às *condições da sua previsão* e *aplicação*, elas falharem esse objectivo, não estaremos perante taxas de moderação *«na medida em que a respectiva imposição de pagamento, seria falha da racionalidade que a justifica»*[224]. Além disso, para o professor de Lisboa, o legislador está obrigado a accionar a reserva do *financeira* e *juridicamente possível*, assim como da *indeterminabilidade*, para intervir restritivamente sobre o direito à saúde. Não pode valer como fundamento uma poupança irrisória de recursos cuja contrapartida seja um *«sacrifício sensível de grupos de pessoas em domínios decisivos da sua protecção ou integração social»*[225].

---

[223] V. Reis NOVAIS, "*Sobre o Financiamento do Serviço Nacional de Saúde (aditamento)*", *op. cit.*, p. 57.

[224] Levando a sério o princípio nuclear da proporcionalidade, caso se mostre *idealmente adequada* à realização do objectivo a que se propõe, a taxa deverá ainda, por sobre isso, ser *eficaz em concreto*, *necessária*, por falta de medida menos grave para cumprir o desiderato em causa e ter um *saldo positivo*, quando cotejada com os seus custos em termos de lesão do direito à saúde e das normas que o densificam.

[225] V. J. Reis NOVAIS, *Os Princípios Constitucionais Estruturantes da República Portuguesa, op. cit.,* p. 311.

A anuir-se com a argumentação expendida por Reis Novais, ter-se-á também por juridicamente admissível um **aumento** das taxas moderadoras superior ao valor da inflação, desde que se reúnam 4 requisitos, dois de sinal positivo e outros dois de carácter negativo já há pouco aflorados: por um lado, o incremento tem de se justificar pela necessidade de obter uma *efectiva moderação* da procura de cuidados de saúde e precisa, por conseguinte, de se mostrar *apto*, *necessário* e *adequado* a alcançar esse objectivo; por outro lado, jamais as taxas deverão, em virtude do montante atingido, impedir o acesso a cuidados médicos por incapacidade económica para o seu pagamento e tão pouco deverão afectar, com este aumento, os beneficiários actualmente isentos.

Ora, concordando com as quatro condições erigidas, temos dúvidas que as taxas moderadoras as cumpram devidamente.

Em primeiro lugar, ficamos atrás persuadidos de que a *teleologia* moderadora da taxa não se presta a uma determinação em abstracto nem a uma precisão principiológica. Faz-se necessário o recurso a elementos indiciários como o montante, a estrutura do tributo, as isenções verificadas, a delimitação do respectivo âmbito de incidência objectivo e subjectivo, etc., mas nem uma sua escrupulosa análise esclarecerá à saciedade a finalidade da taxa, eventualmente legitimando-a, nem a sua invocação se fará a descoberto de uma avaliação segundo os princípios constitucionais pertinentes – igualdade, socialidade, etc. – e independentemente de um confronto com a realidade (susceptíveis de lhe atestarem a validade e eficácia respectivamente). Acontece que a primeira é de difícil controlo e a confirmação da efectividade da moderação almejada pela taxa depende de um teste que transfere para factores contingentes a absolvição ou condenação da figura[226].

Acresce que, se o ideário moderador e doseador se afigura porventura passível de uma fundamentação em termos de justiça social, tal

---

[226] Expõem-se aqui na sua nudez mais crua os problemas causados pelo emprego funcional de um instituto jurídico-tributário.

como a ensaiámos noutro lugar[227], mantendo-se assim ao abrigo do
quadro constitucional e sem contrariar irrecuperavelmente as suas directrizes e obrigações mais densas, já as análises empíricas ferem de
morte a pretensão de eficácia das taxas destinadas a realizá-lo, ao prova-
rem que a procura só se torna mais elástica quando os preços sobem a
montantes tão elevados que põem em risco o acesso devido aos cuidados de saúde.

Em rigor, as taxas não são indispensáveis para se obter os resultados
de racionamento e racionalização visados; só parcialmente se mostram
aptas, de facto, a lográ-los, mesmo que sejam idealmente adequadas à
respectiva consecução; e facilmente se tornam excessivas ao tentarem
conseguir a desejada eficácia moderadora.

Melhor fora assumir-se que o seu propósito é disciplinar a oferta, em
nome daquele *ideário*, através de uma *praxis* realizadora[228], normativa ou
factual, que emita um *sinal* (*morigerador*) para a sociedade e os seus
membros; e, simultaneamente, recolher fundos, de acordo com uma noção de concurso adicional dos utentes para o financiamento do sistema,
baseada no princípio da equivalência.

A ser assim, porém, a transparência imporia a assunção, *às claras*, de
uma tarefa de *doseamento* da provisão de produtos e serviços de saúde,
financiada por todos com base no sistema fiscal, e a abertura a co-pagamentos de acordo com idênticas regras de priorização, como um dos
meios de operar o racionamento devido e ajudar no custeio das despesas, o que chocaria respectivamente com os postulados de integralidade
prestativa e de gratuitidade tendencial[229].

---

[227] V. *Racionamento e Racionalização no acesso à saúde, op. cit.*, *volumes I, II* e
sobretudo *III*.

[228] Pedindo de empréstimo a expressão a J. Habermas (que a utiliza em
contextos bem diferentes).

[229] Posto que fosse ao encontro dos *princípios da economicidade* e da *sustentabilidade* hoje em dia sumamente importantes. Note-se que num mercado
selvagem, dominado pelas corporações profissionais, a indústria biotecno-
lógica e farmacêutica e os interesses de seguradoras e empresariado hospitalar, é a liberdade que oprime e o direito que liberta. Daí a instância de
princípios, regras, processos, planos e programas de priorização dos serviços e produtos devidos aos cidadãos segundo o critério de igualdade e justiça nesta matéria que é o da *necessidade*, ainda que corrigido por outras

Reis Novais preconiza ainda a **diferenciação** das *taxas modera-doras*, como medida constitucionalmente exigida, mais do que simplesmente tolerada, lançando mão de três argumentos: o próprio artigo 64.º da CRP afirma a tendencial gratuitidade dos serviços, tendo em conta as condições económicas dos bene-ficiários, e essa nota diferenciadora não se basta com a distinção entre os pagadores e os isentos; o objectivo da taxa é dissuasor, de modo que o montante adequado a esse fim deve variar de acordo com a situação económica real do utente; enfim, o princípio da igualdade e da socialidade concretizam-se, em sede de financiamento dos sistemas públicos e sustentação dos esquemas de protecção social, numa ideia de proporcionalidade ou progressividade relativamente à capacidade contributiva dos cidadãos.

Não é a primeira vez que modestamente nos atrevemos, senão a reba-ter, pelo menos a obtemperar algumas vertentes desta sedutora impostação das coisas[230]. Embora tendamos a reconhecer a existência de *abertura* para a solução constitucional de discriminação em função da capacidade contributiva[231], considerado que seja o artigo 64.º, julgamos que a pro-

---

considerações mais ou menos correlacionadas. De uma intervenção "mo-deradora" do Estado Social em geral, numa acepção próxima, nos fala A. Taipa de CARVALHO, *Pessoa Humana – Direito – Estado – E Desenvolvimento Económico Estado-de-Direito Social e Doutrina Social da Igreja)*, Coimbra Edi-tora, Coimbra, 1991.

[230] Desde logo no terreno movediço da política constitucional, no sentido Haberliano, ou seja, entre a teoria "científica" e a teoria "crítico-normativa" da dogmática constitucional e a parcelar interpretação da axiologia ético--jurídica, própria de uma perspectiva ideológico-política.

[231] Também Schmehl admite que o critério da capacidade contributiva possa dar origem a *taxas progressivas*, como sucede com a taxa dos infantá-rios na Alemanha. Já Tipke reconheceu timidamente a possibilidade de o *Sozialstaatsprinzip* (que fundamenta o intervencionismo fiscal com escopos sociais) justificar igualmente a utilização das taxas em conjugação com o

posta da sua *obrigatoriedade* não pode ser tranquilamente aceite, sem pelo menos se *alertar* para as disfunções que é susceptível de gerar no regime das taxas[232] e *semear* algumas questões, que esperamos possam vir a germinar, uma vez encontrem solo reflexivo mais fértil e mais capazes cultores.

Afinal a fundamentação das taxas tem um cariz axiológico, deontológico, teleológico ou consequencialista? A criação de taxas moderadoras, a elevação dos seus montantes, a extensão do seu objecto ou dos seus destinatários (ou a correspondente diminuição das situações de isenção e dos isentos) e, enfim, a diferenciação em função dos rendimentos são encaradas como *formas eficazes de moderar* ou *modos justos de repartir* os encargos com a saúde? Constituirão *meios justos de morigeração* dos comportamentos e de ordenação da sociedade ou *métodos eficientes* de recolher receitas? Como sopesar as considerações de *igualdade* social *tributária* e *sanitária*? Porque não basta a diferenciação entre isentos e não isentos para efeitos de igualdade? Deverão as isenções continuar a basear-se nos critérios da *incapacidade económica* e da *severidade da doença*, o primeiro extrínseco e o segundo imanente à esfera da saúde, sabendo-se, para mais, que perdem por isso selectividade no benefício que facultam? Conseguir-se-á alcançar a igualdade vertical através de uma cobrança diferenciada por categoria de rendimento no ponto de contacto do utente com o sistema de saúde, tendo em conta a referida circunstância

---

princípio ou critério da capacidade contributiva: «*Seria o caso de se exigirem taxas diferenciadas pelo mesmo tipo de prestação pública: o particular receberia um serviço individualizado, mas pagaria uma taxa em função do rendimento*» V. J. Xavier de BASTO/Lobo XAVIER, "Ainda a Distinção entre Taxa e Imposto: a Inconstitucionalidade dos Emolumentos Notariais e Registrais devidos pela Constituição de Sociedades e pelas Modificações dos Respectivos Contratos", *op. cit.*, p. 20. Sobre o princípio da capacidade de prestação e a estratificação das taxas segundo pontos de vista sociais, v. Hans WOLFF/ Otto BACHOF/ Rolf STOBER, *Verwaltungsrecht, op. cit.*, p. 637.

[232] Entre nós, Sérgio Vasques rejeita por completo qualquer uma destas propostas. De forma mais moderada, Rocha Andrade advoga também que a tendência para utilizar aqui critérios de capacidade contributiva é expressão, num lugar errado, de uma nobre preocupação de justiça tributária (que, a seu aviso, só faz sentido no imposto único sobre o rendimento pessoal).

de que a situação económica e a condição de saúde, ainda que inter-relacionadas, não andam a par nas *ocorrências concretas* de demandas de cuidados? Justificar-se-á a dupla tributação progressiva da *classe média*, através de impostos e taxas, em nome de uma discriminação a favor dos mais pobres, e da ineficiência da tributação dos mais abonados? E serão as taxas *moderadoras* o modo adequado de a levar a cabo?

(IN)CONCLUSÃO: uma leitura jurídico-constitucional republicana do SNS

Assumindo que o direito está vinculado à *justiça*, nomeadamente *distributiva*, e que procura realizar valores de *igualdade* e *solidariedade*, cuja concretização material requer *inter alia* a institucionalização de uma *justiça social* indexada às capacidades e necessidades das pessoas, forçoso será concluir que a nota da *socialidade* constitui um traço inapagável de uma constituição que se pretenda válida. Os Estados constitucionais contemporâneos são, pois, *Estados de direito democráticos e sociais*, que têm na *igual liberdade* e na *solidariedade* que a suporta princípios estruturantes, cuja densificação é indissociável dos processos democráticos de argumentação, e que igualmente se exprimem no reconhecimento dos direitos sociais.

Não obstante as perturbações teoréticas que acometem esta construção, mantêm-se de pé os seus principais esteios dogmáticos em matéria económica, financeira e social. De um lado, a *estruturação jurídica das responsabilidades* económico-financeiras dos cidadãos através de um sistema eminentemente fiscal cujo critério essencial de justiça geral e distributiva consiste na capacidade contributiva dos cidadãos e culmina, por força das exigências redistributivas da justiça social (correctiva), em alíquotas progressivas. Do outro, a *garantia normativa (e inclusive institucional)* da *igualdade* no acesso aos bens sociais, compreendida na sua complexidade e, por conseguinte, modelada em função das esferas societais em causa.

Todavia, porque as funções de regulação das formas de arrecadação da receita e disciplina da provisão dos bens assacadas ao direito não podem subsistir inteiramente compartimentadas e enfrentam hoje enormes dificuldades de consecução, abre-se espaço para uma sua reconsideração crítico-reconstrutiva, que admita novas modalidades de relacionamento entre receita e despesa públicas (bem como novos instrumentos tributários), de um lado, e uma diversificação institucional dos prestadores e das prestações, do outro.

Espera-se de *todos* os *intérpretes constitucionais* uma *praxis* constitutiva da *Sittlichkeit solidária*[233] da República, que: intervenha a montante da saúde, no plano das respectivas determinantes – caminhando no *sentido* de uma sociedade mais justa e igualitária[234] (ao nível das liberdades existenciais); passe pela criação de instituições públicas partilhadas (Giddens), actuantes como factores de coesão social e potencialmente aptas a realizar as prestações sociais devidas; e se cumpra enfim na definição normativa dos critérios do acesso aos bens sociais, (eventualmente impostos, como obrigações de serviço, público ao sector privado).

Neste quadro, a actual configuração e justificação das taxas moderadoras adquire contornos e dintornos um pouco disfuncionais. A determinação dos serviços e produtos de saúde devidos a cada um pertence à colectividade e exige uma priorização que resulte tanto de processos democráticos como de normas técnicas e de princípios ético-jurídicos. Para além dos cuidados *efectivamente necessários*, que devem ser universalmente acessíveis, através de (financiamento ou) provisão pública, sobra lugar para uma enorme variedade de esquemas e soluções prestacionais,

---

[233] V. Rahel JAEGGI, "Solidarity and Indifference", in *Solidarity in Health and Social care in Europe, op.cit.*, pp. 287 e ss.

[234] O que passará pela reafirmação contrafáctica das expectativas comunitárias na validade normativa dos princípios e regras fiscais.

condicionados por circunstâncias geográficas, culturais, económicas, sociais, etc. Aí sim, a cobrança de tributos, contribuições especiais e preços medrará mais naturalmente, como forma de co-pagamento de produtos e serviços de saúde meramente benéficos ou só úteis.

Entretanto, por muito que as *térmitas fiscais* da realidade pareçam corroer a normatividade constitucional e o Estado social, *a formiga* da justiça *continua em sentido contrário...*

Iniciativa PPP na Saúde
Aspectos de Política, Finanças e Gestão

Jorge Abreu Simões[*]

I. Enquadramento

A Iniciativa PPP no Sector da Saúde teve a sua verdadeira entrada em cena no início da década, protagonizando um programa ambicioso, robusto e inovador no quadro da prossecução de uma política pública firmada num normativo constitucional, em que a provisão de cuidados de saúde assume a natureza de um serviço público de carácter social, cuja prestação há-de ser gratuita ou tendencialmente gratuita e pautada pelos imperativos de universalidade e equidade[1].

---

[*] Economista. Ex-Presidente da Estrutura de Missão Parcerias-Saúde (2001-2006).

[1] De notar que a primeira tentativa de lançamento de um novo hospital em regime PPP registou-se em finais dos anos 90, quando foi criado oficialmente um Grupo de Trabalho para montar um concurso para o Hospital de Loures em modelo PFI (Despacho n.º 19 761/99, de 17 de Setembro, do Secretário de Estado da Saúde, Diário da República, II Série, de 18 de Outubro de 1999); na altura esta tentativa veio a soçobrar, desconhecendo-se ainda as razões do que pode considerar-se como uma falsa partida. Anteriormente, em 1995, com a celebração de um contrato de gestão para o Hospital Fernando da Fonseca (localizado em Queluz/Amadora), ao abrigo da Base XXXVI da Lei de Bases da Saúde (Lei n.º 48/90, de 24 de Agosto), tinha sido já iniciada uma experiência pioneira de gestão privada

Após um arranque auspicioso, o impulso inicial esmoreceu, tendo o Programa PPP conhecido várias vicissitudes e mudado de trajectória, sofrendo a implementação um incómodo abrandamento. Assim, a caminho do final da década, uma boa parte do elenco dos projectos de parceria sucessivamente anunciados para a modernização da rede hospitalar está ainda por contratar e concretizar.

Todavia, importa assinalar que, prosseguindo em marcha lenta, os objectivos iniciais do Programa PPP permanecem válidos, mesmo depois da reorientação do modelo público preferencial de parceria para o sector hospitalar, representando um esforço importante quer de investimento de iniciativa pública, quer de introdução de mudanças nas práticas administrativas de financiamento e gestão das unidades de saúde com o envolvimento crucial das capacidades do sector privado. Apesar de vários percalços, a iniciativa continua a constituir uma experiência de relevo nos panoramas nacional e internacional.

Assim, no limiar da dobragem de década, a experiência nacional nas PPP's em saúde é crescentemente representativa, embora constituindo um típico segmento-nicho, tendo a prática PPP evoluído num sentido diversificado, prevendo-se a coexistência próxima de diferentes modelos de parceria com o sector privado, mormente no sector hospitalar.

---

de um hospital público, uma unidade de saúde recém-construída em moldes tradicionais com fundos públicos (ver "performance" de contratação e construtiva no Quadro1); esta experiência de "gestão delegada" pode ser considerada justamente a primeira iniciativa de "empresarialização" da gestão hospitalar de um hospital público, desbravando o caminho conducente à passagem, no decorrer da presente década, da generalidade dos hospitais SPA a hospitais-empresa, primeiro de estatuto SA, e depois de estatuto EPE, integrados no Sector Empresarial do Estado.

II. Da Formulação da Política PPP

A adopção de parcerias com o sector privado no contexto do Sistema Nacional de Saúde foi uma decisão politicamente marcante no âmbito do aprofundamento da aplicação da abordagem PPP a um domínio eminentemente socio-infraestrutural e de prestação de serviços nucleares, outrora na esfera do sector público, fora do perímetro típico dos projectos geradores de receita, onde o instrumento PPP tem ganho uma aceitação generalizada com base no princípio do utilizador-pagador, como sucede com as "public utillities" e numerosas infra-estruturas económicas e obras públicas clássicas[2].

O núcleo de objectivos da abordagem PPP no Sector da Saúde segue intrinsecamente os objectivos fundamentais das parcerias com o sector privado, enquanto instrumento de uma nova governação pública: colmatar falhas de mercado na provisão de infra-estruturas e serviços públicos, mitigando em paralelo falhas de Estado[3]. Este último objectivo visa obter acréscimos de "Value for Money" (*VfM*) para o erário público face às práticas públicas tradicionais de financiamento e contratação, procurando congraçar a eficiência de afectação do sector público com a eficiência produtiva do sector privado[4].

---

[2] A extensão da abordagem PPP ao Sector da Saúde constitui um marco incontornável e relevante do desenvolvimento das PPP's em Portugal, posicionando a experiência nacional num patamar a meio caminho entre opção alternativa a utilizar como expediente de "engenharia financeira", para aumentar a capacidade de realização de projectos de iniciativa pública, e a consagração de uma verdadeira Política PPP de carácter transversal, como sucedeu no Reino Unido, em que a primazia atribuída à via PPP chegou ao ponto de ser considerada como "the only game in town".

[3] Cf., Maria Eduarda Azevedo, As Parcerias Público-Privadas: Instrumento de uma Nova Governação Pública, Coimbra, Almedina, 2009.

[4] Cf., Andrea Renda e Lorna Schrefler, Public-Private Partnerships. Models and Trends in the European Union, DG Internal Policies of the Union, IP/A/IMCO/NT/2006-3.

A razão-de-ser das PPP's emerge, pois, intimamente ligada à deficiente "performance" do sector público na provisão de infra-
-estruturas e serviços de diferente natureza. No caso vertente do sector da saúde, o pano de fundo pode ser ilustrado através do registo de desempenho na área das construções hospitalares, tomando como referência os 10 últimos hospitais construídos até ao início da presente década (Quadro 1)[5].

Quadro 1
Desempenho na Área das Construções Hospitalares (Tempo/Custo)

Unidade: Milhares de Euros

Unidades Hospitalares	Data Abertura Propostas	Data Entrega/ Inauguração	Lapso Tempo (anos)	Valor Adjudicação	Valor Total Empreitada	Diferencial	
						Valor	%
Hospital de Fernando da Fonseca	24.Nov.87	1. Maio.97	9-10	27 986	60 359	32 373	116
Hospital de Matosinhos	4.Dez.87	1. Abril. 97	9-10	20 878	55 864	34 986	168
Hospital de Leiria	6.Mar.89	1.Abril.95	5-6	19 377	48 294	28 917	149
Hospital de Viseu	23.Out.91	1.Julho.97	5-6	35 917	45 718	9 802	27
Hospital de Santa Maria da Feira	9.Nov.92	1. Jan.99	6-7	29 528	39 299	9 771	33
Hospital do Barlavento Algarvio	8.Nov.94	9. Abril.99	4-5	22 256	27 195	4 939	22
Hospital da Cova da Beira	9.Mar.93	1. Dez. 99	5-6	24 792	32 120	7 327	30
Hospital de Vale do Sousa (c/ Psiquiatria)	1.Jul.93	10.Ago.01	7-8	32 604	40 639	8 035	25
Hospital de Torres Novas	18.Out.94	1.Set.00	6-7	16 500	22 757	6 257	38
Hospital de Tomar	2.Set.93	9.Ago.01	7-8	23 379	31 724	8 345	36

Fonte: Gabinete do Ministro da Saúde, 2003 (Dados compilados com base em informações da DGIES)

---

[5] Cf., José Mendes Ribeiro, Saúde. A Liberdade de Escolher, Lisboa, Gradiva, 2009, pp. 189 e ss.

Mas as "falhas de desempenho" do sistema público de prestação de cuidados de saúde não se circunscreviam, reconhecidamente, à problemática técnica e de financiamento das construções hospitalares. Com efeito, abrangiam quase todas as redes, áreas e fileiras de gestão das diferentes unidades de saúde (do financiamento público de lógica orçamental à gestão puramente administrativa; da qualidade dos serviços de atendimento e internamento à capacidade de resposta efectiva dos vários serviços clínicos; do desempenho assistencial aos resultados económico-financeiros), salientando-se com particular destaque as deficiências de "performance" hospitalar e o desfasamento e a assimetria ora de cobertura territorial, ora de funcionamento das redes públicas de cuidados de saúde situadas a montante e a jusante da rede hospitalar, ou seja, respectivamente, as redes de cuidados primários e de cuidados continuados[6].

Deste modo, no início da presente década, a quase totalidade das unidades hospitalares estava integrada institucionalmente no sector público administrativo, constituindo a trave-mestra de um Sistema Nacional de Saúde concebido segundo um sistema quase-monopolista, monolítico e fortemente burocrático, à luz da matriz administrativa dominante na época da sua instituição.

Neste contexto, anunciada em Julho de 2001, praticamente a meio do mandato do XIV Governo Constitucional, a iniciativa pública de adoptar parcerias com o sector privado nos serviços de saúde passou rapidamente da decisão à concepção-execução[7].

---

[6] Este enunciado de fragilidades não põe naturalmente em causa o papel fulcral assegurado pelo SNS na protecção da saúde, sendo sempre de sublinhar os importantes ganhos de saúde entretanto alcançados nos seus 30 anos de vida – constatáveis, verificáveis e reconhecidos internacionalmente. Cf. António Correia de Campos, Reformas da Saúde – O Fio Condutor, Coimbra, Almedina, 2008. pp 22 e ss.

[7] O anúncio público coube ao Ministro da Saúde, Prof. António Correia de Campos, na sequência da remodelação governamental operada em

Desde logo, foi identificado um primeiro lote de projectos-
-piloto a implementar, definida uma dupla linha de montagem
– sob a forma de parceria público-privada e de parceria público-pública – e criada a primeira unidade dedicada PPP no
Ministério da Saúde para preparar e coordenar o lançamento
do Programa de Parcerias[8].

Então, neste primeiro momento, o desenho da Política PPP
contemplou a faculdade de recorrer a duas estruturas de parceria
distintas. Uma estrutura PPP firmada entre um parceiro público
e um parceiro privado, consubstanciando uma parceria de tipo
contratual, a estabelecer na sequência de um procedimento de
contratação de carácter concorrencial. Uma estrutura de parceria
alternativa, envolvendo uma relação de base contratual ou de tipo
institucionalizado entre um parceiro público concedente e outro
parceiro público operacional, a criar para o efeito entre várias
entidades públicas, a que seria atribuída por via legal a responsabilidade de prosseguir o objecto do contrato de parceria[9].

Julho 2001. Na altura foram priorizados quatro novos hospitais na cintura
de Lisboa – Loures, Cascais, Sintra e Vila Franca de Xira –, aos quais se
juntou, posteriormente, o novo Hospital de Braga, completando o naipe
de projectos integrados na versão incial da 1ªVaga PPP.

[8] Cf., Jorge Abreu Simões, As Parcerias Público-Privadas no Sector da
Saúde em Portugal, Revista Portuguesa de Saúde Pública, n.º 4, Escola
Nacional de Saúde Pública, 2004.

[9] O método de instituição de uma parceria público-pública no sector
da saúde seria de algum modo semelhante ao praticado no âmbito da criação das entidades concessionárias dos sistemas multinacionais de água, sanea-
mento e tratamento de resíduos, inseridas no grupo estatal das Águas de
Portugal sgps a partir da reestruturação do sector em1993. Assim, previa-se
que poderiam participar na constituição do parceiro público operacional,
inter allia, os municípios pertencentes à área de influência do novo hospital
e o IPE-Saúde sa, enquanto "sub-holding" criada, em 2001, pelo grupo estatal Investimentos e Participações Empresarias (IPE sa) para operar nos
mercados da saúde.

Independentemente da originalidade desta dupla linha de montagem, a prática internacional apresentava já uma diversidade de opções e formatos de parceria aplicáveis às transacções PPP no Sector da Saúde[10]. A estrutura típica abrangia o financiamento prévio da concepção e construção de uma determinada unidade de saúde inserida no sistema público de provisão de cuidados de saúde, compreendendo ainda a prestação seja de serviços acessórios (não-clínicos), seja dos serviços nucleares (serviços clínicos)[11].

---

[10] Cf. R Taylor e S. Blair, Public Hospitals – Options for Reform Through Public-Private Partnerships, Public Policy for the Private Sector, World Bank Group, Note n.º 241, 2002; T. Marek e C. Yamamoto, Private Health – Policy and Regulatory Options for Private Participation, Public Policy for the Private Sector, World Bank Group, Note n.º 264, 2003; Irina A. Nikolic e Harald Maikisch, Public-Private Partnerships and Collaboration in the Health Sector, An Overview with Case Studies from Recent European Experience, HNP Discussion Paper, World Bank, 2006.

[11] Cf., Martin Mckee, Nigel Edwards e Rifat Atun, Public-Private Partnerships for Hospitals, World Health Organisation, Bulletin n.º 84, 2006, pp. 890 e ss. No panorama internacional, o modelo mais usual no sector da saúde é o britânico que não inclui a prestação de serviços clínicos. Neste modelo DBFO, um consórcio privado, integrando uma empresa construtora e outra operadora, cria uma sociedade de fim específico para prosseguir o objecto contratual, compreendendo em regra a fileira concepção-construção, financiamento e operação de um novo hospital, bem como de vários serviços acessórios ("hard e soft services"). Em seguida, a sociedade-veículo tem de contrair um financiamento bancário (tipicamente em "project finance"), entrando num processo de reafectação dos riscos aos diferentes intervenientes através de uma lógica de subcontratação: um primeiro contrato visa passar o risco de construção para a empresa de construção (contrato de preço e prazo fixos), um segundo contrato visa transferir o risco operacional para uma entidade que assegure a operação do hospital (durante os 25-30 anos de duração do contrato principal) e o fornecimento dos serviços acessórios (sujeitos a teste de mercado de 5 em 5 anos). Durante a vida do contrato, o parceiro privado é remunerado pelo sector público com base num mecanismo de pagamento, compreendendo

Em regra, a decisão pública de incluir ou não a prestação de serviços clínicos no leque de responsabilidades a passar para o parceiro privado constitui um elemento-chave da formulação da política PPP para o Sector da Saúde, entroncando na questão mais ampla da prestação de serviços públicos nucleares por parte do sector privado[12]. A opção política inicial veio a privilegiar a inclusão da prestação dos serviços clínicos no pacote PPP, sem prejuízo de se considerar admissível o recurso a outros formatos, atendendo ao princípio basilar de que não existe um único modelo PPP válido para todas as circunstâncias[13].

---

uma componente a título de pagamento pela disponibilidade da infra-estrutura hospitalar e uma segunda componente relacionada com os níveis de desempenho e utilização dos serviços, sujeita a deduções por falhas de desempenho.

[12] O recorte do envelope de funções a englobar numa transacção em parceria requer, em regra, uma tomada de posição prévia sobre a "transferibilidade" de funções de soberania ou a "contratualidade" dos serviços quando está em causa a prestação de serviços púbicos nucleares, como a guarda de reclusos em estabelecimentos prisionais ou os cuidados de saúde em unidades hospitalares. Do ponto de vista da formulação de uma Política PPP, as funções ligadas ao exercício de funções soberanas não são pura e simplesmente transferíveis, enquanto em relação aos serviços públicos nucleares-não soberanos, estes são transferíveis (ou não), dependendo meramente das preferências políticas, em cada momento. A boa prática recomenda que a autoridade política não deve prosseguir um modelo com que não se sente confortável, sob pena de o fazer de uma forma hesitante, eventualmente errática e, provavelmente, mal.

[13] Esta decisão pública foi oficialmente anunciada em 26.Fevereiro.2002, ainda durante a vigência do XIV Governo Constitucional, aquando da Mesa-Redonda realizada em um hotel da capital entre o Ministro da Saúde e o sector privado sobre a temática PPP na Saúde, evento que então abriu um período de auscultação do mercado no sentido da recolha do contributo dos operadores interessados. Posteriormente, a escolha pública enunciada veio a ser confirmada pelo novo Governo que, entretanto, assumiu funções em Abril do referido ano. Todavia, esta opção apresenta na genera-

Sob o mandato do XV Governo Constitucional, a partir do início do segundo trimestre de 2002 foi dada continuidade ao desenvolvimento da política PPP na saúde, tendo o esforço prioritário sido concentrado na aprovação de um quadro legal apropriado por forma a que, com a celeridade possível, se pudesse entrar num período de lançamento efectivo de projectos[14]. Assim, em Agosto de 2002, ancorado nas disposições relevantes da Lei de Bases da Saúde, entrou em vigor o regime jurídico das parcerias em saúde, consagrando um enquadramento jurídico habilitante e suficientemente versátil, que veio permitir um vasto campo de aplicação do instrumento PPP e o desenho de diferentes modelos de parceria, em termos de "geometria

---

lidade dos países uma elevada sensibilidade pública, sendo contrariada com frequência por razões ideológicas e questionada sob diferentes prismas e motivações, incluindo o cariz técnico (não salvaguarda a qualidade dos serviços contratados) e económico (transacção de elevada complexidade associada a um baixo grau de contratualidade dos serviços clínicos num quadro de formação de contratos necessariamente incompletos). Cf., Pedro Silva, Fundamentos e Modelos nas Parcerias Público-Privadas na Saúde – Estudo dos Serviços Clínicos, Coimbra, Almedina, 2009.

[14] Em paralelo, manteve-se a necessária preparação dos 5 projectos hospitalares inseridos na 1ª Vaga PPP. Todavia, com o anúncio da extinção do grupo estatal IPE sa, abandonou-se a estrutura do tipo parceria público-pública, tendo todos os projectos em carteira sido reorientados para a linha de montagem típica PPP; em concomitância, em Julho de 2002, a abordagem foi alargada pelo Ministro da Saúde, Luís Filipe Pereira, a um segundo conjunto de 5 unidades hospitalares, designada desde então como a 2.º Vaga PPP (novos Hospitais da Póvoa de Varzim/Vila do Conde, Vila Nova de Gaia, Guarda, Évora e do Algarve). À data foi ainda estabelecido o prazo indicativo para a conclusão do lançamento do Programa PPP: o conjunto das 10 parcerias para o sector hospitalar deveria ser lançado até ao fim de 2006, coincidindo sensivelmente com o termo do mandato do Governo. A este respeito cf., Luís Filipe Pereira, A Reforma Estrutural da Saúde e a Visão Estratégica para o Futuro, Lisboa, Edição do Autor, 2005.

variável" de acordo com as características de cada projecto e as especificidades da cada transacção[15].

Todavia, o esforço legislativo teve de prosseguir ainda durante cerca de um ano, então sob a forma de regulamentação dos diplomas de aplicação, compaginando-se obrigatoriamente com o regime geral das parcerias público-privadas em preparação por iniciativa do Ministério das Finanças[16]. No processo, foi legalmente plasmado o esquema PPP de referência para o sector hospitalar, consubstanciando um modelo inovador alicerçado em uma estrutura dual, sem paralelo internacional, desenhado especialmente para cobrir a prestação de serviços infraestruturais e de serviços clínicos, atendendo, nomeadamente, ao princípio de transferência e partilha de riscos num quadro de optimização da afectação do risco entre as partes e às exigências de "bancabilidade" e de controlo do volume e qualidade dos cuidados de saúde a prestar[17].

---

[15] Cf., Decreto-Lei n.º 185/2002, de 20 de Agosto.

[16] Em causa estava a regulamentação relativa aos procedimentos de contratação admissíveis, bem como as respectivas estruturas (Decreto Regulamentar n.º 10/2003, de 28 de Abril) e a regulamentação do caderno de encargos-tipo a adoptar nas parcerias hospitalares (Decreto Regulamentar n.º 13/2003, de 30 de Junho). Entretanto, em simultâneo, entrou em vigor o regime geral das parcerias com o sector privado (Decreto-Lei n.º 86/2003, de 26 de Abril), estabelecendo a tramitação de preparação, avaliação e aprovação de projectos PPP com a intervenção do Ministério das Finanças.

[17] A utilização de estruturas de financiamento privado baseadas em duas ou mais entidades na montagem de parcerias é corrente quando a complexidade de construção e financiamento das infra-estruturas é elevada, como sucede nos sectores da energia (centrais de produção eléctrica) e transportes urbanos (redes de metro). Cf. Sudong Ye, Patterns of Financing PPP Projects, Policy Finance & Management for Public-Private Partnerships, Rics Research, Wiley-Blackwell, pp.181 e ss. O uso de uma estrutura dual para o financiamento da construção e a gestão clínica dos novos hospitais decorreu da aplicação do núcleo-duro de princípios da abordagem PPP,

Até ao momento, as transacções PPP para o sector hospitalar efectuadas no continente baseiam-se num modelo dual, cujos vectores estruturantes são sinteticamente os seguintes[18]:

- Um Contrato de Gestão-Dois Objectos Distintos e Complementares: a parceria materializa-se através da transacção, em uma operação única, de um contrato de gestão do estabelecimento hospitalar da nova unidade (objecto principal), configurando uma união de contratos que contempla um segundo objecto instrumental – a concepção, construção, financiamento e operação das novas instalações hospitalares, com reversão para a titularidade pública no termo do contrato.

- Duplo Objecto-Duas Entidades Gestoras Distintas Interligadas: o duplo objecto do contrato de gestão é prosseguido por duas sociedades de fim específico criadas para o efeito pelo consórcio privado, que se articulam por via de um acordo de utilização do edifício hospitalar a favor da entidade gestora de estabelecimento (EGEST).

- Dois Objectos Distintos-Durações Contratuais Diferenciadas: atendendo a que o ciclo de vida da infra-estrutura hospitalar justifica um horizonte contratual mais longo que a duração típica de um contrato de gestão, a vertente do contrato de gestão relativa à infra-estrutura hospitalar tem uma duração de 30 anos, enquanto que a vertente de

---

tendo em conta a experiência internacional que, à data, evidenciava os limites das monoestruturas PPP para conviver com a concentração dos riscos de construção, clínico e de financiamento numa única entidade parceira. Cf., Jorge Abreu Simões, As Parcerias Público-Privadas no Sector da Saúde em Portugal, ob. cit.

[18] Os novos Hospitais de Cascais e de Braga foram já transaccionados no modelo em apreço, seguindo-se a breve trecho a celebração dos contratos de gestão dos Hospitais de Loures e de Vila Franca de Xira.

gestão do estabelecimento hospitalar é apenas de 10 anos, incluindo, nos hospitais de substituição, o período de gestão da unidade hospitalar a substituir durante a fase de construção das novas instalações.

- Duas Entidades Gestoras-Mecanismos de Pagamento Distintos: cada entidade gestora, na prossecução do respectivo objecto contratual, é remunerada por pagamentos públicos regulares e periódicos, com base em dois mecanismos de pagamentos próprios. O mecanismo da entidade gestora do edifício hospitalar (EGED) baseia-se no pagamento em função da disponibilidade (compreendendo um elemento fixo e outro variável, estando sujeita a deduções por falhas de desempenho) e no que concerne à EGEST o mecanismo contém 4 componentes: pagamento em função do desempenho assistencial, pagamento por disponibilidade de unidades clínicas específicas, partilha de economias em produtos farmacêuticos e deduções por falhas de desempenho.

Estabelecido o quadro jurídico requerido, no final de 2003, iniciou-se, o lançamento dos primeiros projectos hospitalares, seguindo a tramitação processual recentemente aprovada, ao mesmo tempo que o Programa PPP era aberto a outros projectos de parceria fora da rede hospitalar – a criação do Centro de Atendimento do SNS (Linha de Saúde 24) e a operacionalização e gestão do Centro de Medicina Física e Reabilitação do Sul (em S. Brás de Alportel).

Desde modo, a implementação do programa de parcerias em saúde entrou em velocidade de cruzeiro, tendo o XVI Governo Constitucional (Julho.2004) mantido o essencial da Política PPP em curso, bem como o ritmo de lançamento dos projectos.

Em 2005, com a entrada em funções do XVII Governo Constitucional iniciou-se um período que conduziu à reformulação da Política PPP na Saúde, dando cumprimento ao programa do Governo que preconizava uma revisão do modelo adoptado, designadamente no tocante às parcerias hospitalares. No decurso do mandato passou-se a privilegiar um modelo de parceria de tipo clássico semelhante ao popularizado no Reino Unido, ou seja, centrado na construção da unidade hospitalar e na prestação de serviços infraestruturais e acessórios, excluindo, por conseguinte, a prestação de serviços clínicos[19].

O novo modelo de parceria foi dirigido para os projectos hospitalares inseridos na 2ª Vaga PPP que, entretanto, viu-se objecto de redefinição na sequência de um reexame da pertinência e prioridade das unidades hospitalares a construir[20]. Esta opção de política foi reiterada em Março de 2008 com o anúncio oficial da não renovação do contrato de gestão do Hospital Fernando da Fonseca e, bem assim, da assunção da futura gestão desta unidade de saúde por um estabelecimento hospitalar com o estatuto EPE[21].

---

[19] Este modelo veio a ser adoptado não só no Continente, como ainda nos Açores. Em 2007, o concurso para o novo Hospital de Angra de Heroísmo acolheu o modelo DBFO sem gestão clínica – e também sem serviços acessórios.

[20] O elenco e a ordem de prioridades dos hospitais seleccionados para a nova 2ª Vaga PPP foram determinados pelo Ministro da Saúde (Despacho n.º 12 891/2006, de 31 de Maio, publicado no DR n.º 118, II série, de 21 de Junho de 2006), tendo como suporte um exercício de análise multicritério conduzida no âmbito da Estrutura de Missão Parcerias. Saúde. Cf., Estudo de Avaliação das Prioridades de Investimento da 2ª Vaga de Hospitais PPP, Escola Gestão do Porto, Fevereiro de 2006. A aplicação do novo modelo PPP deu-se logo em 2006 com o início da preparação dos processos relativos ao Hospital de Todos-os-Santos (Lisboa) e ao Hospital Central do Algarve, cujos concursos foram lançados em meados de 2008.

[21] Em 1 de Janeiro de 2009, concretizou-se a passagem da gestão do Hospital Fernando da Fonseca para a esfera pública, nos termos do Decreto-Lei n.º 203/2008, de 10 de Outubro.

No actual contexto de reorientação da política PPP, o Programa de Parcerias em Saúde prossegue, tendo experimentado um notório abrandamento na fase de reformulação de trajectória, sobretudo no biénio 2006-2007, encontrando-se agora vários processos a meio percurso de preparação, contratação e construção de projectos hospitalares, tendo como horizonte próximo (e marco histórico) a abertura, em Março de 2010, do novo Hospital de Cascais – a primeira unidade hospitalar a ser concebida, construída, financiada e gerida com base em uma parceria contratual com o sector privado, desenhada em termos de uma estrutura dual *sui generis*.

Sendo reconhecidos a envergadura do Programa PPP na Saúde, o seu "apport" de inovação e os efeitos de "spill over" de gestão que pode gerar, traduzíveis em ganhos acrescidos de eficiência, importa salientar que, por norma, o segmento de projectos PPP tende a representar um mercado-nicho, não sendo crível que, a breve trecho ou médio prazo, o investimento público no âmbito do Sistema Nacional de Saúde venha a ser financiado largamente por meio de fontes privadas, nem que a maioria das unidades públicas de saúde possa estar sob gestão privada[22].

III. Das Perspectivas Financeiras

A adopção da abordagem PPP no contexto do Sistema Nacional da Saúde suscita, naturalmente, questões financeiras, na dupla perspectiva de mobilização do financiamento privado e relevância orçamental dos encargos com as parcerias em saúde.

---

[22] De facto, ao longo da implementação do Programa PPP na Saúde não foi abandonado completamente o modelo público tradicional de financiamento e contratação de construções hospitalares (ou de outras unidades de saúde), como é o caso do novo Hospital de Lamego ou dos novos Hospitais Pediátricos de Coimbra e Porto.

De facto, sendo certo que a abordagem PPP repousa no recurso ao financiamento privado, a generalidade das parcerias em saúde tem de ser suportada por fundos públicos, dado que os serviços infraestruturais, acessórios ou clínicos a contratar a longo prazo ao sector privado no âmbito de uma parceria não são passíveis de cobrança directa ao utente, uma vez que estes serviços públicos hão-de ser fornecidos, em termos universais e equitativos, de modo gratuito ou tendencialmente gratuito.

Assim, em geral, as parcerias em saúde configuram diferentes formatos de aquisição pública de serviços de saúde ao sector privado, numa perspectiva temporal de longa duração, traduzindo-se em transacções a cargo do sector público e comportando incidência orçamental de carácter plurianual.

Neste contexto, nas parcerias o recurso ao financiamento privado deve ser encarado como um financiamento prévio ao desenvolvimento dos activos infraestruturais requeridos e à prestação dos serviços contratualmente especificados, havendo sempre que ressarcir e remunerar os fundos privados aplicados. No caso das parcerias em saúde, na ausência de receitas por via da cobrança aos utentes, haverá que gerar, em cada caso, um fluxo de receitas adequado mediante pagamentos públicos ligados à prestação dos serviços contratados ao parceiro privado.

Nesta linha, uma dada parceria só é exequível se o modelo e a montagem atraírem investidores privados que aportem fundos próprios e o perfil de risco do projecto (ou contrato) for "bancável", captando os empréstimos indispensáveis. Atendendo a que as parcerias em saúde são a cargo do sector público, o risco de procura assumido pelo parceiro privado é limitado, embora seja de considerar a existência de um risco de receita ligado a deduções aos pagamentos públicos devido a falhas de desempenho.

As operações PPP relativas a hospitais, concluídas entre nós, demonstram que o modelo de estrutura dual, com a inclusão da prestação dos serviços clínicos aplicado às unidades hospitalares da 1ª Vaga PPP, é transaccionável e "bancável", tal como o modelo clássico de parceria assente em uma mono-estrutura e baseado apenas na prestação de serviços infraestruturais, entretanto adoptado para implementar a 2ª Vaga PPP.

Na perspectiva das finanças públicas, sendo as parcerias em saúde, por norma, a cargo do Estado, a decisão pública de proceder a uma transacção PPP há-de atender ao duplo teste de comportabilidade orçamental dos compromissos a assumir e de obtenção de ganhos de *VfM*[23].

Em matéria de suportabilidade orçamental, importa considerar que a maior parte dos projectos hospitalares inseridos no Programa PPP constituem hospitais de substituição, sendo desactivadas as velhas instalações à medida que as novas unidades forem entrando em funcionamento. Assim, na maior parte dos casos está-se perante uma situação em que se substitui o perfil plurianual de encargos subjacente ao funcionamento do "velho hospital", por outro fluxo de compromissos relativos à construção e funcionamento da nova unidade hospitalar. Por outro lado, sem o novo hospital manter-se-ia a despesa pública associada ao funcionamento do hospital existente, sendo admissível considerar que a qualidade da despesa pública afecta ao novo hospital será porventura superior.

---

[23] Conforme disposições aplicáveis da Lei n.º 48/2004, de 24 de Agosto (Lei de Enquadramento Orçamental), que republica a Lei n.º 91/2001, de 20 de Agosto, bem como de acordo com os princípios normativos consagrados no Decreto-Lei n.º 185/2002, de 20 de Agosto e, ainda, do Decreto-Lei n.º 141/2006, de 27 de Junho, que republica o Decreto-Lei n.º 86/2003, de 26 de Abril. Este duplo teste constitui também um elemento enformador das Políticas PPP, neste sentido Maria Eduarda Azevedo, As PPP's e as Finanças Públicas – Reflexões sobre a Moldura Orçamental, Revista de Finanças Públicas e Direito Fiscal – Ano I. Número 4. Inverno, Instituto de Direito Económico, Financeiro e Fiscal, 2008, pp. 245 e ss.

Deste modo, as economias conseguidas com o funcionamento do novo hospital não deixam de contribuir para a cobertura do custo de construção e financiamento da nova unidade, militando no sentido de mitigar a incidência orçamental liquida. Este efeito poderá ainda ser mais significativo nas parcerias hospitalares, que preconizam a prestação dos serviços clínicos por parte do operador privado.

Por seu turno, sob o ângulo da racionalidade dos gastos públicos, certos projectos hospitalares apresentam um valor estratégico que supera a mera medição dos efeitos directos de substituição, dado gerarem efeitos em cadeia ao longo da rede, tornando possível actuar em diferentes pontos e proceder ao seu reordenamento numa escala mais ampla, com benefício para o erário público e a qualidade dos serviços prestados junto das populações[24].

No que respeita à vertente dos ganhos de *VfM*, as disposições legais aplicáveis exigem que a decisão pública de estabelecer uma parceria seja precedida de uma avaliação que evidencie os ganhos esperados para o erário público resultantes da Opção PPP, tomando como factor de comparação o Custo Público Comparável (CPC) desse mesmo projecto, realizado em termos da Opção Pública Tradicional no tocante ao financiamento e à contratação[25].

---

[24] A construção do novo Hospital de Todos-os-Santos é um caso paradigmático pois permite a desactivação de vários hospitais de diferentes tipologias,de um modo geral bastante envelhecidos e localizados em áreas interiores da malha urbana da zona central de Lisboa, onde os acessos são difíceis e se observam vários condicionalismos físicos que impedem a sua expansão e renovação. Cf., Jorge Abreu Simões, Plano de Acções Prioritárias, Reordenamento das Capacidades Hospitalares da Cidade de Lisboa, Comissão Técnica Interdepartamental, Estrutura de Missão Parcerias. Saúde, Janeiro 2006.

[25] O cômputo do Custo Público Comparável (ou Comparador do Sector Público) é frequentemente objecto de controvérsia, sendo considerado

Nesta medida, na contratação das parcerias entretanto transaccionadas houve necessariamente que demonstrar a vantagem comparativa da Opção PPP do ponto de vista de *VfM* para o Estado.

O Quadro 2 sintetiza o montante de *VfM* apurado nas três primeiras transacções PPP de projectos hospitalares. Os valores relativos ao CPC reflectem uma estimativa dos pagamentos do Estado ao parceiro privado pelos serviços contratados compreendendo a concepção, construção, financiamento e operação do novo hospital durante um período de 30 anos e a gestão hospitalar/clínica durante 10 anos.

De acordo com o *VfM* estimado para o conjunto dos três hospitais, o valor das poupanças esperadas supera o valor do CPC estabelecido nos concursos relativos ao Hospital de Todos-os-Santos (cerca de 377 milhões de euros referidos a Janeiro de 2008) e ao Hospital Central do Algarve (cerca de 267 milhões de euros referidos a Janeiro de 2008), ambos lançados com base no modelo centrado nos serviços infraestruturais para um período de 30 anos, envolvendo a fileira concepção, construção, financiamento, operação da unidade hospitalar.

"incomparável" ou "improvável". A boa prática indica que o Comparador Público deve corresponder a uma estimativa do custo provável do projecto equivalente na opção de financiamento e contratação tradicionais, incorporando eventuais ganhos de eficiência do sector público (mas apenas ganhos prováveis); a boa prática recomenda também que sempre que, se justifique a sua divulgação pública aos concorrentes, esta seja acompanhada de uma ficha técnica transparente. Sobre a problemática do "disclosure" em geral cf., Nazaré da Costa Cabral, As Parcerias Público-Privadas, Cadernos IDEF n.º 9, Instituto de Direito Económico, Financeiro e Fiscal, Coimbra, Almedina, 2009, pp. 115-116.

Quadro 2
Sinopse do Computo do "Value for Money"

Unidades Hospitalares	Dimensão (N° Camas)	Valor do CPC	Unidade: Milhares de Euros, em Valor Actualizado		
			Valor Pagamentos Públicos ao Parceiro Privado	VfM	
				Valor Diferencial	%
Hospital de Cascais (valores a Janeiro.2005, c/ IVA)	256	409 000	376 978	32 022	7,8
Hospital de Braga (valores a Janeiro.2006, s/ IVA)	704	1 186 304	794 265	392 039	33
Hospital de Loures (valores a Janeiro.2008, s/ IVA)	450	745 000	593 923	151 077	20,2
Total	1 410	2 340 304	1 765 166	575 138	24,5

O nível dos ganhos de *VfM* evidenciados está em linha com a experiência internacional e a evidência referenciada sobretudo no Reino Unido[26]. Na decomposição das despesas de capital e correntes de um hospital ao longo de um período significativo, a construção e manutenção pode representar cerca de 20-25% do orçamento global, observando-se com frequência que o orçamento anual de funcionamento corresponde ao custo de construção de um novo hospital. Assim, uma parceria hospitalar moldada apenas com base nos serviços infraestruturais tenderá a gerar ganhos de *VfM* na ordem dos 4-6%, sem perda de qualidade dos serviços infraestruturais contratados, enquanto uma parceria com a inclusão da gestão clínica poderá aspirar a atingir cerca de 4 a 5 vezes mais, uma vez que o objecto contratual é mais amplo e o espaço para a inovação e os ganhos de eficiência mais largo[27].

---

[26] Cf., Pedro Silva, Fundamentos e Modelos nas Parcerias Público-Privadas na Saúde – Estudo dos Serviços Clínicos, op. cit., pp. 99 ss.

[27] Sobre a relação geral entre a amplitude da parceria e o *VfM* cf., HM Treasury, Private Oppportunity, Public Benefit, Progressing the Private

Por sua vez, o Quadro 3 exprime o cálculo do *VfM* relativo às duas parcerias não-hospitalares contratadas que, entretanto, atingiram a fase operacional. Os valores percentuais determinados para o *VfM* são mais baixos do que os apurados nas parcerias hospitalares, reflectindo a diferente dimensão da parceria e o valor global do contrato.

Quadro 3
Sinopse do Computo do "Value for Money"

Unidades Saúde	Objecto	Duração Contrato (Anos)	Valor do CPC	Unidade: Milhares de Euros, em Valor Actualizado referentes a Janeiro de 2005		
				Valor Pagamentos Públicos ao Parceiro Privado	VfM	
					Valor Diferencial	%
Centro de Atendimento do SNS	Instalação & Gestão	4	40 178	37 676	2 502	6,2
Centro de Medicina Física e Reabilitação do Sul	Instalação & Gestão	7	38 755	31 912	6 843	17,6
Total			78 933	69 588	9 345	11.8

Naturalmente, o apuramento do *VfM* efectuado para cada transacção PPP é indicativo, sendo de assinalar que representa apenas uma potencialidade determinada no ponto de adjudicação do contrato. O *VfM* efectivo será confirmado ao longo da execução do parceria, cabendo à gestão pública do contrato actuar diligentemente de forma a assegurar que o *VfM* contratado é materializado.

Finance Initiative, Private Finance Panel, November 1995; sobre o mesmo ponto a respeito de novos hospitais PPP cf., Ian Baxter, PPPs in the Health Sector – The International Experience, PricewaterhouseCoopers, Seminário "As Parcerais Público-Privadas no Sector da Saúde", Instituo Nacional de Administração, 4-5 Novembro 2003.

IV. Da Gestão do Programa PPP

A preparação, transacção e acompanhamento de um projecto sob a forma de parceria requerem procedimentos apropriados, traduzindo um processo complexo e exigente, quer para o sector público, quer para o sector privado. O lançamento e a gestão de um Programa PPP com a envergadura do que veio a ser adoptado no Sector da Saúde, em Portugal, constituíram naturalmente um desafio sem precedentes para as entidades públicas e privadas envolvidas.

É frequente referir-se que, à data, o Ministério da Saúde não se encontrava preparado para abraçar um Programa de Parcerias tão amplo e inovador. O que, como é óbvio, não poderia estar. Em regra, os departamentos públicos não se preparam previamente para dar resposta a todos os tipos de iniciativas que possam vir a ser lançadas pelos programas governamentais e protagonistas políticos. O que é mais comum é, uma vez desencadeada a iniciativa, "fazer-se o caminho, caminhando" e ir-se "aprendendo, fazendo", encetando um processo de avaliação e melhoria contínua.

Reconhecendo as exigências e as especificidades que o Programa PPP iria colocar, sobretudo na implementação ao nível dos projectos de parceria, em Setembro de 2001 foi criada a Estrutura de Missão Parcerias.Saúde (EMPS), sob a tutela directa do Ministro da Saúde[28].

---

[28] A EMPS foi criada com a missão genérica de conduzir o Programa PPP na Saúde, em especial, preparar o lançamento de projectos de parceria e coordenar os respectivos procedimentos de contratação (Resolução do Conselho de Ministros n.º 162/2001, de 16 de Novembro); através da Resolução do Conselho de Ministros n.º 41/2002, de 14 de Fevereiro, foi-lhe também cometida a missão de coordenar o lançamento do processo de "empresarialização" da gestão hospitalar; posteriormente, pela Resolução do Conselho de Ministros n.º 102/2004, de 21 de Julho, o mandato da

No contexto de partida existente e acompanhando a dinâmica de mutação, coube à EMPS gerar o impulso inicial de introdução da abordagem PPP na Saúde, missão que entretanto foi cumprida.

Em 2003, com a definição do regime jurídico geral das parcerias público-privadas foi estabelecida a tramitação a percorrer pelos processos PPP, seguindo de perto o padrão internacional. No final desse ano, concretizou-se a aprovação do lançamento do Hospital de Loures, em modelo PPP de estrutura dual[29].

De um modo geral, a gestão do ciclo do projecto PPP envolve várias fases sequenciais e pontos de decisão situados no fim da cada etapa para efeitos da passagem (ou não) à fase seguinte[30]. Em regra, o direito de iniciativa referente à preparação

---

EMPS foi renovado por 4 anos, assumindo as novas funções de acompanhamento e avaliação sectorial das parcerias; mais tarde, a Resolução do Conselho de Ministros n.º 102/2006, de 14 de Dezembro, determinou a integração gradual das funções da EMPS na Administração Central do Sistema de Saúde (ACSS); entretanto, o Decreto-Lei n.º 234/2008, de 2 de Dezembro, veio definir a extinção da EMPS até 31 de Dezembro de 2009.

[29] Entretanto, o concurso público internacional do Hospital de Loures veio a ser extinto sob proposta da Comissão de Avaliação de Propostas, com fundamento nas desconformidades e inconsistências verificadas nas propostas de todos os concorrentes. Ao contrário do frequentemente veiculado, o concurso não foi anulado, mas antes extinto após a homologação pelo Ministro da Saúde do Parecer do Conselho Consultivo da Procuradoria-Geral da República que se pronunciou acompanhando a proposta da Comissão de Avaliação de Propostas (Parecer n.º 98/2005, do Conselho Consultivo da Procuradoria-Geral da República, publicado no Diário da República n.º 55, II Série, de 17 de Março de 2006). De notar que, com a anunciada construção do Hospital de Todos-os-Santos, sempre seria recomendável proceder ao redimensionamento do Hospital de Loures, reduzindo a capacidade inicialmente prevista, tal como veio a suceder nos termos da abertura do novo concurso em 2007.

[30] Nesta perspectiva, o Ciclo do Projecto PPP assemelha-se a um "Gateway Process". A este respeito cf., Nazaré da Costa Cabral, As Parcerias Público-Privadas, op. cit., pp 120 e ss.

dos projectos de parceria cabe aos departamentos sectoriais (ou às autoridades sub-nacionais), sendo requerida a intervenção do Ministério das Finanças na fase subsequente de avaliação prévia e aprovação, tendo em consideração as implicações orçamentais no imediato e no futuro. Em seguida, o departamento ou autoridade proponente conduz o respectivo procedimento de transacção, havendo que prever a participação do Ministério das Finanças aquando da decisão de adjudicação. Após a celebração do contrato, a gestão da parceria contratual pelo lado público é, por norma, cometida à entidade proponente, enquanto entidade pública contratante.

A gestão de um Programa PPP pode ser analisada segundo vários critérios, distinguindo o processo inicial de preparação e contratação da parceria, conduzido no seio do sector público, e o processo subsequente de construção e de "performance" operacional, da responsabilidade primordial do parceiro privado[31]. Ora, atendendo ao registo histórico do Programa, é possível retirar já algumas ilações quanto à "performance" do sector público na preparação e contratação do conjunto de projectos de parceria inseridos na 1ª Vaga PPP. Ao invés, no tocante à "performance" de construção e operação dos parceiros privados, o actual estádio de desenvolvimento dos projectos contratados ainda não o permite[32].

---

[31] Cf., PFI: Meeting the Investment Challenge, HM Treasury, London, 2003 pp. 43 e ss.

[32] Todavia, à medida que os vários projectos forem entrando e progredindo em fase operacional haverá que proceder a uma análise comparativa da performance do sector privado, cobrindo as dimensões construtivas e operacional. Assim, no que concerne ao desempenho na área de construção importa cotejar prazos, orçamentos e custos finais e, ainda, níveis de qualidade; no domínio do desempenho operacional são vários os critérios possíveis: arranque operacional da prestação dos serviços, níveis de satisfação dos actores intervenientes, cumprimento dos níveis de desempenho acordados e "Value for Money" efectivo.

No que respeita à gestação dos projectos até à aprovação/ lançamento, um critério que é comummente utilizado para aferir da "performance" pública, prende-se com o respectivo tempo de preparação, avaliação prévia e lançamento (Quadro 4).

Quadro 4
Tempo de Lançamento dos Projectos de Parceria
Inseridos na 1ª Vaga PPP

| | | | | Data: |
| | | | | Outubro.2009 |
Unidades de Saúde	Início da Formulação Preliminar	Início Preparação & Avaliação Prévia	Data de Lançamento	Duração Total (meses)
Hospital de Loures (Concurso I)	Janeiro.2003	Junho.2003	Dezembro.2003	12
Centro de Atendimento do SNS	Setembro.2003	Fevereiro.2004	Maio.2004	9
Hospital de Cascais	Janeiro.2004	Maio.2004	Agosto.2004	8
Hospital de Braga	Fevereiro.2004	Novembro.2004	Janeiro.2005	11
Centro de Medicina Física e Reabilitação do Sul	Junho.2004	Novembro.2004	Janeiro.2005	8
Hospital de Vila Franca de Xira	Janeiro.2005	Abril.2005	Novembro.2005	11
Hospital de Loures (Concurso II)	Fevereiro.2006	Abril.2006	Março.2007	13

Atendendo a que houve que aguardar a estabilização do enquadramento legislativo para iniciar a preparação do "pipeline" de projectos, o tempo de gestação e aprovação até ao respectivo lançamento situou-se entre 8-13 meses, tendo vários projectos sido preparados em paralelo. A cadência de lançamento de projectos nos dois primeiros anos de implementação atingiu 3 por ano, observando-se, em 2006, uma paragem no lançamento dos projectos em carteira, muito embora a preparação do 2.º concurso para o Hospital de Loures estivesse praticamente concluída em Novembro desse ano. A retoma de lançamento dos concursos veio a verificar-se em 2008 com o arranque dos concursos do Hospital de Todos-os-Santos e do Hospital Central do Algarve, ambos incluídos na 2ª Vaga PPP.

Dois outros critérios igualmente utilizados na apreciação do desempenho público têm a ver com o tempo de contratação (entre o lançamento do concurso e a celebração do contrato) e o grau de concorrência verificado, em termos de número de concorrentes que participam em cada concurso, apresentando proposta (Quadro 5).

Quadro 5
Tempo de Contratação com Base na Duração dos Concursos e Nível de Concorrência

			Data: Outubro.2009	
Unidades de Saúde	Data de Lançamento	Data de Conclusão	Duração (meses)	Número de Concorrentes
Hospital de Loures (Concurso I)	Dezembro.2003	Concurso Extinto	–	4
Centro de Atendimento do SNS	Maio.2004	Maio.2006	Total: 24	3
Hospital de Cascais	Agosto.2004	Fevereiro.2008	Total: 42	4
Hospital de Braga	Janeiro.2005	Fevereiro.2009	Total: 49	6
Centro de Medicina Física e Reabilitação do Sul	Janeiro.2005	Junho.2006	Total: 17	1
Hospital de Vila Franca de Xira	Novembro.2005	Aguarda Início Negociação Final	Actual: 47	5
Hospital de Loures (Concurso II)	Março.2007	Previsão Celebração Contrato: Novembro.2009	Actual: 31	2

Dada a complexidade de transacção dos projectos de parceria, em geral e, em particular, na saúde, os processos de contratação tendem ser morosos e onerosos para as entidades envolvidas dos lados público e privado, para além de que os custos de apresentação de proposta são reconhecidamente significativos. Assim, espera-se que seja imprimida a devida celeridade aos processos de contratação de modo a evitar atrasos e minimizar custos de transacção. O "scorecard" da "performance" evidencia que tal não foi manifestamente o caso, como no respeitante aos projectos hospitalares que se situaram todos bastante acima de 2 anos, com destaque para o concurso do Hospital de Braga que chegou aos 4 anos, duração que irá ser porventura superada no caso do procedimento concursal de Vila Franca de Xira. Este registo sugere que, de algum modo, os próprios procedimentos PPP podem ser "contaminados" pelas práticas tradicionais do sector público, influindo na sua eficiência e eficácia.

O nível de concorrência na generalidade dos concursos correspondeu às expectativas, evoluindo em crescendo até 2005, com excepção do concurso relativo à gestão Centro de Medicina Física e Reabilitação do Sul. Com a progressiva confirmação da mudança de modelo para as parcerias hospitalares, os operadores privados reagiram em conformidade e reorientaram as suas estratégias empresariais.

Todavia, a transacção de uma parceria não se confunde com a própria parceria. De facto, a parceria consubstancia-se e materializa-se na boa execução do contrato pelas partes ao longo de toda a sua vigência. Na óptica do ciclo do projecto PPP, este relacionamento contratual traduz-se na função da gestão pública do contrato. Do mesmo modo que a transacção e negociação de uma PPP são complexas e exigentes, também o é a gestão do contrato, em que se joga verdadeiramente o sucesso da parceria, dando expressão à sua vantagem comparativa. No caso vertente das parcerias em saúde, com excepção do contrato

PPP relativo ao Centro de Atendimento do Serviço Nacional de Saúde, a responsabilidade de gestão dos contratos celebrados tem vindo a ser cometida às Administrações Regionais de Saúde, a que incumbe agora desenvolver e robustecer esta função sensível, com as competências apropriadas[33].

Na medida em que os vários contratos PPP entram sucessivamente em execução, avulta também a função de acompanhamento e avaliação sectorial da execução da carteira de contratos, cobrindo, entre outros, o papel e a "performance" das entidades públicas gestoras dos contratos. Este dispositivo parece encontrar-se actualmente em evolução. Antes a cargo da EMPS, o exercício da função de acompanhamento e avaliação sectorial transitou para um figurino de "equipa de análise", atendendo, quiçá, à prevista extinção daquela unidade de missão[34].

V. NOTA FINAL

Na próxima década, o Serviço Nacional e Saúde vai estar sob intensa pressão, desafiando a sua própria sustentabilidade. Neste horizonte, a despesa com a saúde tenderá a aumentar num quadro de restrições incontornáveis da despesa pública. Os prestadores públicos e privados de serviços de saúde serão chamados a satisfazer crescentes volumes assistenciais, gerindo melhor os custos com salvaguarda da qualidade dos cuidados de saúde.

---

[33] Cf., Despacho n.º 5986/2008, de 4 Março de 2006, Despacho n.º 734//2009, de 12 de Janeiro, Despacho n.º 20975/2009, de 18 de Setembro, do Ministro de Estado e das Finanças e da Ministra da Saúde.

[34] Cf., Despacho n.º 28683/2008, de 7 de Novembro, da Ministra da Saúde.

Para já, o papel das PPP's numa futura transformação fundamental do sistema de saúde dependerá, sobretudo, da qualidade
da actual gestão pública dos contratos e da resposta cabal e
efectiva dos operadores privados às exigências contratuais colocadas pelas parcerias nos planos da gestão construtiva, operacional e clínica.

Capítulo III
Aspectos Particulares da Reforma do Sector da Saúde

Acesso aos Cuidados de Saúde, Transparência e Sistemas de Informação

Pedro Gomes[*]

1. Introdução

Até ao final do século XX, em Portugal, a regulação do acesso aos cuidados de saúde era efectuado de forma pouco estruturada e a articulação entre os diferentes níveis de prestação raramente era apoiada por instrumentos formais. O cidadão tinha ao seu dispor fracos mecanismos de participação nas decisões sobre o acesso e a legislação não formalizava tempos máximos garantidos na prestação dos cuidados de saúde. Às instituições era entregue o ónus de zelar pelos que a ela recorriam, sem que existisse verdadeiramente um controlo dos actos prestados, nem tão pouco um planeamento central ou regional para a universalidade dos cuidados necessários e que procurasse estabelecer a distribuição racional dos recursos. O sistema de saúde tem evoluído com a criação de instâncias e mecanismos de regulação directa e indirecta responsáveis pela estruturação de redes de cuidados, orientados para a eficiência, a eficácia e a participação do utente. No entanto, as instâncias reguladoras e as redes necessitam ainda de alargar a sua abrangência, tornarem-se

---

[*] Médico cirurgião. Coordenador da Unidade Central do SIGIC (Sistema de Gestão de Inscritos em Cirurgias).

mais consequentes e integrarem-se num sistema coerente que permita acompanhar em contínuo o utente ao longo da sua interacção com os serviços.

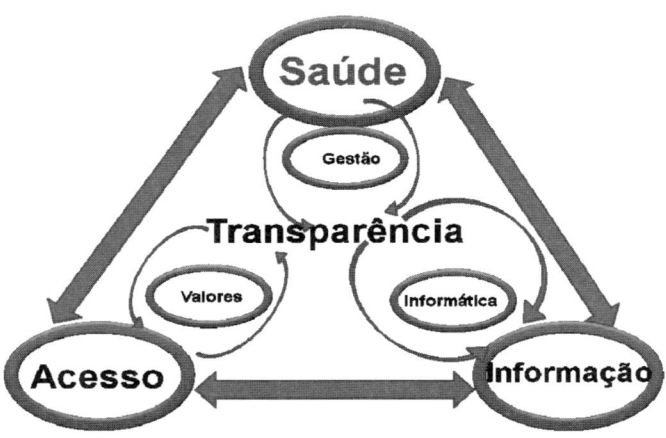

Sendo o tema central deste texto a saúde importa recordar o conceito e para tal socorrermo-nos de duas definições da Organização Mundial de Saúde (OMS):

a) **Saúde é** *um estado de completo bem-estar físico, mental e social, e não apenas a ausência de doença* **– OMS**

b) *A saúde é a medida em que um indivíduo ou grupo é capaz, por um lado, de realizar aspirações e satisfazer necessidades e, por outro, de lidar com o meio ambiente* **– OMS**

Importa salientar o cariz generalista e abrangente das definições, uma define a saúde como um objectivo de vida, a outra como um recurso para a vida. Ambas reconhecem o papel de extrema importância da saúde e por si justificam a necessidade de garantia de acesso e transparência.

A saúde administra-se hoje como um negócio (empreendimento, administrado por pessoa(s) para captar recursos e gerar bens e serviços) que têm "stakeholders" de diversos sectores: Cidadãos, e em particular os utentes, profissionais de saúde, cientistas, accionistas, aparelho judicial, indústria farmacêutica, farmácias, indústria de dispositivos médicos, hotelaria, gestores, administradores, reguladores, governos, legisladores entre outros. Nesta vastidão de interesses que pairam sobre um negócio que corresponde a cerca de 10% do PIB é fácil perder de vista o centro do negócio que consiste em prever, diagnosticar, tratar e comunicar problemas de saúde.

2. O Acesso

Dimensões do Acesso

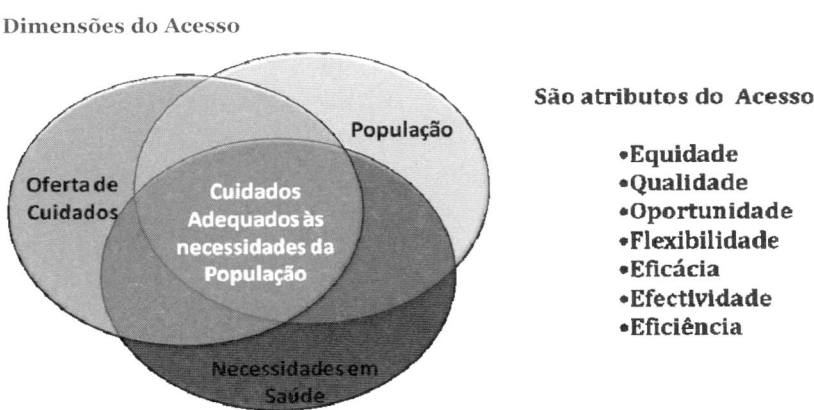

São atributos do Acesso:

- •Equidade
- •Qualidade
- •Oportunidade
- •Flexibilidade
- •Eficácia
- •Efectividade
- •Eficiência

O acesso, que consiste na possibilidade de obter os cuidados de saúde apropriados à condição de cada indivíduo, está fortemente dependente da transparência. É na intersecção das 3 dimensões base do acesso – Capacidade instalada para oferta de cuidados, população em todas as suas dimensões e necessidades em saúde – que se encontra o equilíbrio que determina a apropriação dos cuidados.

A melhor resposta e a adequação dos cuidados às necessidades em saúde tem em conta diversas preocupações, que se considera deverem estar em linha com os principais atributos do acesso:
- **Equidade** – significando tratamento igual para igual necessidade
- **Qualidade** – na óptica do utente, da sociedade e dos profissionais
- **Oportunidade** – prestação atempada no nível de cuidados e local apropriados
- **Transparência** – qualidade que caracteriza o resultado do processo de comunicação em que os interlocutores adquirem os conhecimentos necessários para agirem de acordo com os seus melhores interesses
- **Flexibilidade** – capacidade de adaptação ao contexto
- **Eficácia** – os melhores resultados observáveis num contexto específico (conceito teórico)
- **Efectividade** – os melhores resultados possíveis no contexto específico, no encontro das necessidades do cliente
- **Eficiência** – os melhores resultados ao mais baixo custo

A preocupação com o acesso obriga a hierarquização dos processos em função da hierarquia de valores, que se pretende assumida de forma consciente pela sociedade. Os valores em saúde, mais comummente aceites são:
- A vida enquanto desejada pelo próprio
- Prioridade dos que mais sofrem ou aos que mais risco correm
- Liberdade para uma escolha informada
- Protecção dos que têm mais dificuldade no acesso
- A qualidade de vida na sua percepção comunitária
- A qualidade de vida na sua percepção individual

De acordo com o Observatório Europeu dos Sistemas de Saúde "**Acesso a cuidados de saúde** consiste na possibilidade de obter cuidados de saúde **apropriado**s às necessidades de modo a serem alcançados ganhos em saúde".

O acesso é pois uma preocupação muito próxima de cada cidadão individual que exige cada vez mais respostas dos serviços públicos, é também uma preocupação social com a defesa dos direitos e liberdades individuais. Neste contexto um dos aspectos fundamentais na garantia do acesso é a participação activa, consciente e informada dos cidadãos no processo, devendo-se esta constituir como um dos instrumentos mais importantes de controlo do sistema. A proximidade dos mecanismos de controlo do cidadão é uma medida da qualidade da democracia.

Gerir o Serviço Nacional de Saúde (SNS) na lógica do **Acesso** é pois orientar o sistema para que, de forma articulada, regulada e sustentada, mantenha o equilíbrio entre a procura e a resposta, atendendo às necessidades do cidadão

Nos últimos anos as políticas de saúde têm orientado o SNS de forma a ser promovida a articulação entre os diversos níveis de cuidados. Foram criadas unidades destinadas a introduzir mudanças nas organizações de saúde de forma a integrarem-se as prestações de cuidados com a preocupação de centrarem os seus objectivos institucionais nos interesses do utente. Estas unidades, orientadas para a promoção e regulação do Acesso, têm uma participação transversal nos diversos domínios tradicionais da administração – Financiamento, contratualização, gestão de recursos humanos, gestão de instalações e equipamentos, planeamento e controlo de produção. Têm ainda um papel determinante na observação do cumprimento das normas processuais, das orientações do foro clínico e dos resultados obtidos em cada instituição. O objectivo das mesmas é o da promoção do acesso nas suas diversas vertentes e a garantia de transparência através da publicação regular dos dados referentes a processos e resultados.

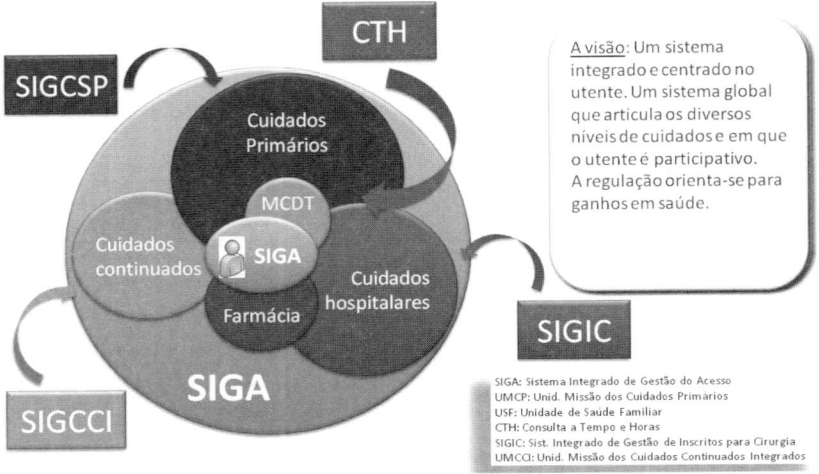

O Acesso está também fortemente associado a um conceito que a imprensa internacional traduz como "Value-driven Health Care choice". A escolha dos serviços orientada pelo valor é uma força poderosa para a mudança. Tem subjacente a ideia de que a qualidade dos serviços decorre da exigência do consumidor e da inovação gerada num ambiente de concorrência por parte dos fornecedores. Para tal, prestadores têm de poder comparar práticas, custos e resultados; os utentes com a informação necessária irão escolher os prestadores em função do valor que estes representam para ele. A lei de base da saúde já consagra o direito à liberdade de escolha por parte do utente dos prestadores de serviços de saúde, compete aos organismos que integram o Sistema Integrado de Gestão do Acesso (SIGA), garantir a efectivação deste direito.

3. A Transparência

A transparência refere-se à tomada de consciência que acresce valor ao indivíduo ou à comunidade. Implica pois a construção de informação comunicada duma forma inteligível para o receptor visando a possibilidade deste construir o conhecimento que lhe permita uma interacção sábia com o meio envolvente.

A transparência é uma qualidade dos sistemas livres e democráticos, necessária à construção de uma base de conhecimento de interesse público e um instrumento utilizável para promover a liberdade individual com consciência social, fomentar o crescimento em cidadania estimulando a participação do indivíduo na construção do bem público e responsabilizar os prestadores e reguladores pelos processos e resultados.

Só existindo transparência nos processos e resultados, pode subsistir uma referenciação correcta, uma escolha livre e informada. Só existindo transparência se pode conhecer as necessidades em saúde, dimensionar adequadamente a oferta de cuidados e exigir a prestação dos mesmos.

As políticas de saúde representam a objectivação dos valores que se pretende proteger ou enaltecer. A transparência é entendida como valor a prosseguir, a regulamentação que a tem sucedido, objectiva em políticas a prossecução deste valor. Também na estratégia que mapeia o processo de implementação das políticas, se têm recorrido à transparência para, de diversas formas, aumentar a eficiência e efectividade da prestação dos serviços de saúde.

Existem várias vertentes na transparência:

- A comunicação clara dos beneficiários do negócio da prestação pública de cuidados em saúde — quais as empresas envolvidas, que interesses cooperativos estão em causa, quais as pessoas que participam e suas mais valias.
- A revelação dos elementos tidos em conta na tomada de decisão aos diversos níveis da estrutura de decisão.
- A publicação das normas e dos desenhos de processos,
- A monitorização e a publicação de desvios e resultados, entre outros.

O risco é porventura um dos mais escamoteados itens dos processos de transparência, diz respeito quer à discussão da probabilidade de atingir determinados resultados face aos recursos alocados e às decisões estratégicas, quer à identificação e comunicação de incidentes que poderiam antecipar o conhecimento de eventos que poderão conduzir a uma catástrofe.

A comunicação dos resultados esperados face aos recursos disponibilizados e dos resultados observados com a implementação das acções e a utilização destes recursos é uma necessidade em processos que se pretendem transparentes.

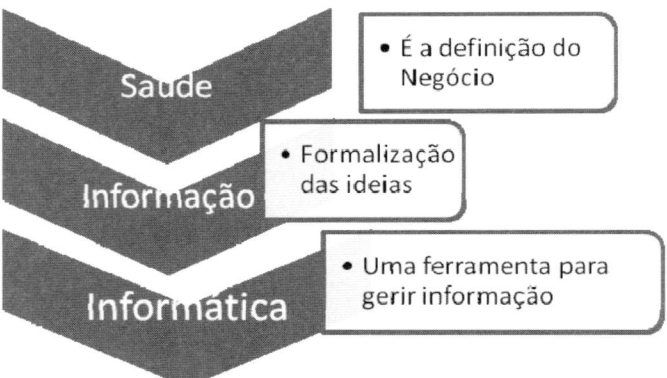

A transparência em serviços de saúde enquanto instrumento permite a exposição de conflitos de interesse, a participação dos interessados no processo, estimula a concorrência, promove a inovação, a qualidade, a eficiência, a justiça e o acesso.

Deverá haver limite à transparência? O negócio, interesses corporativos, razões de estado, razões éticas, reserva da intimidade justificam a subtracção de informação? Quaisquer que sejam as situações que se excepcionam à norma geral da transparência, devem ser limitadas e inequivocamente reguladas, pois importa lembrar que é sempre com argumentos bem-intencionados que se procedem os maiores atentados à liberdade.

Culturalmente, porventura porque somos latinos, porventura porque vivemos 50 anos de ditadura no passado recente, não aderimos facilmente a processos transparentes, lidamos mal com a crítica, somos inseguros, gostamos de diluir as responsabilidades. Efectivamente gostaríamos que os outros fossem absolutamente transparentes mas que nós pudéssemos manter os segredos que nos conviessem. Teremos de decidir se queremos ser complacentes com alguns dos aspectos menos positivos da nossa personalidade colectiva ou se vamos sacrificar alguma da nossa comodidade por ideais maiores.

4. **Sistema de informação**

Os sistemas de informação são as vias que permitem o processamento e comunicação das ideias constituintes das várias vertentes do negócio, a informática é um importante suporte instrumental que permite uma gestão optimizada da informação.

Na hierarquia das ideias importa relembrar os diversos níveis conceptuais:

- **Dados:** factos que podem ser registados e têm um significado implícito
- **Informação:** Dados processados e contextualizados
- **Conhecimento:** Informação com significado conjuntural, que possibilita a tomada de decisão
- **Sabedoria:** Conhecimento interiorizado que permite gerar novo conhecimento

O negócio da saúde diz respeito quer a matérias do foro clínico, quer a outras necessárias à disponibilização efectiva dos recursos de saúde. A informação constrói-se na interacção das diversas áreas que se interpenetram e que necessitam de uma leitura integrada para permitir um modelo de conhecimento que sirva os propósitos da gestão do Acesso.

A multiplicidade de matérias, de interacções, o aspecto crítico de diversos processos associada à variabilidade das situações apresentadas cria um ambiente de complexidade que torna mais difícil a construção de sistemas de informação informatizados, mas que antecipa mais-valias significativas aquando da introdução destes sistemas amadurecidos nos resultados das organizações de saúde.

A Informática na construção dos sistemas de informação destina-se a gerir a informação (captar, armazenar, organizar, relacionar, representar, comunicar) mas também permitirá o desencadeamento condicionado de acções, a antecipação e prevenção de acontecimentos e a criação de conhecimento através do reconhecimento de relações na análise massiva de dados recolhidos.

Na saúde as relações entre os vários intervenientes nos processos é intensamente dependente do conhecimento gerado nos múltiplos eventos. Em grande medida é por esta razão que o conceito de rede informática surge como uma solução de elevado potencial.

Antes de se optar pela informatização importa ter claramente esclarecidas três questões fundamentais:

- *Para quê informatizar?* A resposta terá necessariamente de ser para fazer melhor ou para fazer diferente
- *Informatizar o quê?* A resposta deverá ser o que for estratégico, ou o que for sentido como necessidade
- *Informatizar porquê?* De entre as possíveis respostas poderemos reconhecer a necessidade de optimizar o armazenamento, de aumentar a velocidade de processamento, para melhorar a comunicação

Uma leitura histórica das preocupações com a informatização nos hospitais mostra-nos que a primeira preocupação se prendia com a área financeira, com a preocupação em contabilizar proveitos e custos; em seguida surgem os recursos com o objectivo de garantir a sua disponibilidade; segue-se a gestão de eventos (relação entre os recursos e o cliente) comummente designada por gestão do doente; só mais recentemente a procura e oferta são registadas com a preocupação de identificar as necessidades requisitadas e os serviços prestados; começam paulatinamente a surgir nos registos clínicos electrónicos resultados em saúde.

Na opção de informatizar uma instituição de saúde é necessário ter em conta o estádio evolutivo da organização. Estratégia, estrutura, sistemas, valores, competências, recursos humanos, têm de se encontrar alinhados e sofrerem transformações síncronas para maximizar a probabilidade de sucesso. Implementar um SI numa lógica de evolução nos estádios do desenvolvimento implica inequívoco empenhamento do CA, um director de SI competente e alinhado e um ambiente de partilha de informação, no respeito pelas diversas culturas da organização. O projecto deve iniciar-se como a definição da *Visão*, o estabelecimento dos *Objectivos,* a elaboração da *Estratégia* e a construção de um *plano operacional* enquadrado por mecanismos de *Controlo* apropriados. Antes de iniciar o projecto é importante garantir a existência dos seguintes factores: competência técnica, empenho dos diversos colaboradores alinhado com a visão e objectivos estabelecidos, consciência crítica dos decisores, equilíbrio nas diversas vertentes do projecto de transformação, ambiente de negociação, abertura para novas ideias, compreensão da diversidade e complexidade dos elementos do projecto, aceitação do risco. Um projecto de informatização tem de incluir, para além das especificações funcionais e técnicas das aplicações, um plano de recursos financeiros, a descrição das infra-estruturas necessárias, um plano de redes, um plano de formação, um plano para a gestão do risco, incluindo planos de contingência, um plano da qualidade, um plano de monitorização e controlo.

A informatização tem de ser percepcionada como um componente da resposta estratégica aos objectivos definidos para a organização. É importante não confundir a decisão de informatizar com a de reorganizar, muitas vezes a fase de informatização é uma boa oportunidade para reestruturar a organização, proceder à reengenharia dos processos, alinhar os colaboradores, mas estes objectivos terão de ser prosseguidos individualmente no âmbito de projectos específicos pois não decorrerão naturalmente da simples disponibilização de nova tecnologia. Saber exactamente o que se pretende, especificar as necessidades com exaustividade e confrontar os produtos do mercado com requisitos estabelecidos é uma etapa incontornável no processo de informatização.

Informatizar é processar o negócio com uma ferramenta diferente, definir as áreas de intervenção é um aspecto crucial desta abordagem. As matérias comuns e transversais a toda a organização são as que mais beneficiam de normalização e informatização, importa nestas encontrar a semântica comum, o conjunto mínimo de normas e informação necessários.

Na informatização de uma instituição podemos identificar 3 níveis: um local geralmente associado a técnica operacional específica de cada serviço e ferramentas de suporte, um nível central vocacionado para ao processos transversais à organização e aplicações orientadas para a gestão, e ainda um transversal que intercepta o nível local e nível central destinado à analise de dados e produção de indicadores. Estes três níveis podem ser iniciados em simultâneo numa lógica que parte do simples para o complexo e que é despoletada pela necessidade dos utilizadores.

Ao nível local importa entender a introdução das tecnologias como facilitadoras das actividades específicas do serviço, Antes de proceder a aquisições é necessário responder a diversas questões: Já existe na organização aplicação igual ou semelhante? Foi efectuada uma análise de custo/beneficio; foram verificados os standards da organização garantindo a interoperabilidade e as normas semânticas instituídas?

Ao nível central a questão coloca-se em geral na melhoria da eficiência global da organização, a informática procura neste nível operar processos transversais como o controlo de assiduidade, processamento de salários, entre outros, homogeneizar processos, integrar conhecimento, introduzir ferramentas de gestão. Se uma decisão de informatização tiver impacto em estruturas locais um aspecto fundamental é introduzir a necessidade de utilização nos colaboradores alvo e *desfuncionalizar* as modalidades prévias de funcionamento. Um exemplo que surge com frequência é a informatização do agendamento nas consultas dos utentes, trata-se dum processo transversal que interage com diversos serviços e cuja informatização tem evidentes benefícios para a organização e para os utentes, a eficácia da implementação depende da aceitação por parte dos utilizadores do benefício da mudança e da abolição de métodos alternativos de agendamento.

Existem um conjunto de aplicações informáticas transversais à organização, comummente designadas de "Business Intelligence", que tem por finalidade organizar e partilhar conhecimento. Idealmente colectam dados na linguagem natural de quem os produz e relatam-nos, após processamento, nos termos convenientes aos utilizadores finais. Estas ferramentas utilizam os mesmos dados quer se destinem a criar informação de apoio à gestão (índices de produtividade, projecções de produção, análise de custos,..) quer tenham por objectivo criar conhecimento na área de negócio (estudos epidemiológicos, indicadores de efectividade de planos terapêuticos, alertas em situações e desvios nos resultados obtidos, ...).

As instituições de saúde beneficiaram de múltiplas aplicações comuns a diversos negócios: Contabilidade, salários, facturação, ...). Hoje entende-se que a via na informatização deve orientar-se para a especificidade do negócio – atender e tratar doentes, nesta vertente as funções requeridas são: o registo de doentes; o registo de profissionais; o registo da tabela de serviços disponíveis; o registo da tabela de entidades e cadeia hierárquica; o registo de requisições, referenciações e transferências; o registo de eventos (quem pede, quem faz, quando, onde, ..., correu bem?); o registo da procura (problema/ diagnóstico); o registo da oferta (prescrição e procedimentos terapêuticos); a produção de indicadores de procura, oferta, produção, capacidade instalada, resultados, ...; o registo dos relatórios correspondentes à prestação de serviços (registos clínicos); o registo de resultados em saúde (morbilidade, mortalidade, sobrevida, recorrência, ...); a medição do valor apercebido pelo utente – inquéritos de satisfação; o suporte à comunicação interna e externa; o controlo do processo; o controlo de qualidade; a gestão do risco, da segurança, da contingência.

O processo de introdução de um sistema de informação obriga ao cumprimento rigoroso de uma sequência de passos.

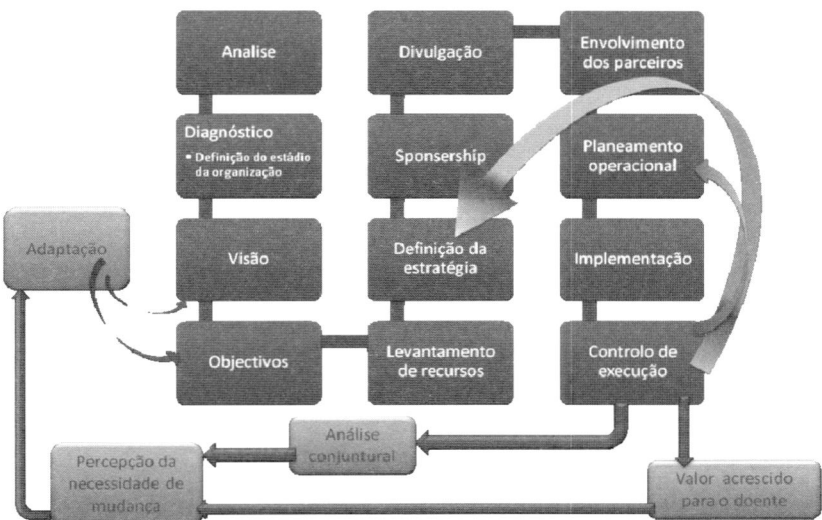

Quando a informatização corresponder a uma área vasta na organização, transversal a diversos serviços, a complexidade do processo, a multiplicidade de actores e de interacções recomenda a liderança da implementação por um gestor de projectos profissional.

Na construção de um sistema de informação importa ter presente a qualidade processual nas diversas etapas. Uma etapa crítica é a da recolha de dados, corresponde muitas vezes a um interface entre a componente humana e a componente tecnológica e tem de ter em atenção as especificidades e enquadramento dos utilizadores envolvidos por forma a garantir uma adequada incorporação da informação. Um aspecto de particular importância é o de procurar eliminar intermediários entre a fonte da informação e os componentes tecnológicos do sistema que a vai integrar, outra vertente que importa reter é a conveniência em reintroduzir a informação disponibilizada nos processos em que o utilizador estiver envolvido, desta forma ele poderá beneficiar directamente da adequada inclusão dos dados. As infra-estruturas informáticas – servidores, redes, postos de trabalho e aplicações têm de ser adequadas ao desempenho pretendido, tem de ser garantida a interoperabilidade entre os equipamentos. Em sistemas que abarcam diversas áreas da organização importa estabelecer normas e semânticas para garantir a capacidade de diálogo entre os diversos sectores.

Nas componentes do SI orientadas para a área clínica e para a área do acesso, o SI reflecte as interacções do utente ao longo do circuito da prestação de cuidados, procura processar dados próximos da fonte, reporta numa linguagem apropriada ao utilizador, integra a informação com base em ferramentas que garantem a sua qualidade e corrige os desvios restabelecendo a norma.

O Ministério da saúde quando definiu em 2008 os princípios orientadores do plano de transformação dos sistemas de informação em saúde PTSIIS, estabeleceu quatro alvos estratégicos: o cidadão, os profissionais, os gestores e os decisores. No que se refere ao cidadão os sistemas orientam-se para permitir o acesso, para fornecer mais informação para decisão nomeadamente sobre onde e com que qualidade podem ser prestados cuidados de saúde, bem como indicadores relativos ao desempenho do Sistema de Saúde. No que respeita aos profissionais as prioridades centram-se na disponibilização de

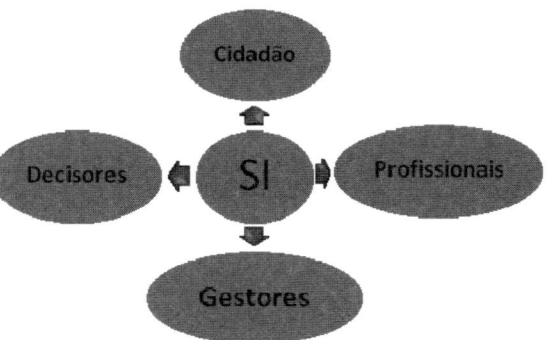

informação clínica e referente a segurança, o acesso interactivo, beneficiando da inteligência aplicacional que permite produzir sugestões e alertas permitem aos profissionais melhorar a prestação de serviços. Na vertente do gestor os objectivos orientam-se para o acesso a informação de gestão de boa qualidade disponibilizada em tempo útil que permita planeamento, monitorização e a melhoria da qualidade assistencial, num contexto de restrição orçamental. Reconhece-se ainda que é de vital importância que as decisões relativas às políticas de saúde e à execução da estratégia sejam suportadas em informação de qualidade disponibilizada em tempo oportuno.

5. O SIGIC – Exemplo de um sistema de informação orientado para o acesso e para a transparência

O Sistema Integrado de Gestão de Inscritos para Cirurgia (SIGIC) é um modelo de regulação da actividade relativa a utentes propostos para cirurgia e a utentes operados, assente nos princípios da equidade no acesso ao tratamento cirúrgico, na transparência nos processos de gestão e na responsabilização dos utentes e SNS.

A transparência têm um papel central na prossecução dos objectivos estabelecidos (melhorar os serviços prestados reduzindo os tempos de espera, garantindo a qualidade da prestação e a percepção do valor; aplicar normas idênticas para todos os Utentes criando Equidade no acesso; aumentar a eficiência pela rentabilização da capacidade instalada no SNS assegurando desta forma a sua sustentabilidade e ainda potenciar o conhecimento promovendo uma cultura de comunicação através da criação de uma estrutura de informação nacional homogénea e partilhada baseada num sistema de recolha de dados que decorra do processo de produção).

O SIGIC segue a informação do Utente ao longo das suas interacções com os serviços de saúde

O SIGIC utiliza a transparência como um dos elementos chave da sua estratégia, criando normas que obrigam à declaração das intenções que enformam os processos, obrigando à participação informada do utente, dotando a tutela de informação qualificada de suporte à decisão, publicando dados sobre tempos de espera, produção, rentabilidade, não conformidades, relatórios de análise sobre prestadores e facultando dados para análises independentes, garante ao cidadão o acesso à informação.

Assim, a visão do acesso no SIGIC assenta na centralidade do utente no processo, tornando-o mais interactivo, capacitando-o para uma escolha informada e estabelecendo como sua estratégia, a construção dum sistema global que integra os diversos níveis de cuidados.

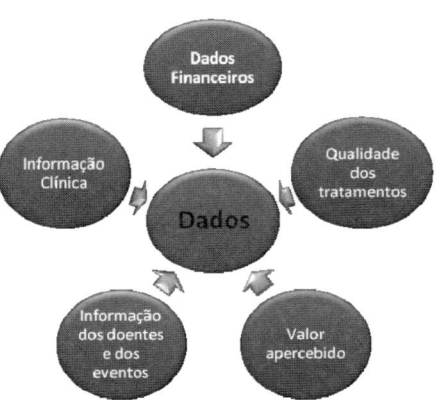

O conjunto de dados recolhidos para poder construir uma informação integrada útil aos diversos parceiros inclui dados clínicos, dados sobre encontros entre o utente e as instituições, dados sobre matéria financeira, dados sobre a qualidade dos tratamentos e ainda informação sobre a percepção do utente dos serviços que lhe foram prestados.

Todos os sistemas devem produzir indicadores orientados para os objectivos estratégicos para que a sua execução seja monitorizada permitindo dessa forma o alinhamento dos diversos componentes. Todos os sistemas têm de ser constantemente reinventados de forma a manterem-se adequados às necessidades que servem.

O funcionamento do **SIGIC** baseia-se numa rede de utilizadores de uma plataforma informática comum (SIGLIC) em que os dados vão sendo integrados, proces-

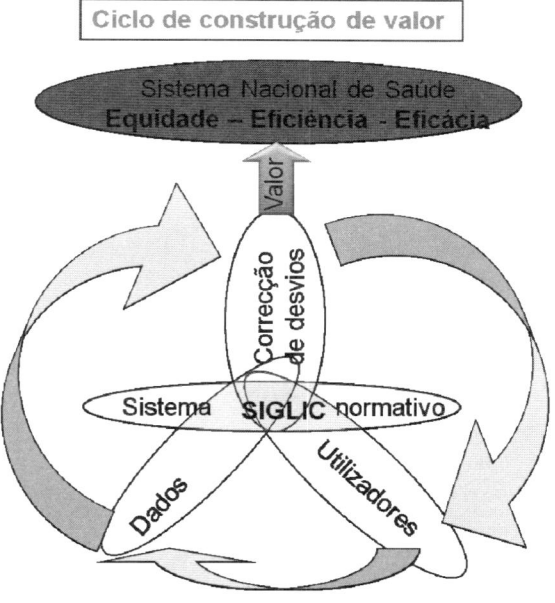

sados e partilhados construindo-se desta forma **valor** acrescentado para cada um dos participantes. A construção de um sistema de comunicação cimentada numa aplicação informática que seja entendida pelos diversos utilizadores como uma mais valia é a um dos factores chave de sucesso do Sistema. Objectivamente o que está subjacente à utilização deste sistema é possibilidade dos diversos utilizadores utilizarem as ferramentas de informação necessárias à prossecução das suas actividades – sistemas de gestão de doentes, listas de inscritos, sistemas orientados para a facturação, processos clínicos electrónicos – que foram moldados e certificados para a comunicação com uma base de dados central que normaliza numa mesma semântica as informações parciais de cada instituição ou serviço, partilhando em seguida o conhecimento agregado de acordo com as necessidades de cada utilizador. Uma das vantagens primárias é permitir que cada utilizador possa reconhecer e comparar a sua actividade no panorama nacional.

A capacidade do sistema de informação do SIGIC processar 3 milhões de operações individuais por ano de acordo com processos normalizados permite seguir individualmente 400 mil utentes em cada instante na sua interactividade com as instituições de saúde e proporcionar alternativas de Acesso sempre que se encontrem comprometidos os tempos regulamentares. Esta funcionalidade do sistema informático permite interacção individual através de cartas e, proximamente, através de email e SMS, com cada utente, trazendo à participação activa no processo.

Cuidados de Saúde Primários em Portugal

*Vítor Ramos**

Os centros de saúde e a saúde comunitária têm, em Portugal, uma história com cerca de 40 anos.[1-5] Esta experiência tem convergido com cerca de 30 anos de desenvolvimento da medicina e saúde pessoal e familiar na comunidade.[6-10] A integração destes processos é uma marca distintiva dos cuidados de saúde primários (CSP) em Portugal e está na base da reforma actual.[11-20]

A evolução dos sistemas de saúde está intimamente ligada aos contextos e aos antecedentes que os influenciam. Por isso, a evolução dos CSP em Portugal deve ser analisada tendo em conta diversos factores e antecedentes, no país e no mundo. Para simplificar esta análise consideraram-se as fases sistematizadas no Quadro I.

* Médico de família – Unidade de Saúde Familiar *Marginal* (Agrupamentos dos Centros de Saúde de Cascais).
Professor Convidado da ENSP/UNL.
Colaborador da equipa da Missão para os Cuidados de Saúde Primários (MCSP).

Quadro I
Evolução dos cuidados de saúde primários em Portugal

Fases	Definição sucinta
1. Pré-centros de saúde	Período que antecedeu a reforma dos serviços de saúde em 1971
2. Criação da primeira geração de centros de saúde	Período que vai da reforma de 1971 até Abril de 1974 (mudança de regime)
3. Criação do Serviço Nacional de Saúde (SNS)	Período de Abril de 1974 até à criação (1979) e início do SNS (1979-1982). Inclui o período do *Serviço Médico na Periferia* (SMP) que decorreu entre 1975 a 1982.
4. Segunda geração de centros de saúde	Período que vai de 1982/83 até 2005, caracterizado pela integração dos centros de saúde de primeira geração com os postos médicos dos Serviços Médico--sociais das Caixas de Previdência e com o início e desenvolvimento do modelo de "médico de família" (6000 médicos de família)
5. Situação actual	Processos de mudança em curso (2005-2009)

1. Fase anterior aos centros de saúde

A "pré-história" dos cuidados de saúde primários em Portugal pode localizar-se no período que vai de 1946 até á criação dos primeiros centros de saúde, iniciada com a reforma de 1971.[1,2]

1.1. *Contexto internacional*

O mundo e os sistemas de saúde mudaram radicalmente após o fim da II Guerra Mundial, em 1945. Com a vitória dos aliados,

houve um reforço dos regimes democráticos e dos valores huma-
nistas e de solidariedade, ambos pilares centrais para o sector da
saúde, de que são exemplos o movimento dos direitos humanos
e a Declaração Universal dos Direitos do Homem de 1948.
Este foi também o ano da fundação da Organização Mundial
da Saúde e da criação do Serviço Nacional de Saúde Britânico
(31 anos antes da criação do SNS em Portugal, em 1979). Em
relação à clínica geral/medicina de família, esta permaneceria
no Reino Unido como subsistema baseado em consultórios
privados de *general practitioners* (GPs), embora praticamente todos
com um contrato de "convenção" com o SNS, para prestar um
serviço público a todos os cidadãos. Neste país o Royal College
of General Practitioners foi fundado em 1952 (31 anos antes da
fundação da APMCG, em Portugal, em 1983).

As potências vencedoras da II Guerra Mundial (EUA, Reino
Unido e URSS) redesenharam artificialmente a geografia política da Europa, da Ásia e da África, na sequência da derrota do
"eixo" Alemanha-Itália-Japão. Este redesenho levou à formação
de novos países no final dos anos 40 e ao longo dos anos 50 e
60, em geral após guerras de independência contra as potências
coloniais (Grã-Bretanha, França, Bélgica, entre outras). Portugal
não foi excepção e as guerras pela independência das colónias
tiveram início em Angola, em 1961, seguindo-se as de Moçam-
bique e da Guiné-Bissau. Tudo isto a par de um crescimento
económico mundial sem precedentes (décadas de 50 e 60).

Os **anos 60** foram anos de grande contestação sócio-cultural
nos países desenvolvidos. São exemplos: o movimento *"hippie"*
nos EUA e na Europa *("make love not war!")*; o fenómeno
"Beatles"; a descoberta e início da comercialização da "pílula"
anticoncepcional; as revoltas estudantis nos EUA (1962) e em
França (Maio de 1968). Nesta década teve início o movimento
internacional para o planeamento familiar.

Progressivamente, aumentavam as expectativas dos povos para uma mudança social e uma melhor protecção da saúde. Porém, o modelo de medicina e da organização dos sistemas de saúde continuavam a estar pautados pela visão clássica do passado.

1.2. *Contexto em Portugal*

A partir de 1945 o regime político português teve de adaptar-se aos novos tempos e às exigências que se sucederam à vitória dos aliados com o reforço das democracias. Forçado pelos "ventos da história", o governo português iniciou, em 1946, a construção de um sistema de segurança social que incluía a criação de uma rede de postos médicos (Caixas de Previdência) dos trabalhadores por conta de outrem. Estes postos dispunham apenas de medicina ambulatória dita "curativa". Começaram na indústria e foram abrangendo, progressivamente, o comércio, o mundo rural e as pescas, estes últimos através das "Casas do Povo" e das "Casas dos Pescadores". Estes novos serviços foram substituindo os antigos médicos dos pobres pagos pelo Estado – os designados *partidos municipais* onde trabalhavam médicos de clínica geral. Destes médicos ficaram-nos testemunhos literários como, por exemplo, na obra de Fernando Namora.

No mundo hospitalar, a assistência manteve-se a cargo das Misericórdias, continuando a tradição secular caritativa iniciada no Século XVI. Em Espanha foi seguido um modelo diferente, tendo a Segurança Social abrangido, desde 1946, a componente ambulatória e os hospitais.

A prevenção e a luta contra os problemas de saúde pública foram sendo organizadas com base em institutos verticais centralizados (assistência materno-infantil – Instituto Maternal; luta contra a tuberculose – IANT; luta contra a lepra; luta contra o paludismo; assistência psiquiátrica – IAP, etc.).

Portugal teve também um crescimento económico importante nos anos 50 e 60. Por esta altura, os médicos portugueses
passaram a ter uma intervenção política mais incisiva. Talvez
para reagir à deplorável situação sanitária em que se encontrava
o País e ao rudimentar e mal organizado sistema de saúde em
que tinham de trabalhar e de que se envergonhavam. Em 1961,
um grupo de médicos mais politizados e ousados fez publicar
o histórico "Relatório das Carreiras Médicas" da Ordem dos
Médicos.[21]

Em 1961 e anos seguintes teve início a luta armada dos movimentos independentistas das colónias e, ao longo de toda a
década de 60, sucederam-se crises sócio-culturais e contestação
estudantil de que são exemplos a crise académica em Lisboa,
em 1962, a crise académica em Coimbra, em 1969, e as lutas
estudantis do início dos anos 70, em Lisboa.

Não início dos anos 70 viveu-se o período breve da "abertura
marcelista" durante o Governo de Marcelo Caetano, após a doença
e morte de Salazar (1969/70). A situação dos principais indicadores de saúde de Portugal era muito desfavorável, comparati-
vamente aos países desenvolvidos, o que contrastava com uma
situação económica global do País relativamente boa, apesar das
desigualdades na distribuição da riqueza. Nesta altura, um grupo
esclarecido e empreendedor de médicos de saúde pública, alguns
dos quais com ligações aos sectores mais abertos do regime político, aproveitou a oportunidade da "abertura" do regime político
e propôs uma reforma profunda do sistema de saúde português.
Esta reforma visava a constituição de um sistema de saúde integrado, de âmbito nacional, baseado numa rede de centros de
saúde e em estratégias de prevenção – a legislação para esta reforma dos serviços de saúde foi publicada em 1971.[1,2]

A melhoria da situação económica e social e o aumento da
natalidade ocorridas no pós-guerra *("baby-boom")* originaram
a explosão estudantil dos anos 60/70. Nessa altura o sistema

colonial necessitava de grande quantidade de médicos por causa
da guerra e para suprir as necessidades dos vastos territórios
das colónias. Estes factores levaram à formação de milhares de
médicos num período curto de tempo – que passariam a ser
momentaneamente excessivos com o fim da guerra e do império, o que condicionou a redução drástica das admissões nas facul-
dades de medicina, desastradamente mantida durante cerca de
duas décadas.

2. Primeira geração de centros de saúde

A fase que se descreve a seguir decorreu entre 1971 e a revolução de Abril de 1974, com a criação dos primeiros centros de
saúde, em todos os concelhos do país.[1-3]

2.1. *Contexto internacional*

O problema da guerra colonial colocava Portugal no foco
das atenções mundiais e num progressivo isolamento internacional. Nos E.U.A (Chicago e Fundação Kaiser) e em alguns
países nórdicos (Finlândia, em especial) iniciavam-se experiências de organização de sistemas compreensivos e integrados de
cuidados de saúde com orientação comunitária e com grande
ênfase em cuidados preventivos sistematicamente organizados.
A Finlândia instituía uma primeira rede de centros de saúde
comunitários.

Em 1973, após o grande desafogo económico dos anos 50 e
60, viveu-se a primeira grande crise económica após a guerra,
desencadeada pelo primeiro choque petrolífero. A forma de
encarar e de gerir os sistemas de saúde e os seus custos crescentes
mudaram radicalmente após este choque. As políticas restritivas,

a contenção de custos e a necessidade de repensar e de reorientar os sistemas de saúde em função das prioridades essenciais passaram a estar na ordem do dia.

2.2. *Portugal (1971-1974)*

A convergência da influência, da vontade e da acção de três personalidades distintas, num preciso e fugaz momento político em Portugal, foi decisiva para um salto qualitativo marcante na evolução do sistema de saúde: F.A. Gonçalves Ferreira, Arnaldo Sampaio, sendo Ministro Baltazar Rebelo de Sousa.

A primeira geração de centros de saúde foi implantada entre 1971 e 1973 sob a liderança política, estratégica e técnica destes protagonistas. No entanto, os serviços médicos das então Caixas de Previdência resistiram à integração nesta primeira rede de centros de saúde.[1,4] Nestes primeiros centros de saúde sobressaiu a influência e a liderança das disciplinas de saúde pública e dos respectivos profissionais (médicos, enfermeiros e técnicos ambientais). As suas actividades eram essencialmente preventivas. Os cuidados curativos continuaram a ser prestados nos postos médicos dos Serviços Médico-Sociais das Caixas de Previdência e nos postos de saúde das Casas do Povo e das Casas dos Pescadores. Os hospitais, na sua maioria, continuaram a cargo das Misericórdias, excepto os Hospitais Civis de Lisboa e os hospitais escolares de Lisboa, de Coimbra e do Porto.

3. Criação do Serviço Nacional de Saúde (SNS)

A terceira fase considerada neste artigo decorre entre a revolução de Abril de 1974 e a criação e implantação do SNS em 1979/1982.

3.1. *Contexto internacional*

A XXX Assembleia Mundial da Saúde, realizada em 1977, reuniu representantes dos governos de quase todos os países do Mundo e identificou a necessidade de adoptar novas orientações e estratégias para proteger e promover a saúde dos povos do mundo, especialmente das largas camadas de populações mais desprotegidas, algumas das quais no seio dos próprios países industrializados, ditos ricos. Destaca-se neste período a liderança do Dr. Hafden Mahler, então Director-Geral da OMS.[22,23]

No seguimento das conclusões da XXX Assembleia Mundial da Saúde foi realizada a Conferência Internacional da OMS/ UNICEF sobre os Cuidados de Saúde Primários (Alma-Ata, 1978). O conceito e a "marca" **cuidados de saúde primários** (CSP) tiveram o seu nascimento oficial internacional neste ano e nesta Conferência.[24]

"Os cuidados de saúde primários consistem na prestação de cuidados de saúde essenciais, baseados em métodos e técnicas práticas, apropriadas sob o ponto de vista científico e aceitáveis socialmente, postos ao alcance de todos os indivíduos e famílias das comunidades, com a sua inteira participação, e que possa ser financeiramente mantida pelo país e pela comunidade, em todas as fases do seu desenvolvimento, num espírito de auto--responsabilidade e de auto-determinação. Os cuidados de saúde primários, ao mesmo tempo que desempenham a função principal e são a base do sistema de saúde, constituem parte integrante do sistema de desenvolvimento económico e social da comunidade. Proporcionam o primeiro nível de contacto do indivíduo, da família e da comunidade com o sistema nacional de saúde, permitindo a aproximação da assistência de saúde o mais possível dos locais onde a população vive e trabalha e constituem o primeiro elemento de um processo contínuo de assistência de saúde".

OMS/UNICEF 1978

A divulgação do conceito avançado dos CSP e das suas implicações práticas não foi fácil. Talvez por ir contra a corrente dos interesses estabelecidos nos sistemas de saúde dos países industrializados, sobretudo do mundo hospitalar e da poderosa indústria farmacêutica e dos grandes equipamentos. Isto levou a OMS a desdobrar-se em iniciativas diplomáticas e a refinar a interpretação e a explicação do conceito, de que é exemplo o quadro que a seguir se apresenta com as *"quatro interpretações do conceito de cuidados de saúde primários"* (Quadro II).

Quadro II
Quatro interpretações do conceito de cuidados de saúde primários
(OMS – 1983)

1	**Como nível de cuidados** – primeiro nível; linha da frente; interface com a comunidade; integrado e com o envolvimento da própria comunidade.
2	**Como conjunto de actividades** – educação para a saúde; vacinação; saúde ambiental; planeamento familiar; saúde materna e infantil; saúde escolar; diagnóstico e tratamento das doenças agudas e crónicas mais comuns na comunidade; fornecimento dos medicamentos essenciais, etc.
3	**Como estratégia de intervenção em saúde** – com a participação e a responsabilização da comunidade; suscitando a cooperação intersectorial – com escolas, empresas, autarquias, segurança social, política de impostos, e outros sectores.
4	**Como filosofia permeando todo o sistema de saúde** – os CSP são a base e o núcleo inspirador dos restantes elementos do sistema de saúde. Os hospitais, por exemplo, deveriam visualizar-se e actuar como retaguarda de apoio aos CSP, aceitando e valorizando a prioridade de atenção e investimento público prioritário nestes cuidados de saúde.

3.2. *Portugal (1975-1982)*

Esta fase abrange a génese e o início do SNS e inclui o período do Serviço Médico na Periferia (SMP), o qual decorreu entre 1975 e 1982.

Na revolução de 25 Abril de 1974, o Programa do Movimento das Forças Armadas (MFA) continha um ponto sobre a satisfação do *direito à saúde* da população, através da criação de um serviço nacional de saúde (SNS).

Com o fim da guerra em África e com a descolonização passou a haver um excesso relativo de médicos e de estudantes de medicina face à súbita redução de necessidades. Porém, fora das grandes cidades, o país estava praticamente sem assistência médica e de saúde. Para atenuar imediatamente este problema foi criado o Serviço Médico na Periferia (SMP), com início em 1975 (Despacho de 19 de Março). Todos os médicos que quisessem progredir, mais tarde, numa das várias carreiras médicas a criar no futuro SNS teriam de cumprir um ano de serviço médico numa zona carenciada do país.

Multiplicaram-se neste período debates e projectos para a criação em Portugal de um Serviço Nacional de Saúde universal, geral e gratuito. Porém, esta iniciativa ocorria em fase de contra-ciclo e de recessão económica, após o choque petrolífero de 1973. No início dos anos 80 existiam cerca de 9000 jovens médicos disponíveis que, tendo cumprido ou estando a cumprir o SMP (entre 1975 e 1982), tinham o compromisso do Estado de lhes garantir a progressão numa carreira médica no novo SNS. Este grande contingente de médicos jovens, todos com idades muito próximas (entre 28 e 32 anos), permitiu criar num curto espaço de tempo a carreira médica de clínica geral (médicos de família) que seriam distribuídos por todo o país entre 1982 e 1985.[8,25]

4. Segunda geração de centros de saúde

Esta fase desenvolve-se a partir de 1983 e até à decisão política de concretizar uma remodelação profunda dos CSP, em 2005.

A criação da carreira médica de clínica geral, inexistente até 1982, permitiu a colocação massiva no SNS, com vínculo definitivo, de milhares de médicos de clínica geral por todo o país e tornou desnecessário o SMP. Apenas num ano (1982) houve milhares de colocações de médicos em Março, Agosto e Outubro, oriundos de diversos cursos. O Internato Complementar de Generalista/Clínica Geral teve início em 1981-1982, mas com uma capacidade formativa muito reduzida – estavam a formar-se os primeiros formadores.

As Caixas de Previdência começaram a sentir os efeitos do crescimento explosivo de custos com medicamentos e meios complementares de diagnóstico e de tratamento (MCDT) e deixaram de resistir à integração da sua componente de saúde, os Serviços Médico-Sociais, (SMS) com a primeira rede de centros de saúde, dependente da então Direcção-Geral de Saúde. A integração entre cuidados preventivos e cuidados curativos, idealizada na reforma de 1971, só seria, assim, concretizada em 1983. Da integração dos postos dos SMS com os primeiros centros de saúde resultou a segunda geração de centros de saúde (Despacho Normativo n.º 97/83, de 22 de Abril). Neste processo de integração deu-se um choque entre duas culturas técnico-profissionais: a) a *cultura de saúde pública* dos primeiros centros de saúde, mais virados para a prevenção, para a promoção da saúde e para a abordagem populacional e b) a *cultura das "caixas"*, baseada em consultas médicas reactivas, ditas curativas, primando pela quantidade. Em cada local predominou a cultura da "casa" anterior. Porém, as cerca de 300 "casas" dos primeiros centros de saúde não foram bastantes fortes para fazer valer a sua *cultura de saúde* e contrabalançar as cerca de 2000 "casas" dos postos médicos dos ex–SMS das Caixas de Previdência onde predominava a cultura das *consultas rápidas, por doença*.

Em 1984 foi criada a Direcção-Geral dos Cuidados de Saúde Primários (Decreto-Lei n.º 74-C/84, de 2 de Março), a partir da anterior Direcção-Geral da Saúde.

> "*A Direcção-Geral agora legalmente criada ocupará, em moldes novos, o espaço que antes dela coube, desagregadamente, à clássica Direcção--Geral da Saúde e às sempre transitórias e controversas conformações dos serviços médicos nascidos com a Previdência Social, conhecidos pela expressão «Serviços Médico-Sociais».*"
>
> In: Preâmbulo do DL 74-C/84

A saúde passou a ficar somente a cargo do Orçamento-Geral do Estado. A Segurança Social, agora livre dos encargos com a saúde, passou a destinar a totalidade das contribuições dos trabalhadores e dos empregadores para os compromissos de âmbito social, sem qualquer contrapartida para o sector da saúde, ao contrário do que estava inicialmente previsto. Tudo decorreu de modo discreto e ainda hoje há políticos e muitos cidadãos que julgam que as contribuições para a Segurança Social também se destinam à saúde. O sub-financiamento crónico do SNS teve, assim, razões genéticas importantes e terá determinado, em parte a implementação incompleta do SNS (1979-1982) – Lei n.º 56/79, de 15 de Setembro.

Os centros de saúde de "*2.ª geração*", criados em 1983, foram, desde então e até 2008, entidades sem personalidade jurídica, e sem autonomia administrativa e financeira. Ficaram dependentes dos aparelhos administrativos que geriam em cada distrito os postos dos ex–SMS (ditos "postos das caixas"). Estes aparelhos distritais mantiveram a sua cultura e práticas de comando e controlo de tipo burocrático-administrativo e foram mudando de nome ao longo dos anos. A sua designação evoluiu de *sedes distritais dos SMS* para *administrações regionais de saúde*, havendo 18 no continente – uma por cada distrito. Posteriormente, com a criação das cinco novas *administrações regionais de saúde* (ARS), em 1993, no continente, aqueles serviços distritais passaram a designar-se *"sub-regiões de saúde"*, funcionando como serviços sub-regionais das ARS.

A estrutura organizativa desta segunda geração de centros de saúde era vertical por linhas funcionais e grupos sócio-profissionais (médicos, enfermeiros e administrativos). Esta estrutura, apesar de muito criticada e contestada, manteve-se inalterada até 2008.

Os projectos Alfa – 1996/1997 e os grupos RRE – 1998/2005

Em 1989-1990 a APMCG (Associação Portuguesa dos Médicos de Clínica Geral) conduziu um debate alargado que deu origem a um conjunto de propostas reunidas no chamado *"Livro azul"*.[9] Porém, só a partir de 1996 foi possível abrir brechas no conservadorismo do Ministério da Saúde e iniciar experiências de inovação organizativa propostas neste *"Livro azul"*. Foram os "grupos-projecto Alfa" (1996/1997), a maior parte dos quais evoluiu, a partir de 1998/1999, para grupos RRE *(regime remuneratório experimental)*.[14,15,26,27]

Os *projectos Alfa* foram tentativas para descongelar o monólito burocrático dos centros de saúde do SNS e permitir iniciativas de pequenos grupos de profissionais com modelos de trabalho em equipa, com autonomia, responsabilização e avaliação. O imenso *"status quo"* hierárquico e centralista das administrações do SNS e dos CSP resistiu a esta primeira incursão mas não conseguiu impedir que 15 grupos tivessem iniciado as suas experiências. Os projectos foram avaliados, foram tema para trabalhos e dissertações académicas e forneceram argumentação técnica e política para evoluir para o modelo RRE, aprovado em 1998 após muita resistência da máquina burocrática do Estado (Decreto-Lei n.º 117/98, de 5 de Maio).[14,15]

Maria da Luz Pereira descreveu-nos a experiência de Fernão Ferro, no concelho do Seixal, e Rui Nogueira deu-nos conta das vicissitudes dos grupos RRE na sua relação difícil com a máquina burocrática das ARS e do Ministério da Saúde.[26,27] A ideia-guia destas experiências foi a de contrapor pequenas unidades simples e flexíveis ao pesado modelo burocrático e desresponsabilizante do eixo *"ARS – serviços sub-regionais – centros de saúde".*

A finalidade destas experiências era a de fazer evoluir os cuidados de saúde primários para uma rede de serviços de proximidade formada por pequenas unidades operativas autónomas – *unidades de saúde familiar* e outras unidades de cuidados de saúde primários. O desafio foi o de transitar de uma organização vertical em pirâmide para um modelo em rede de equipas autónomas e interdependentes, com gestão muito simplificada e orientadas para a obtenção de resultados concretos de saúde e bem-estar. A possibilidade de organizar equipas coesas, a autonomia organizativa e técnica, a responsabilização por processos e por objectivos, a monitorização e a avaliação foram os cinco ingredientes major para o sucesso destes grupos. A finalidade, a longo prazo, era a de reformular toda a organização dos centros de saúde transformando-os numa rede de pequenas equipas de proximidade, com grande autonomia, mas estreitamente integradas no todo organizacional dos CSP. Hervé Sérieyex, na sua obra *"Face à la complexité: mettez du réseau dans vos pyramides"* fornece perspectivas e alguns métodos de trabalho para conduzir processos deste tipo.[28]

> *"Um centro de saúde é – e se não é deveria ser –, um serviço de proximidade. Pequeno na dimensão, leve na estrutura, simples na organização, afável na relação que estabelece com os utilizadores, fácil no contacto".*
>
> Henrique Botelho – Terras de Bouro (2003)

Centros de saúde de "3.ª Geração" (1999) – iniciativa adiada

A lei de Bases da Saúde (1990) e o Estatuto do Serviço Nacional de Saúde (1993) criaram cinco *administrações regionais de saúde* (Norte, Centro, Lisboa e Vale do Tejo, Alentejo e Algarve), as quais passariam a assegurar, essencialmente, a gestão estratégica da saúde da população das suas regiões.

Segundo o espírito e a letra da lei, as anteriores 18 "*administrações regionais de saúde*" distritais deveriam ser extintas por se tornarem desnecessárias, uma vez que os centros de saúde passariam a ter personalidade jurídica e autonomia administrativa e financeira através da criação de *Grupos Personalizados de Centros de Saúde*. Estes *Grupos* nunca foram criados. Nem no ciclo político PSD que os idealizou e definiu legalmente, nem no ciclo político PS que os redefiniu no Decreto-Lei 157/99, de 10 de Maio, nem no último ciclo político do PSD que publicou um Decreto-Lei tecnicamente desadequado (DL 60/2003, de 1 de Abril) que foi contestado por praticamente todos os parceiros sociais. A aplicação deste último Decreto-lei ficou condicionada à criação de uma *Entidade Reguladora da Saúde*, por iniciativa inédita do Presidente da República, por se temer a privatização dos centros de saúde. Este DL 60/2003 foi revogado em Abril de 2005, retomando-se transitoriamente o disposto no DL 157/99.

Os anteriores serviços distritais mantiveram as suas estruturas designadas impropriamente por "*sub-regiões de saúde*" e continuaram a administrar directamente, até 2008, os cerca de 360 centros de saúde existentes no território continental.

O Decreto-Lei n.º 157/99, de 10 de Maio, também conhecido por lei dos *centros de saúde de "3.ª geração"* deparou com vários obstáculos à sua implementação, o maior dos quais foi, provavelmente, a resistência passiva das *"sub-regiões de saúde"*. Com efeito, estas teriam de preparar activamente a sua própria auto-extinção e transferir as suas competências e poderes para os centros de saúde. Nenhum centro de saúde chegou a ser reorganizado com base neste diploma legal. Este processo só veio a ser concretizado a partir de 2009, na sequência do Decreto-Lei n.º 28/2008, de 22 de Fevereiro.

5. **Processos de mudança em curso (2005-2009)**

A primeira das medidas políticas adoptadas em 2005 foi a revogação do Decreto-lei 60/2003, pelo Decreto-lei n.º 88/2005, que repristinou o Decreto-lei 157/99, relativo à adiada *terceira geração de centros de saúde*. A Resolução do Conselho de Ministros n.º 86/2005, de 7 de Abril, identificou a necessidade de criar um Grupo Técnico para a Reforma dos CSP, cabendo a este definir e apresentar linhas estratégicas, metas e acções a concretizar. Este Grupo Técnico foi criado pelo despacho n.º 10942/2005 (2ª série) de 21 de Abril e produziu um extenso documento de trabalho, incluindo a evidência disponível a nível nacional e internacional, do qual foi extraído um documento-síntese "Linhas de Acção Prioritárias para o Desenvolvimento dos Cuidados de Saúde Primários" entregue ao Ministro da Saúde em 15 de Julho de 2005, com a recomendação de colocá-lo disponível para apreciação e debate públicos. Este processo decorreu através do site da Direcção-Geral da Saúde. Foram aceites contributos até 15 de Setembro de 2005, tendo sido recebidos 64 contributos.[19]

Em Outubro de 2005 foi criada a Missão para os Cuidados de Saúde Primários (MCSP) pela Resolução do Conselho de Ministros n.º 157/2005, de 12 de Outubro. Ainda em 2005 decorreram várias iniciativas de divulgação das linhas essenciais da reforma e de organização de algumas iniciativas locais. Em Janeiro de 2006 foram publicadas as "Linhas de Acção Prioritária para o Desenvolvimento dos Cuidados de Saúde Primários" onde se descrevem oito áreas de acção:

- Reconfiguração e autonomia dos centros de saúde;
- Implementação de unidades de saúde familiar;
- Reestruturação dos serviços de saúde pública;
- Outras dimensões da intervenção na comunidade;
- Implementação de unidades locais de saúde;
- Desenvolvimento dos recursos humanos;
- Desenvolvimento do sistema de informação;
- Mudança e desenvolvimento de competências.

Foi reconhecida a necessidade de criar uma base de actuação legislativa, política e social para gerir a mudança na complexidade do sistema de saúde e optou-se pela estratégia de reconfigurar os centros de saúde a partir de pequenas unidades (equipas multiprofissionais). Este processo teve início em 2006. As *unidades de saúde familiar* (USF) foram as primeiras a serem implementadas. Para além destas está prevista a criação de *unidades de cuidados de saúde personalizados* (UCSP), de *unidades de cuidados na comunidade* (UCC), de *unidades de saúde pública* (USP) e de *unidades de recursos assistenciais partilhados* (URAP), bem como a criação de *unidades de apoio à gestão* (UAG) e o desenvolvimento de serviços de apoio comum. Toda esta reorganização assenta no trabalho em equipa, na orientação para a comunidade, na flexibilidade organizativa e de gestão, na desburocratização, na autonomia, na contratualização, na responsabilização, na melhoria contínua da qualidade e na avaliação.

O desenvolvimento da governação clínica e de saúde fica a cargo dos *conselhos clínicos*, e a participação da comunidade é formalizada através de *conselhos da comunidade*.

Os objectivos concretos a atingir são a melhoria do acesso, o aumento da satisfação dos utentes e dos profissionais, a melhoria da qualidade técnico-científica, a continuidade dos cuidados e a melhoria da eficiência. As intervenções prioritárias incidem ainda no aperfeiçoamento da contratualização, na racionalização da rede hospitalar e de centros de saúde, na responsabilização das ARS e no reforço dos cuidados continuados.

De entre os elementos inovadores deste processo de transformação destacam-se:

- criação das USF como o passo inaugural e de alavancagem da reforma;
- estratégia inovadora de tipo *"bottom up"*, envolvendo todos os interessados que puderam participar activamente em todas as etapas do processo, desde a fase de discussão dos documentos, até à fase de implementação de unidades no terreno;
- matriz de indicadores associados às carteiras básicas de serviços das USF relacionados com o acesso, o desempenho assistencial, a qualidade percepcionada (satisfação dos utilizadores e dos profissionais) e a eficiência;
- dinâmicas de desenvolvimento profissional e de formação;
- arquitectura organizacional em rede dos *agrupamentos de centros de saúde* (ACES) – (Decreto-Lei n.º 28/2008), enquanto entidades públicas com autonomia administrativa, constituídos por uma rede de unidades funcionais;
- princípio do trabalho em equipa multiprofissional em todas as unidades funcionais, as quais são organizacional e tecnicamente autónomas;
- reforço do desenvolvimento de actividades de promoção de saúde, de prevenção da doença, de vigilância epidemio-

lógica, de investigação em saúde, de controlo e avaliação
de resultados, e de formação dos profissionais de saúde,
– formalização de órgãos dedicados à coordenação dos processos de governação clínica e de saúde – *os conselhos clínicos,*
e de participação da comunidade – *os conselhos da comunidade.*

Foram constituídos 70 ACES tendo em conta o número de
residentes, a estrutura do povoamento, o índice de envelhecimento da região e o acesso da população ao hospital de referência. Paralelamente, decorre o desenvolvimento de uma Rede
Nacional de Cuidados Continuados Integrados (RNCCI)
entrosada com os CSP e as unidades hospitalares para responder às novas necessidades em saúde condicionadas pelo envelhecimento da população e pelo aumento da prevalência e da
sobrevida de pessoas com doenças crónicas incapacitantes.
A RNCCI visa a prestação de cuidados de saúde e apoio social
a pessoas em situação de dependência, com o objectivo de promover a autonomia e de apoiar a recuperação das funcionalidades, exigindo para tal uma articulação adequada entre os vários
níveis de cuidados. Os CSP ficam assim com a responsabilidade
acrescida de desenvolver e adequar as estratégias de intervenção
comunitária, em especial no domínio dos cuidados domiciliários.

5.1. *Vertentes da reforma dos CSP*

A reforma actual dos CSP caracteriza-se pela criação de órgãos próprios de gestão e por uma reorganização profunda dos
centros de saúde em que o modelo hierárquico de comando e
controle é substituído por uma rede de equipas autónomas
com relações de contratualidade interna, num quadro explícito

de responsabilidade por processos e por resultados, com avaliação a todos os níveis.

Esta nova arquitectura assenta em cinco vertentes complementares:

a) uma rede descentralizada de equipas multiprofissionais com carácter estrutural permanente e com missões diferenciadas específicas:
  – cuidados à pessoa e à família – *unidades de saúde familiar* (USF) e *unidades de cuidados de saúde personalizados* (UCSP);
  – cuidados a grupos com necessidades especiais e intervir selectivamente na comunidade – *unidades de cuidados na comunidade* (UCC);
  – intervir no meio físico e social e desenvolver programas e projectos com alcance populacional – *unidades de saúde pública* (USP).

b) descentralização da gestão para o nível local, para agrupamentos de centros de saúde (ACES), através de directores executivos e conselhos executivos;

c) concentração de meios e recursos escassos para os rentabilizar e/ou obter economias de escala:
  – gestão de recursos – *unidade de apoio à gestão* (UAG);
  – apoios multidisciplinares específicos às unidades funcionais – *unidade de recursos assistenciais partilhados* (URAP);

d) desenvolvimento de um sistema de pilotagem técnico-científica, com criação de um *conselho clínico* em cada ACES;

e) ênfase e reforço da participação da comunidade através de órgãos como o *gabinete do cidadão* e o *conselho da comunidade*.

5.2. *Unidades funcionais e respectivas missões*

As unidades funcionais traduzem um modelo organizativo baseado em equipas multiprofissionais direccionadas para aspectos específicos e complementares da missão do centro de saúde. A MCSP elabora orientações e normas para cada tipo de unidade, tendo em conta as missões que a seguir se enunciam:

5.2.1. *Cuidados de saúde à pessoa e à família*

Possibilitando liberdade de escolha em função dos recursos disponíveis:
➢ *Unidades de saúde familiar (USF)*
➢ *Unidades de cuidados de saúde personalizados (UCSP)*

As USF distinguem-se das UCSP pelo nível de desenvolvimento de dinâmica de equipa, designadamente pelos compromissos de cooperação interprofissional livremente assumidos (que não podem decretar-se nem forçar-se por via normativa). Ao estatuto de uma USF corresponde um grau de autonomia e instrumentos de responsabilização e exigência de desempenho mais desenvolvidos. Este estádio associa-se a processos de contratualização com níveis de exigência de monitorização, de avaliação de desempenho, e respectivas consequências, sem precedentes nos cuidados de saúde primários em Portugal. A qualidade da liderança e da gestão de um ACES poderá medir-se pelos progressos conseguidos na evolução voluntariamente assumida do estádio de UCSP para USF.

5.2.2. *Cuidados orientados e organizados para grupos e ambientes específicos*

São cuidados de abrangência comunitária e de complementaridade às USF e UCSP.
➢ *Unidades de cuidados na comunidade (UCC)*
➢ *Unidades de saúde pública (USP)*

As USF, UCSP e UCC articulam-se necessariamente com as USP sempre que estiver em causa a defesa e promoção da saúde colectiva. Incluem-se neste âmbito os processos de planeamento de saúde populacional, abrangendo a programação, o acompanhamento da execução e a avaliação das intervenções das diversas equipas com impacto na saúde comunitária.

5.2.3. *Saúde populacional, ambiental e pública*

Baseia-se em intervenções orientadas para garantir o bem público colectivo ou comum no domínio da saúde.
➤ *Unidades de saúde pública (USP)*

As USP têm diversas funções designadamente como observatório de saúde local, unidade de administração de saúde populacional, coordenação de *estratégias locais de saúde* de âmbito comunitário, e de autoridade de saúde.

5.2.4. *Apoio técnico-assistencial às restantes unidades*

Agregação de competências e de apoio às restantes unidades funcionais.
➤ *Unidade de Recursos Assistenciais Partilhados (URAP)*

A URAP é uma unidade que organiza e coordena, em cada ACES, múltiplos meios, recursos e competências assistenciais específicos, e cuja missão é a de apoiar as demais unidades funcionais.

5.2.5. *Apoio logístico a todas as equipas e aos orgãos de gestão do ACES*

Este apoio tem como propósito viabilizar o funcionamento adequado de toda a organização.

➤ *Unidade de Apoio à Gestão (UAG)*

A UAG é uma unidade de "back-office" que, em cada momento, assegura que existem condições objectivas para que todos possam cumprir a sua missão.

5.3. *Análise "SWOT" do processo de reforma*

Numa análise SWOT realizada em Janeiro de 2007 pela Associação Portuguesa de Médicos de Clínica Geral (APMCG) e publicada no Jornal Médico de Família (JMF III Série n.º 116 16 de Janeiro de 2007), foram identificadas:

Forças – descentralização dos centros de decisão; co-responsabilização dos profissionais; início de um processo estruturado, com origem local; nível elevado de apoio político para o desenvolvimento da reforma; a forte adesão, motivação e satisfação dos profissionais envolvidos; o trabalho em equipa; a autonomia organizativa; a responsabilização da equipa pelos resultados; o alargamento do reconhecimento remuneratório ligado ao desempenho; a satisfação de necessidades de saúde da população e a melhoria no acesso aos cuidados e concretamente, ao médico de família.

Fraquezas – a lentidão do processo; a insuficiente definição legislativa ou normativa; a ineficácia dos sistemas de informação; o medo e o conformismo cultural por parte de alguns profissionais e responsáveis; o pioneirismo internacional das medidas adoptadas; a possibilidade de, nalguns casos, se poderem criar USF como resposta a situações graves de ausência de médicos de família e criar consequentemente, problemas de acesso noutros locais; o limite imposto ao número de profissionais a integrar as equipas; alguma incerteza quanto à capacidade de resposta de administração pública; coexistência de diferentes modelos organizacionais de prestação de cuidados e a existência de hábitos de trabalho individualistas e hierarquizados.

Oportunidades – estímulo positivo para o incremento da mudança; contribuição para a sustentabilidade do SNS; criação de uma boa imagem externa dos cuidados primários; possibilidade de emancipação técnico-profissional; trabalho em equipa com objectivos de consenso e a melhoria de acessibilidade através da inter-substituição de profissionais.

Ameaças – risco de desintegração dos CSP, se a legislação e as acções não forem bem estruturadas; continuação do desnível orçamental entre os CSP e os hospitais; oposição de alguns grupos sindicais; problemas ao nível dos recursos humanos; algum receio de anarquia ou de desagregação do sistema.

Esta análise teve como base um balanço prévio de pontos fracos e fortes:

Pontos fortes: existência de massa crítica para liderar e promover mudanças organizacionais reais; existência de trabalhos de teorização sobre modelos organizacionais e de prática no âmbito dos CSP; existência de uma nova matriz organizacional e funcional; identificação clara de dois níveis de gestão; sistemas de informação e aplicações informáticas em desenvolvimento.

Pontos fracos: obstáculos do aparelho do Ministério da Saúde (falta de recursos humanos e aperto orçamental); falta de informação acerca da reconfiguração dos centros de saúde; insuficiências do sistema de informação; risco de burocratização da MCSP e de institucionalização dos agentes da reforma; agentes da reforma que apenas vêem no processo uma forma de lutar contra as chefias; profissionais que se auto-excluíram e tentam perturbar; profissionais que não se revêem na reforma, mas que devem ser respeitados.

A MCSP, disponibilizou no site **www.mcsp.min–saude.pt** todos os documentos elaborados, legislação, estatísticas, estudos efectuados e encomendados, opiniões de actores–chave na área da saúde, e apresentações realizadas por todo o país, promovendo a discussão e a participação da comunidade.

5.4. *Resultados conseguidos*

A reforma teve início localmente, na periferia do sistema, próximo da população, permitindo reforçar os serviços de proximidade. Os profissionais dos CSP assumiram um papel fundamental, desde a fase preliminar, no desenho, na implementação e no desenvolvimento das actividades que promoveram a mudança. O primeiro resultado visível, conseguido até finais de 2009 foi o da entrada em funcionamento de mais de 200 USF, aproximando-se de uma cobertura populacional de 30%. Tendo sido esta a primeira acção da reforma, todas as atenções se voltaram para ela e para o entusiasmo e empenho dos profissionais que integraram estas unidades. Foi possível demonstrar os progressos em termos de melhoria da qualidade, aumento da satisfação de utentes e profissionais e melhoria do desempenho e do acesso. A possibilidade de monitorizar estes progressos tem sido um factor importante de motivação para os profissionais.[25,30]

O apoio político do Governo, o trabalho desenvolvido pela MCSP, no acompanhamento estratégico e técnico e a realização de estudos de investigação por instituições independentes, desde a avaliação económica do impacto das USF, realizada pela Associação Portuguesa de Economia da Saúde, o estudo sobre o modelo de prestação de serviços de suporte técnico aos agrupamentos de centros de saúde, desenvolvido pelo Gabinete de Análise Económica da Faculdade de Economia da Universidade Nova de Lisboa, o estudo sobre os determinantes de satisfação e prioridades da reforma, desenvolvido pela Unidade de Sistemas de Saúde do Instituto de Higiene e Medicina Tropical, da Universidade Nova de Lisboa, entre outros, podem considerar-se factores de conhecimento para a prossecução da reforma.

No estudo qualitativo realizado em Fevereiro de 2008, utilizando como método a técnica do grupo nominal, são identificados sucessos tais como a melhoria do acesso aos cuidados de saúde e ao médico de família, o maior grau de autonomia permitindo uma melhoria contínua dos processos, o desenvolvimento do trabalho em equipa, a satisfação e a motivação profissional e o desenvolvimento dos sistemas de informação. Como dificuldades apontam-se os obstáculos à mobilidade dos profissionais para não deixar áreas a descoberto sem médicos de família ao criar USF noutras áreas, e o problema das instalações e equipamentos quando necessitam de requalificação e/ou de novos espaços.

Em termos gerais, a reforma consistiu, essencialmente, em substituir o modelo tradicional da administração pública, burocrática, centralista e hierarquizada, por um modelo mais flexível e inovador, rompendo com hábitos do passado e centrando a atenção onde mais importa: na linha da frente do SNS onde o cidadão interage com o sistema de saúde. Os centros de saúde foram o ponto de partida da reforma, que utilizou a criação e implementação das USF como o instrumento para desbloquear o sistema na sua área mais sensível. Existem expectativas de que os ACES desenvolvam boas práticas de gestão a nível local, melhorem generalizadamente as condições de acesso, a qualidade dos cuidados e a satisfação dos utentes e profissionais, através de boas práticas de planeamento, de contratualização, de sistemas justos de recompensa remuneratória e de incentivos à qualidade dos cuidados. Promovendo, portanto, o desenvolvimento organizacional com maior autonomia, um modelo de gestão de proximidade e estratégias locais de saúde (ELS). A constituição, em 2008, de um Grupo Consultivo para acompanhar a reforma dos CSP, veio introduzir um novo elemento e contributos para ajudar a reinterpretar o percurso trilhado e a delinear os passos seguintes da reforma. O primeiro relatório deste Grupo, divulgado em Fevereiro de 2009, é um exemplo ilustrativo deste contributo.[31]

5.5. *Governação integrada em cuidados de saúde primários*

Em Dezembro de 2008 iniciou-se, por decisão do Conselho Directivo da ARSLVT, I.P., um projecto de dinamização dos conselhos clínicos dos ACES (Projecto DiCCA), em colaboração com a MCSP. A finalidade deste projecto foi a de desenvolver uma cultura de governação clínica e de saúde nos CSP, harmonizando a linguagem, a visão, os procedimentos e os instrumentos de trabalho. Posteriormente, iniciaram-se projectos semelhantes nas outras regiões de saúde.[32] A governação clínica e de saúde é um processo complexo não susceptível de ser resumido numa simples definição, embora possam tentar-se aproximações como, por exemplo:

> *Sistema de conhecimentos, atitudes e práticas de pilotagem clínica individual, de equipas e de serviços, visando obter resultados em termos de* **efectividade** *com* **equidade** *(ganhos em saúde) para as pessoas, famílias e comunidades de uma área geográfica definida, com o envolvimento empenhado de* **todos** *(profissionais, utentes e parceiros da comunidade), através da melhoria contínua da qualidade dos* **processos** *assistenciais e de intervenção em saúde.*

Esta proposta coloca a ênfase num modelo humanista designado por "3P": *"Purposes"* – propósitos ou fins, em termos de efectividade com equidade *(resultados; "outcomes"; ganhos em saúde)*; *"Persons"* – participação e envolvimento de todos *(profissionais, utentes e comunidade)*; *"Processes"* – organização e sistematização das práticas profissionais em processos coerentes, alinhando-os com os objectivos a atingir e melhorando-os continuamente.

A combinação deste modelo com o modelo da gestão organizacional do tipo "3S" (*"systems"*; *"structures"*; *"strategies"*) dirigida à rede de unidades, ao todo do ACES e às relações com a envolvente, conduz a um modelo de **governação integrada**. Esta aproximação integrada é, talvez, a que melhor se coaduna com uma organização descentralizada em rede de equipas e com uma forte componente científica e técnica de governação clínica e de saúde em CSP (Figura 1).[33]

Figura 1
Diagrama ilustrativo do sistema de governação integrada (organizacional e clínica) em desenvolvimento nos cuidados de saúde primários em Portugal

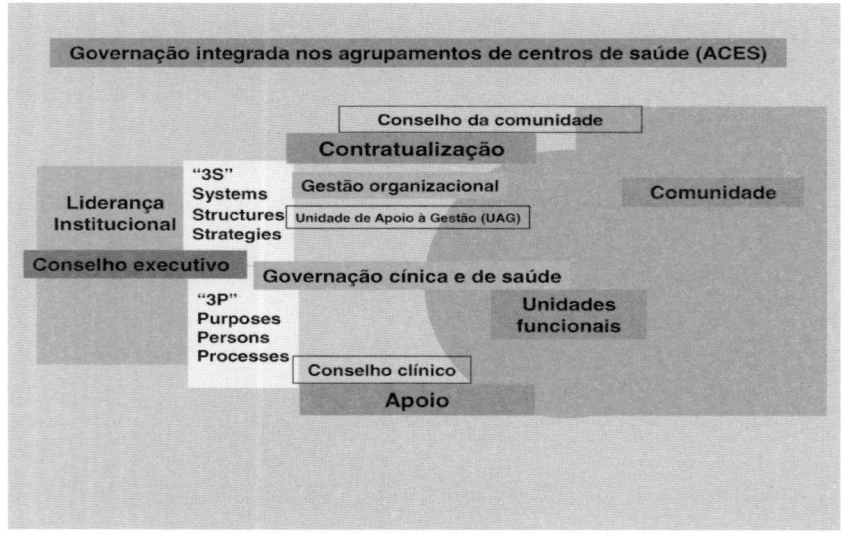

Referências

1. Ministério da Saúde e Assistência. Decreto-Lei n.º 413/71, de 27 de Setembro. *Diário do Governo* I Série, n.º 228: 1406-1434.
2. Ferreira FAG. *A política de saúde em Portugal – uma experiência de definição legislativa e de organização de serviços de saúde.* Lisboa: Edição do autor, 1972.
3. Sakellarides CT et al. *O Serviço de Cuidados de Saúde Primários (Centro de Saúde) – princípios gerais e reflexões sobre uma experiência.* Lisboa: ENSP – Cadernos de Saúde /1, 1979.
4. *Sampaio A, Campos AC. Serviços de saúde em Portugal – uma reflexão crítica.* O Médico *1980; Ano 31 (Vol. 96): 489-502.*
5. *Portugal. Ministério da Saúde. Direcção-Geral da Saúde.* Ganhos de saúde em Portugal: ponto de situação – Relatório do Director-Geral e Alto Comissário da Saúde. *Lisboa: Direcção-Geral da Saúde, 2002.*
6. *Biscaia A, Martins JN, Carreira MF, Gonçalves IF, Antunes AR Ferrinho P.* Cuidados de saúde primários em Portugal – Reformar para novos sucessos. *Lisboa: Padrões Culturais Editora, 2006.*
7. *Santos O, Biscaia A, Antunes AR, Craveiro I, Júnior A, Caldeira R, Charondière P.* Os centros de saúde em Portugal – A satisfação dos utentes e dos profissionais. *Lisboa: VFBM Comunicação, Lda, 2007.*
8. Ramos V. O ressurgimento da medicina familiar. *Revista Crítica de Ciências Sociais* 1987; 23: 157-158.
9. Associação Portuguesa dos Médicos de Clínica Geral. Direcção Nacional. *Um futuro para a medicina de família em Portugal.* Lisboa: Edições Especiais APMCG, 1991.
10. Associação Portuguesa dos Médicos de Clínica Geral. *Declaração da Madeira* Lisboa: APMCG, *1998.*
11. *Branco AG, Ramos V. Cuidados de saúde primários em Portugal.* Rev Port Saúde Pública *2001; Vol. Temático 2: 5-12.*
12. *Sousa JC, Sardinha AM, Sanchez JP, Ribas MJ. Os cuidados de saúde primários e a medicina geral e familiar em Portugal.* Rev Port Saúde Pública *2001; Vol. Temático 2: 63-74.*
13. Associação Portuguesa dos Médicos de Clínica Geral. *Medicina geral e familiar: colapso ou ressurgimento? – Contributo para a melhoria dos cuidados de saúde primários em Portugal.* Lisboa: APMCG, 2003.
14. *Direcção-Geral da Saúde.* Regime Remuneratório Experimental dos Médicos de Clínica Geral – RRE. Relatório da Comissão de Acompanhamento e Avaliação. *Lisboa: DGS, Novembro de 2004.*

15. Conceição C, Fronteira I, Hipólito F, Lerberghe W N, Ferrinho P. *Os grupos Alfa e a adesão ao Regime Remuneratório Experimental.* Rev Port Clin Geral *2005; 21: 45-59.*

16. *Portugal. Ministério da Saúde.* Saúde: um compromisso. A estratégia de saúde para o virar do século 1998-2002. *Lisboa: Ministério da Saúde, 1999.*

17. *Portugal. Ministério da Saúde.* Saúde: Preparar o futuro: Linhas de Acção. *Lisboa: Ministério da Saúde, 2001.*

18. Guichard S. The reform of the health care system in Portugal. *Paris: OECD, Economic Department Working Papers no. 405, 2004 (disponível em: http://www.oecd.org/eco).*

19. Ministério da Saúde – Grupo Técnico para a Reforma dos Cuidados de Saúde Primários. *Cuidados de saúde primários: contexto e medidas para a sua modernização.* Lisboa: Ministério da Saúde, 2005.

20. Ministério da Saúde – Missão para os Cuidados de Saúde Primários. *Linhas de Acção Prioritárias para o Desenvolvimento dos Cuidados de Saúde Primários.* Lisboa: MCSP, 2006.

21. Ordem dos Médicos. *Relatório sobre as carreiras médicas.* Lisboa: CELOM, 2007 (reedição).

22. Mahler H. Health – a demystification of medical technology. *Lancet* 1975; 829.

23. Sakellarides C. *De Alma a Harry – Crónica da democratização da saúde.* Coimbra: Edições Almedina, S.A., 2005.

24. World Health Organization. *WHO/UNICEF International Conference on Primary Health Care.* Geneve: WHO, 1978.

25. Mendo P. *A carreira médica de clínica geral.* In: Alves MV, Ramos V (org.). *Medicina Geral e Familiar 20 anos: Da Vontade.* Lisboa: MVA Invent, 2004: 51–67.

26. Pereira ML. *Processos de mudança e dinâmica de equipa em medicina familiar: a experiência Fernão Ferro Mais.* In: Alves MV, Ramos V (org.). *Medicina Geral e Familiar 20 anos: Da Memória.* Lisboa: MVA Invent, 2003: 162–173.

27. Nogueira R. *Lições recolhidas com o regime remuneratório experimental.* In: Alves MV, Ramos V (org.). *Medicina Geral e Familiar 20 anos: Da Memória.* Lisboa: MVA Invent, 2003: 68–77.

28. Sérieyex H. *Face à la complexité – mettez du réseau dans vos pyramides.* Paris: Éditions Village Mondial, 1996.

29. Ferreira PL, Antunes P. *Monitorização da satisfação dos utilizadores das USF.* Coimbra: Centro de Estudos e Investigação em Saúde da Universidade de Coimbra, 2009.

30. Ferreira PL, Antunes P. *Monitorização da satisfação dos profissionais das USF*. Coimbra: Centro de Estudos e Investigação em Saúde da Universidade de Coimbra, 2009.

31. Grupo Consultivo para a Reforma dos Cuidados de Saúde Primários. *Acontecimento extraordinário: SNS – proximidade com qualidade*. Lisboa: Grupo Consultivo para a Reforma dos Cuidados de Saúde Primários, 2009.

32. *Administração Regional de Saúde de Lisboa e Vale do Tejo / MCSP. Projecto de Dinamização dos Conselhos Clínicos dos ACES*. Governação Clínica e de Saúde em Cuidados de Saúde Primários. *Lisboa: ARSLVT, 2009 (documentos de trabalho disponíveis em: http://www.healthaction21.eu)*.

33. Caravantes GR. *ReAdministração: a construção de um paradigma eclético*. In: Caravantes GR, Panno CC, Kloeckner MC. *Administração: teorias e processo*. São Paulo: Pearson Prentice Hall, 2005: 347-358.

Cuidados Continuados: A Necessidade de uma Abordagem Integrada nas Áreas da Saúde e da Segurança Social

Nazaré da Costa Cabral[*]

[*] Professora Auxiliar da Faculdade de Direito de Lisboa.
Docente do Instituto de Direito Económico, Financeiro e Fiscal (IDEFF) da Faculdade de Direito de Lisboa.

1. Caracterização dos cuidados continuados e o seu impacto no crescimento da despesa pública (projecções de longo prazo)

1.1. *Caracterização dos cuidados continuados e justificação de opção metodológica*

Os cuidados continuados, embora possam ser confundidos com e diluídos no conceito de cuidados de saúde, têm merecido progressivamente autonomização, quer no campo da sua análise científica e dogmática, quer no plano da implementação política. Em termos de tratamento analítico, existe hoje, com efeito, uma importante literatura especializada, de que destacamos os estudos de Comas-Herrera e Wittenberg, eds. (2003), Comas-Herrera, Wittenberg e Pickard (2005), OECD (2005), Oliveira Martins, Maisonneuve e Bjørnerud (2006), Directorate General for Economic and Financial Affairs e European Comission (2006, 2009).

A sua definição, ainda assim, faz-se geralmente pela sua contraposição ao conceito de cuidados de saúde (em geral). Nestes termos, enquanto estes visam alterar a condição de saúde (de má para boa), os cuidados continuados procuram apenas garantir que a actual condição de saúde (não-boa) possa ser mais suportável (Oliveira Martins, Maisonneuve e Bjørnerud, 2006, p. 18). Os indivíduos podem precisar de cuidados continuados em caso de incapacidade (total ou parcial), doença crónica, trauma ou doença que limitem a sua capacidade para levar a cabo, por si só, tarefas básicas diárias de natureza pessoal. Essas actividades podem ser definidas como actividades da vida diária (*"activities of daily living"* – ADL), que incluem tarefas como comer, vestir--se, tomar banho, deitar-se ou levantar-se da cama, higiene e continência, mas também como actividades instrumentais de vida diária ("*instrumental activities of daily living*"– IADL), as quais integram tarefas como preparar as suas próprias refeições, limpeza da casa e da roupa, toma de medicamentos, deslocação a pé para determinados locais, fazer compras, gestão do dinheiro e utilização do telefone. Considera-se que uma pessoa está numa situação de *dependência*, caso tenha limitações nas ADL e nas IADL[1] (*idem,* p. 18).

O termo "cuidados continuados" sugere ainda três precisões de ordem conceitual e metodológica. Em primeiro lugar, o qualificativo de "continuados" quer significar a natureza de longo prazo da intervenção médica e social requerida. Contrariamente aos cuidados de saúde em geral que são marcados por uma intervenção que actua de forma imediata ou no curto prazo (ou, no caso de doenças mais graves, no médio prazo), os cuidados continuados são muito duradouros e têm tendencialmente até, pelas causas que os motivam, uma natureza permanente (ou seja, prolongam-se até ao fim da vida). A expressão inglesa equivalente, "*long-term care*"– LTC é, a este respeito, ainda mais elucidativa. Em segundo lugar, como referimos, a intervenção requerida é não apenas médica (como em geral sucede nos cuidados de saúde "convencionais"), mas também de ordem social, exigindo o concurso de outras intervenções ou políticas sociais. Esta é justamente uma das razões, que não a única, para

---

[1] Ao que tudo indica, por regra, os cuidados continuados pressupõem limitações nas ADL e, por maioria de razão, nas IADL. Coloca-se a questão de saber se será condição de elegibilidade que essas limitações ocorram em relação às IADL e não em relação às ADL. Por princípio não: a situação tem de se traduzir num caso de dependência de outrem – como verdadeira condição de vida –, por impossibilidade física e/ou mental e não apenas por dificuldade ou custo acrescidos ou acréscimo de encargo. Ainda assim, as legislações poderão prever algumas atenuantes em relação a esta gravidade especial, prevendo cuidados continuados para casos de menor gravidade *funcional*. Adiante vê-lo-emos, a propósito da lei portuguesa.

que a implementação dos cuidados continuados implique a vertente saúde e também a vertente segurança e acção sociais. Em terceiro e último lugar, sabemos bem que os cuidados continuados se dirigem a toda a população, independentemente da idade, que se encontre numa situação de limitação nas ADL ou IADL determinante de dependência. Considerando, no entanto, que o "público-alvo" dos cuidados continuados é sobretudo a população mais idosa (veja-se nas Figuras 1 e 2, respectivamente, a prevalência da dependência por faixas etárias, e o nível de despesa pública com cuidados continuados por faixas etárias, em alguns países de estudo), optamos no presente trabalho por associar o tema dos cuidados continuados à problemática do *envelhecimento da população*.

Figura 1
Prevalência da dependência por faixas etárias

Figure 3.2 **Prevalence of dependency by age group** [1]

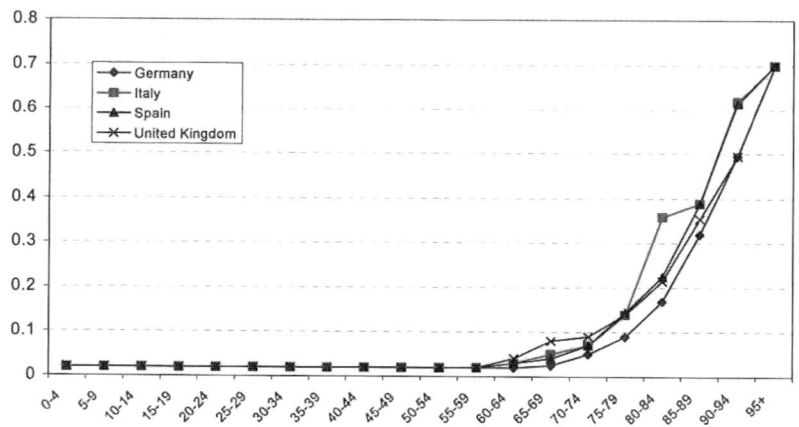

1. Dependency is defined as the inability to accomplish one or several Activities of Daily Living (see text).
Source: Comas-Herrera et al. (2003) and Secretariat calculations.

Fonte directa: OCDE (2006).

Figura 2
Despesa pública com cuidados continuados por faixas etárias

Figure 3.1. **Public long-term care expenditure by age group** [1]

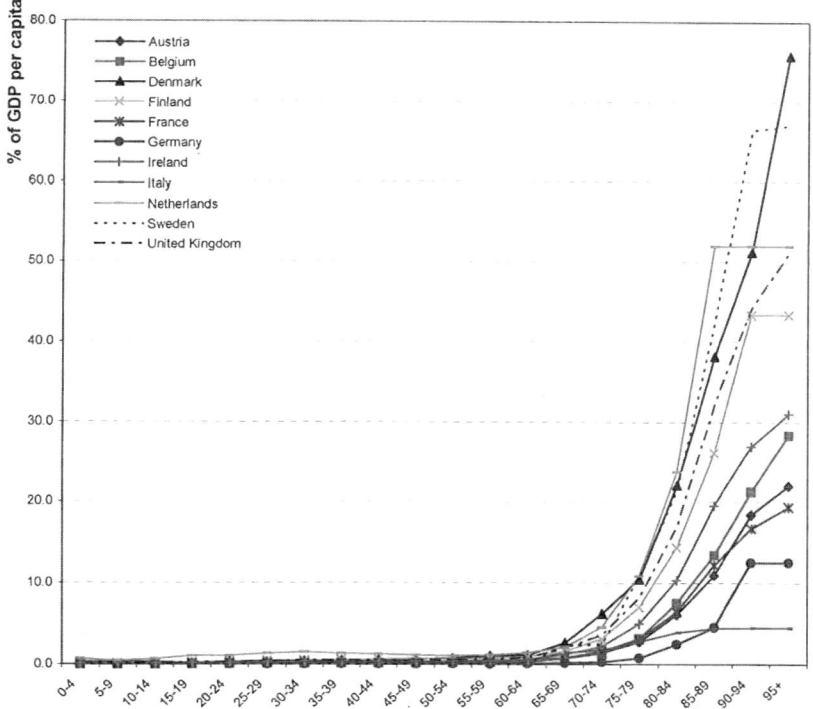

1. Expenditure per capita in each age group divided by GDP per capita.
Source: ENPRI-AGIR and Secretariat calculations.
Fonte directa: OCDE (2006).

1.2. *Tipos de cuidados continuados; a despesa pública com cuidados continuados (classificação de acordo com o Sistema de Contas da Saúde da OCDE)*

As projecções de longo prazo de evolução de despesa pública com os cuidados continuados que têm sido feitas, designadamente na União Europeia, partem das seguintes premissas: *i)* que só os cuidados continuados de natureza formal, e não os cuidados de natureza informal, têm impacto sobre a despesa pública; *ii)* que a diferença entre o número total de pessoas dependentes e das pessoas que recebem cuidados continuados de natureza formal, corresponderá ao número de pessoas que se apoia em cuidados continuados de carácter informal (Directorate General for Economic and Financial Affairs e European Comission (2006, p. 142).

Vejamos então em que consistem estas duas formas de cuidados continuados. Os *cuidados continuados de natureza formal* são cuidados prestados por profissionais de saúde, incluindo especialmente serviços de enfermagem, podendo os mesmos subdividir-se em *cuidados institucionais* ou *no domicílio* que podem ser prestados por entidades públicas ou privadas (lucrativas ou não). Estes envolvem o pagamento de um preço pela sua fruição. Pelo contrário, os *cuidados continuados de natureza informal* são assegurados pelos membros da família (sobretudo cônjuges e filhos), amigos ou vizinhos e em regra não são pagos.

As projecções internacionais relativas à evolução da despesa pública com os cuidados continuados (de natureza formal) assentam em dados comuns fornecidos pelos próprios Estados e obedecem a definições padronizadas, de modo a garantir a melhor comparabilidade e avaliação internacional. Como nos é explicado em Directorate General for Economic and Financial Affairs e European Comission (2009, p. 162), os dados neces-

sários à realização de projecções de longo prazo são habitualmente os seguintes:

- Despesa pública de longo prazo com os cuidados continuados;
- Distinção entre despesa realizada com serviços em espécie
  e prestações monetárias;
- Distinção nos serviços em espécie dos que são realizados
  no domicílio e os que são prestados pelas instituições;
- Despesa pública *per capita* com cuidados continuados (denominada "perfis etários da despesa"), por cohortes de género
  e idade;
- Número de beneficiários dos serviços de cuidados continuados prestados no domicílio e em instituições e, bem assim, número de beneficiários de prestações monetárias;
- Taxas de incapacidade/dependência.

Como nos é dito neste documento (*idem,* p.163), de acordo
com a classificação do *Sistema de Contas da Saúde* da OCDE
("*System of Health Accounts*"– *SHA*)[2], a despesa pública com os

---

[2] O *System of Health Accounts* (SHA) estabelece um quadro "*standard*" de
realização, pelos países membros da OCDE, de um conjunto de contas
compreensivas, consistentes e comparáveis do ponto de vista internacional,
que permitam satisfazer as necessidades dos decisores políticos e dos ava-
liadores relativamente ao funcionamento dos sistemas público e privado de
saúde. O manual do SHA estabelece uma base conceptual para regras de
reporte estatístico, compatíveis com outras estatísticas económicas e sociais.
Propõe assim uma Classificação Internacional das Contas de Saúde
("*International Classification for Health Accounts*" – ICHA) que integra as três
dimensões dos cuidados de saúde: funções dos cuidados de saúde ("*Health
care functions*"– ICHA-HC), indústrias prestadoras de cuidados de saúde
("*Health care service provider industries*" – ICHA-HP); fontes de financiamento dos cuidados de saúde ("*Sources of financing health care*" – ICHA-
HF). Esta informação e outros desenvolvimentos estão disponíveis em:
http://www.oecd.org/document/8/
0,3343,en_2649_33929_2742536_1_1_1_37407,00.html

cuidados continuados pode ser definida como a soma dos seguintes itens financiados pelo sector público (HF1), relativamente a:

- ***Serviços de enfermagem de cuidados continuados*** (HC.3), também considerados a *componente médica* ou de *cuidados de saúde* dos cuidados continuados de longo prazo;
- ***Serviços sociais dos cuidados continuados*** (HC.R.6.1), traduzida na provisão de serviços de assistência social em espécie nas situações de incapacidade ou dependência e que visam assegurar a assistência para a realização de actividades instrumentais da vida quotidiana (IALD).

A componente médica (HC.3) assegura um conjunto de serviços requeridos por pessoas com capacidades (funcionalidades) diminuídas do ponto de vista físico, mental ou cognitivo e que, dependem, por conseguinte, desde logo, de ajuda para realização das ALD. Isto não significa que, de acordo com a legislação existente em cada país, a assistência à realização das IALD não possa, também ela, caber aos técnicos e profissionais que asseguram esta componente médica.

Finalmente, importa mencionar o prazo mínimo de duração: a noção de serviços médicos de cuidados continuados refere-se geralmente a um período de tempo não inferior a seis meses.

Quanto à componente dos serviços sociais dos cuidados continuados (HC.R.6.1), ela integra sobretudo cuidados prestados no domicílio ou de natureza residencial e que visam atalhar limitações relativamente às IALD. Os técnicos de serviço social são assim chamados a realizar tarefas de assistência na realização de tarefas domésticas.

Como vimos antes, os cuidados continuados, de natureza formal, podem ser prestados de diversas formas: no domicílio ou de forma institucionalizada, em instituições públicas ou privadas, incluindo lares, casas de saúde e hospitais de longa permanência (entre nós, "*hospitais de retaguarda*"). Para estimar a percentagem de despesa pública que é dispendida com a prestações de cuidados no domicílio e em instituições, tem sido aplicada a classificação da SHA sobre prestadores de cuidados de saúde ("*health providers*" – HP). De acordo com esta classificação, os cuidados de natureza institucional são classificados, com a referência HP.1, para hospitais e HP.2, para lares e residenciais, e os cuidados prestados do domicílio são referenciados de HP.3 a HP.9. Importa mencionar que existe a presunção de que os cuidados médicos ambulatórios, quando existam, se integram nos cuidados continuados prestados no domicílio (*idem*, p. 164).

Finalmente, cumpre referir que os apoios monetários dados, em certos países, a beneficiários de cuidados continuados (por exemplo, para pagamento de medicamentos), são dificilmente classificados como cuidados continuados de longo prazo, pela sua dispersão e heterogeneidade.

1.3. *Factores determinantes da despesa pública com cuidados continuados e projecções de longo prazo*

1.3.1. *Projecções recentes da OCDE*

Por sua vez, os estudos que têm sido feitos sob a égide da OCDE procuram identificar os principais factores determinantes das projecções feitas para os cuidados de saúde (em geral) e os cuidados continuados. A Figura 3 é elucidativa.

Figura 3
Factores determinantes da despesa total com os cuidados de saúde
e cuidados continuados: elementos-chave

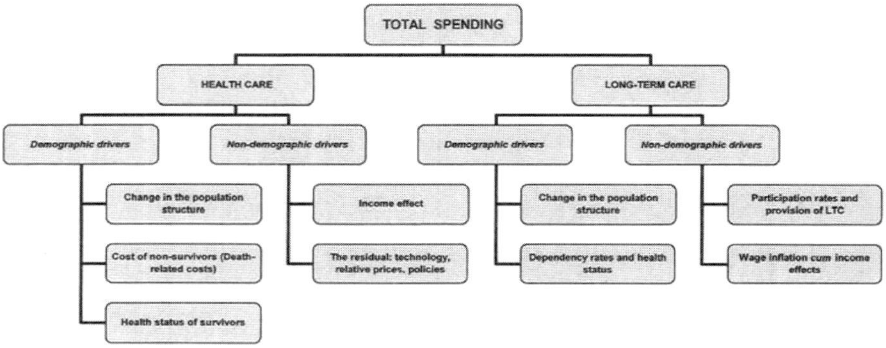

Note: For a definition and description of the different technical terms, see the Glossary in Box 1

Fonte: OCDE (2006)

Como nos explicam Oliveira Martins, Maisonneuve e Bjør-nerud (2006, pp. 6 e 7), as principais forças condicionantes das projecções de longo prazo em relação a estes dois sectores são:

A) Cuidados de saúde em geral
− **Factores demográficos**: o aumento da população idosa tra-duzirá uma pressão acrescida sobre a despesa, porquanto os cus-tos com os cuidados de saúde aumentam com a idade. Ainda assim, estima-se que o custo médio com a saúde por indivíduo nas faixas etárias mais elevadas tenderá a decrescer com o tempo. Isto, por duas razões: *i)* assume-se que os ganhos de longevidade traduzir-se-ão em ganhos adicionais do *envelhecimento saudável* (*"healthy ageing"*); *ii)* os maiores custos com a saúde ocorrem no final da vida − ora, se o aumento da longevidade implica que os indivíduos abandonem faixas etárias elevadas para ingressarem em outras superiores (e não tanto para morrer), então os custos médios na faixa em questão decrescem.

– *Factores não demográficos*: os custos com os cuidados de saúde tendem a crescer mais rapidamente que os rendimentos – deve-se isto fundamentalmente ao efeito da tecnologia e aos movimentos dos preços relativos na oferta de serviços de saúde.

B) Cuidados continuados

– *Factores demográficos*: a dependência em relação aos cuidados continuados tenderá a aumentar à medida que aumenta a população idosa; este efeito é, todavia, mitigado por ocorrência do fenómeno já antes mencionado do *envelhecimento saudável*.

– *Factores não demográficos*: as despesas poderão ser pressionadas para cima, por causa do efeito "custo da doença", isto é, o preço relativo dos cuidados continuados cresce em linha com o crescimento da produtividade média na economia.

O estudo dá conta ainda dos cenários de projecção da OCDE (*idem*, p. 22 ss.), feitos para o período de 2005-2050, para os respectivos países membros. Destes cenários, evidenciam-se o cenário do efeito demográfico, o cenário de pressão de custos e o cenário de contenção de custos, não sendo esquecida a análise de sensibilidade. De acordo com o *cenário demográfico*, em média, as despesas com os cuidados continuados atingirão 2,3% do PIB em 2050 ou aumentarão cerca de 1,2 pontos percentuais do PIB em comparação com o ano de 2005. Em virtude do agravamento dos rácios de dependência, os efeitos demográficos serão aqui até bastante mais sentidos do que em relação aos custos com os cuidados de saúde (em geral). Daí o impacto ser tanto maior quanto mais envelhecido for o país: o caso da Coreia, da Eslováquia, da Polónia, da República Checa, da Turquia e do Japão. De acordo com o *cenário de pressão de custos*, assumindo um efeito Baumol completo, as despesas com os cuidados continuados por pessoa dependente crescerão em linha com a produtividade global do trabalho. Em face do crescimento firme dos preços relativos, as despesas atingirão 3,3% em 2050 ou um aumento de 2,2 pontos percentuais do PIB comparado com o ano de 2005. De acordo com o *cenário de contenção de custos*, assume-se, pelo contrário, que serão desenvolvidas políticas destinadas a conter as pressões induzidas pelo efeito Baumol. Os Estados envidarão esforços no sentido de obter ganhos de produtividade e/ou a contenção de custos associados aos salários pagos ao pessoal que assegura esses mesmos cuidados.

1.3.2. *O modelo de simulação da Comissão Europeia*

Os cuidados continuados aparecem na intersecção das áreas da Saúde e da Segurança Social, quer pelo tipo de intervenção realizada, quer pelas causas que são partilhadas ou comuns a estas duas áreas. Não admira por isso que hoje em dia quando se estuda o impacto do envelhecimento da população sobre as finanças públicas, algumas áreas sejam especialmente referidas e tratadas conjuntamente. Por exemplo, nos relatórios do Directorate General for Economic and Financial Affairs e European Comission (2006 e 2009) que temos estado a citar, as projecções de longo prazo relacionadas com a evolução da demografia e os efeitos do envelhecimento[3] – v.g. o aumento dos rácios de dependência –, são referidos concretamente às seguintes áreas: segurança social (pensões de velhice), educação, saúde, cuidados continuados e benefícios no desemprego.

---

[3] Sobre o envelhecimento da população na União Europeia, veja-se ainda o estudo muito recente de Balassone, Cunha, Langenus, Manzke, Pavot, Prammer e Tommasino (2009).

A Figura 4 procura dar o panorama da projecção de 2009 da despesa relacionada com o envelhecimento da população.

Figura 4
Projecção de 2009 da despesa relacionada com o envelhecimento da população

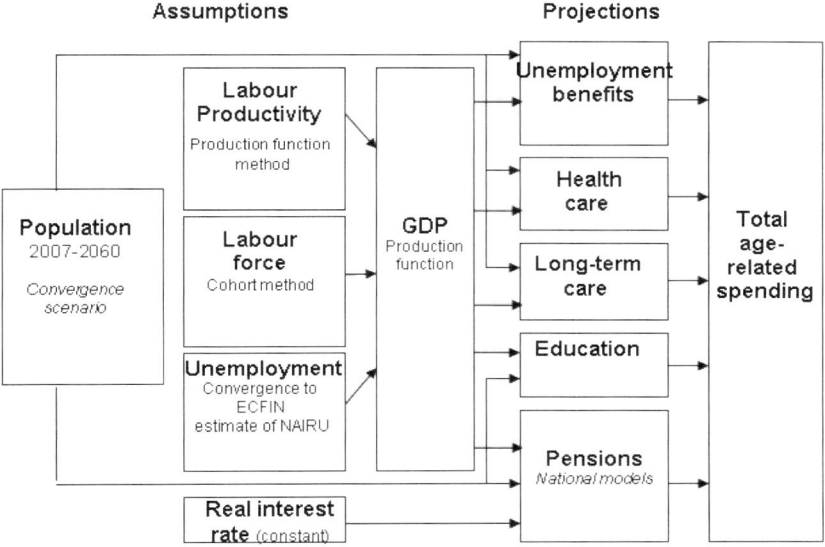

Fonte: *Serviços da Comissão, EPC in Directorate General for Economic and Financial Affairs e European Comission (2009, p. 15)*

Como se verifica, embora a população não seja a única variável ou premissa relevante, ela assume uma importância ímpar, condicionando, de modo idêntico, as projecções de evolução de despesa (e também de receita) para cada um dos sub-modelos de política social.

Neste mesmo documento (*cit.*, p. 156 ss.), a partir da actualização dos dados fornecidos pelos Estados membros, procedeu-se ao desenvolvimento da metodologia dos cenários de projecção (e isto em relação àquelas áreas antes mencionadas, recorde-se, segurança social – pensões de velhice, educação, saúde, cuidados continuados e benefícios no desemprego.

No que diz respeito aos cuidados continuados, a Comissão concretiza o seu anterior modelo de simulação macro (2001, 2006), assente numa metodologia que procura analisar o impacto das alterações nas seguintes premissas:

- O número de pessoas idosas no futuro (através de alterações nas projecções de população utilizadas);
- O número de pessoas idosas dependentes no futuro (alterando as taxas de dependência prevalecentes);
- O equilíbrio entre provisão de cuidados continuados de natureza formal e informal (pelas variações de procura ou em virtude de alterações exógenas de ordem sócio-demográfica, com reflexos sobre a provisão de cuidados informais);
- O equilíbrio entre cuidados domiciliários e institucionais;
- O custo unitário dos cuidados continuados.

A Figura 5 dá-nos a estrutura do modelo:

Figura 5
Estrutura do modelo de simulação utilizado
pela Comissão Europeia em 2009

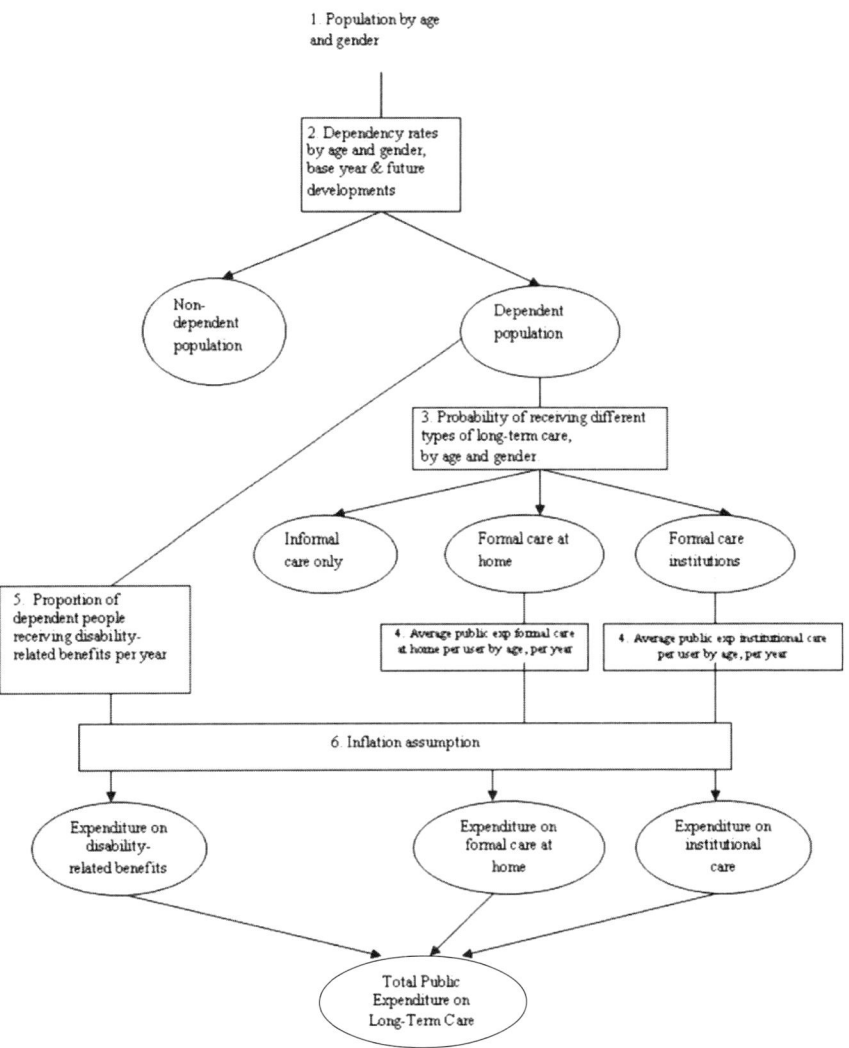

Fonte: *Directorate General for Economic and Financial Affairs e European Comission (2009, p. 15)*

A concretização do modelo envolve os seguintes passos:

1. Tendo por base a projecção de referência relativa à população (por idade e género), segue-se a projecção da população dependente que se presume necessitará de cuidados continuados de qualquer tipo. Isto envolve a aplicação, à projecção de referência da população, dos rácios de dependência por idade e género no ano de referência (com base em indicadores de incapacidade obtidas por fontes comparáveis: "*Survey of Income and Living Conditions*");

2. Procede-se à segregação dos tipos de cuidados continuados requeridos pela população dependente, identificada nos termos mencionados em 1: cuidados de natureza informal; cuidados formais no domicílio; cuidados formais em instituições;

3. Procede-se ao cálculo da despesa pública com as duas formas de cuidados continuados de natureza formal, multiplicando o número de pessoas a receber cuidados continuados, pela despesa pública média com os cuidados formais, específica em termos de idade, por ano e por utente. A despesa média é calculada numa base anual utilizando os dados de despesa total com os cuidados continuados fornecidos pelos Estados membros, em cuidados no domicílio e em instituições, e o número de utentes que recebem esse tipo de cuidados.

4. Somam-se a despesa com cuidados formais no domicílio e em instituições e obtém-se a despesa total com cuidados continuados.

De acordo com esta metodologia, a Comissão elenca sete cenários: cenário demográfico puro (pessimista quanto aos dados demográficos, sem alteração de política); cenário de elevada esperança média de vida (diverge do anterior justamente na previsão deste elemento demográfico); cenário de incapacidade constante; cenário de indução de despesa pela procura; cenário de alteração dos cuidados de natureza informal para cuidados de natureza formal; cenário da estrutura mercado de trabalho/família (que assume que os cuidados informais diminuirão por virtude das alterações nestas estruturas); cenário de convergência entre os Estados membros na provisão de cuidados continuados de natureza formal.

2. **A rede dos cuidados continuados integrados em Portugal**

2.1. *Caracterização do sistema*

Até 2005 – altura em que foi criada, pela Resolução do Conselho de Ministros n.º 84/2005, de 27 de Abril, a Comissão para o Desenvolvimento dos Cuidados de Saúde às Pessoas Idosas e às Pessoas em Situação de Dependência – existia uma importante lacuna a nível dos cuidados de longa duração e paliativos. A criação desta Comissão, seguida da instituição da Rede Nacional de Cuidados Continuados Integrados (RNCCI), pela aprovação do Decreto-Lei n.º 101/2006, de 6 de Junho (adiante designado Decreto-Lei), intentou superar as carências detectadas neste domínio. A RNCCI aparece delineada como interface onde convergem intervenções na área da saúde (v.g. cuidados médicos, de enfermagem, medicamentosos) e intervenções na área do apoio social. Ela é uma Rede imbricada de natureza pluridisciplinar, mas também de carácter pluriespacial, pois tem concretização a diversos níveis territoriais, entre si articulados e hierarquizados, a saber, os níveis nacional, regional e local (artigo 9.º do Decreto-Lei). Enquanto os dois primeiros níveis têm essencialmente uma função de planeamento macro e de financiamento, o nível local é decisivo pois é através dele que se faz o reconhecimento e identificação micro, "no terreno", das situações problemáticas, merecedoras de intervenção. Assumem a este propósito papel fundamental as equipas coordenadoras locais (v.g. artigo 11.º do Decreto-Lei).

A prestação de cuidados continuados faz-se através de Unidades e de Equipas. Relativamente às Unidades, elas são as seguintes:

1. Unidades de internamento, que integram por seu turno:
   – Unidades de convalescença;
   – Unidades de média duração e de reabilitação;
   – Unidades de longa duração e de manutenção;
   – Unidades de cuidados paliativos
2. Unidades de ambulatório que integram:
   – Unidade de dia e de promoção da autonomia

Quanto às Equipas, a sua implementação faz-se em primeira linha a nível local, incluindo os centros de saúde correspondentes e, se for caso disso, hospitais de referência da zona. As Equipas podem ser de dois tipos:

1. Equipas hospitalares que integram:
   – Equipas de gestão de altas;
   – Equipas intra-hospitalares de suporte em cuidados paliativos.
2. Equipas domiciliárias que integram:
   – Equipas de cuidados continuados integrados;
   – Equipas comunitárias de suporte em cuidados paliativos.

Em traços gerais, podemos afirmar que a RNCCI se dirige essencialmente a três tipos de situações (artigo 31.º do Decreto--Lei): *i)* a de pessoas com doenças ou dependências transitórias; *ii)* a de pessoas com doenças incuráveis ou doenças crónicas incapacitantes; *iii)* a de pessoas idosas com dependência funcional. Por outro lado, ainda que as diferentes intervenções se possam sobrepor umas às outras e actuar de forma simultânea ou sucessiva, é geralmente possível identificar, consoante os casos, o exclusivo da vertente médica ou a necessidade também, associada a esta, da vertente apoio social. Deve isso não apenas à natureza das situações (*supra*) – dependência por patologia ou dependência por idade –, mas também à duração dessa situação de doença ou de dependência e ainda, claro está, à prevalência do tipo de actuação requerida. Estes critérios, conjugados, permitem identificar dos tipos de intervenção previstos na lei os que melhor se adaptam a cada caso.

O *modus operandi* da RNCCI pode ser descrito da seguinte forma: «A passagem do hospital para os cuidados continuados no local adequado deve decorrer em passadeira vermelha, com base em critérios de avaliação do nível de dependência, a cargo de equipas de alta em hospitais e unidades sedeadas na comunidade, integrando pessoal dos serviços locais da segurança social e dos centros de saúde. Os cuidados paliativos, outra grande lacuna do sistema, passaram a ser prestados, de modo organizado, quer por hospitais, quer por equipas domiciliárias dos centros de saúde» (Campos, 2008, p. 107). Pela leitura do artigo 32.º do Decreto--Lei, poderemos então verificar que o ingresso da Rede é efectuado através de proposta, do lado hospitalar, das **equipas de gestão de altas** e, do lado domiciliário, das **equipas de cuidados continuados integrados**. A admissão nas diferentes Unidades, processa-se, por seu turno, dos seguintes modos:

1. Nas Unidades de Convalescença, mediante proposta da **equipa de gestão hospitalar**, na sequência de diagnóstico da situação de dependência elaborado pela equipa que preparou a alta hospitalar;
2. Nas Unidades de Média Duração e Reabilitação, mediante proposta da **equipa de gestão hospitalar** e é determinada pela equipa de coordenação local;

3. Nas Unidades de Cuidados Paliativos, mediante intervenção das equipas intra-hospitalares de suporte em cuidados paliativos, mediante proposta médica;
4. Nas Unidades de Longa Duração e Manutenção e nas Unidades de Dia e de Promoção da Autonomia, mediante determinação da **equipa de coordenação local**.
5. Cabe à **equipa de coordenação local** prever e propor a necessidade de cuidados de apoio social.

2.2. *As etapas de implementação da RNCCI; o programa modelar*

Quando a RNCCI foi criada em 2006, foram definidos alguns objectivos concretos e precisos do ponto de vista quantitativo. O período relevante para a implementação em todo o território nacional foi o período de dez anos (2006-2016). No primeiro ano, foram desenvolvidas experiências-piloto que, abrangeram, desde logo, a totalidade do território nacional. O processo avançaria em três fases: na primeira fase, de 2006 até 2009, assegurar-se-ia 30% da cobertura desejada; na segunda fase, entre 2009 e 2013, a cobertura atingiria os 60%; na terceira fase; dali até 2016, chegar-se-ia a 100% da cobertura. Foram então definidas como metas a alcançar em 2016 (integralidade da cobertura) as seguintes:

 – Unidades de Convalescença: 1,44 camas por 1000 habitantes com 65 anos ou mais (total de camas: 2782);
 – Unidades de Média Duração e Reabilitação: 1,6 camas por 1000 habitantes com 65 anos ou mais (total de camas: 3091);
 – Unidades de Internamento de Longa Duração e Manutenção: 4 camas por 1000 habitantes com 65 anos ou mais (total de camas: 7728);

- Unidades de Dia e de Promoção da Autonomia: 1,2 lugares por 1000 habitantes com 65 anos ou mais (total de lugares: 2318);
- Unidades de Cuidados Paliativos: 0,48 camas por 1000 habitantes com 65 anos ou mais (total de lugares: 927);
- Equipa Intra-Hospitalar de Cuidados Paliativos: 1 equipa por 250.000 habitantes (total de equipas: 40);
- Equipa Comunitária de Cuidados Paliativos: 1 equipa por 150.000 habitantes (total de equipas: 50);
- Equipa de Gestão de Altas: 1 equipa em cada hospital (total de equipas: 90 aprox.);
- Equipa de Cuidados Continuados Integrados: 1 equipa em cada centro de saúde (total de equipas: 360 aprox.).

Embora a coordenação global da Rede caiba ao Estado, sendo assegurada de forma conjunta pelos Ministérios da Saúde e da Segurança Social, os promotores e gestores das unidades e equipas da Rede podem ser, além de entidades do sector público (desde logo, os próprios centros de saúde), entidades do sector privado lucrativo e do sector social (v.g. instituições particulares de solidariedade social)[4]. Ainda assim, mesmo nestes casos, uma boa parte do financiamento cabe ao Estado.

Com vista à ampliação da RNCCI, foi recentemente aprovada a Portaria n.º 376/2008, de 23 de Maio, criando o *Programa Modelar*. Ao abrigo deste Programa, foram já celebrados com as Instituições Particulares de Solidariedade Social contratos com vista à aquisição de equipamentos, construção, remodelação e/ou ampliação para mais 3128 lugares em unidades de internamento em cuidados continuados. Trata-se de um investimento total na ordem dos 147 milhões de euros, com financiamento público na ordem dos 65 milhões de euros.

---

[4] Sobre o papel dos seguros privados no domínio dos cuidados de saúde continuados, *vide* Zanette e Ricatti (2006).

3. **Notas finais: do envelhecimento saudável ao envelhecimento activo**

A) O tema dos cuidados continuados remete-nos para a questão mais vasta, a da problemática do envelhecimento da população, as respostas que os governos e a sociedade apontam para acomodar os seus efeitos demográficos, sociais e económico-financeiros. O envelhecimento sugere diferentes perspectivas de abordagem, e por isso é objecto de atenção em diversos domínios que vão desde a Medicina e a Ética Médica à Sociologia e à Gerontologia Social, passando pela Filosofia e pela Economia. O envelhecimento é antes de mais nada um problema de dignidade humana. A importância que os cuidados continuados hoje assumem, enquanto vertente dos cuidados médicos em geral, para destes se autonomizarem e ganharem estatuto próprio, reside precisamente no reconhecimento do imperativo – que é ético desde logo – de dar ao idoso um tratamento digno, promovendo a sua qualidade de vida, seja através da reabilitação e de reforço da autonomia, seja, sempre que estes já não sejam possíveis, através do apoio à realização das tarefas fundamentais da vida diária do idoso e até ao fim da sua vida. Os cuidados continuados encerram justamente essa perspectiva, a da manutenção e preservação da vida, com a maior qualidade possível. A questão sugere uma outra, que aqui afloramos sem a tratar, mas que hoje está muito presente no debate filosófico e ético que a Medicina trava: a problemática da manutenção médica da vida nas situações incapacitantes mais graves, como aquelas que atingem muitos idosos. Nessas situações limite, como nos indica Battin (2008), os planos da dignidade da pessoa idosa (ou seja, a dignidade humana nos últimos anos da vida) são essencialmente três: *i)* a protecção da vida; *ii)* a evitação do sofrimento: *iii)* o respeito da autonomia. Sempre que estes três planos entram em conflito, cabe à Ética tentar apurar qual delas apreende melhor o sentido essencial da dignidade humana.

B) Os cuidados continuados na terceira e/ou na quarta idades são requeridos nas situações de envelhecimento não saudável. Como vimos antes, o factor demográfico é aqui mais preponderante na avaliação da despesa, mais até do que nos cuidados de saúde (em geral). Quanto a estes últimos, presume-se a melhoria do estado de saúde da população idosa – é para isso que servem, afinal, os cuidados médicos – ou seja há que contar, nessa estimação de custos, com o efeito do envelhecimento saudável. Pelo contrário, o campo dos cuidados continuados é o do envelhecimento não saudável; embora a reabilitação seja objectivo, no caso dos idosos, a situação de dependência, de limitações nas ADL, tende a ser irreversível. Enquanto que os cuidados continuados em relação aos idosos sugerem essa fatalidade – a do envelhecimento não saudável – a que uma boa parte destes se sujeita (os cuidados continuados limitar-se-ão tão só a manter e a prolongar a situação, tornando-a mais digna, menos penosa), o envelhecimento tem uma outra face mais feliz: o envelhecimento, o aumento da esperança média de vida (associados à melhoria dos cuidados médicos), empurram para mais tarde a doença e a debilitação física. Vive-se mais tempo, vive-se com mais saúde, vive-se mais tempo com mais saúde. O envelhecimento gera envelhecimento saudável.

Se isto é assim, a grande preocupação parece hoje estar no aproveitamento de todas as capacidades (remanescentes) do idoso. Do ponto de vista económico, significa aproveitar a sua capacidade de produzir; para as políticas públicas, impõe-se mantê-lo em actividade, por maior tempo possível, desonerando-se das despesas criadas com a terceira e quarta idades, mormente as despesas com pensões. O envelhecimento saudável, conceito relevante na Saúde, tem, como seu correspondente na Segurança Social, o conceito de envelhecimento activo. Também aqui aconteceu, nas últimas décadas, uma evolução no modo de encarar a velhice que aponta claramente para a perda de relevância do conceito de velhice cronológica (a idade legal ou normal de acesso à pensão[5]) em favor do conceito de velhice funcional – a ideia de flexibilização de acesso à pensão de velhice vai nesse sentido. Mas o aspecto mais interessante tem a ver precisamente com a concretização jurídico--legal do princípio do envelhecimento activo, concebido no seio da União Europeia e sugerido a todos os Estados membros, já no actual milénio. Aliás, a mudança de século e de milénio pareceu trazer, a este respeito, uma importante mutação *paradigmática*. Vejamos.

C) A década de noventa ficara marcada pela crença e pelo postulado de que o sistema de segurança social seria reformador se conseguisse responder ao problema do envelhecimento demográfico e, em simultâneo, garantir a regulação do desemprego, num quadro económico marcado pelo fraco ou nulo crescimento. Isso passou desde logo pelo recurso – qual solução milagrosa – ao mecanismo das *pensões antecipadas*. Com efeito, a nível europeu, as preocupações no plano social, em face do agravamento das taxas de desemprego, ficaram então marcadas pelo triplo objectivo "crescimento, competitividade e emprego", culminando na elaboração, primeiro, do *Livro Verde sobre a Política Social Europeia – Opções para a União* (1993) e, depois, dos *Livros Brancos sobre Crescimento, Competitividade e Emprego* (1993) e *sobre a Política Social Europeia – Como avançar na União* (1994). De qualquer forma, não ignorava já a Comissão Europeia,

---

[5] Fixada entre nós nos 65 anos de idade.

perante o fenómeno do envelhecimento da população, a necessidade de, a nível nacional, os Estados promoverem medidas de sentido inverso, isto é, no sentido do aumento gradual da idade da reforma. Ainda assim, como foi reconhecido pouco tempo depois pela própria Comissão (1995), «apesar de a tónica das políticas ter mudado, *a tendência para a reforma antecipada, em vez de diminuir no início dos anos 90, aumentou, fundamentalmente devido à recessão económica, que foi acompanhada por despedimentos em larga escala e pela falta de oportunidades alternativas de emprego para os que perdiam os seus postos de trabalho*» (p. 15) (sublinhado nosso). No entanto, desde logo se perceberam e contabilizaram os efeitos financeiros das antecipações de pensão (resultantes da diminuição de contribuições obtidas com os trabalhadores precocemente reformados, mas também do aumento da despesa com o pagamento das respectivas pensões antecipadas) e o reconhecimento de que o recurso massivo a este expediente padeceu de eficácia (não se confirmando a renovação geracional nos mesmos postos de trabalho). Isto mesmo levou à inflexão do rumo seguido[6].

Simultaneamente, muito por força da análise mais recente (no campo da Sociologia, da Gerontologia Social, etc.), a ques-

---

[6] Como aliás foi reconhecido pela Comissão das Comunidades Europeias (2000), no seu *Relatório sobre a Protecção Social na Europa 1999*, onde se dava conta da seguinte necessidade: «Inverter a tendência para a reforma antecipada entre os homens e aumentar o número de mulheres mais velhas economicamente activas terá de constituir um dos aspectos nucleares de qualquer política cujo objectivo seja aliviar a pressão exercida sobre os sistemas de protecção social». E logo de seguida acrescentava: «Há muita gente que se encontra igualmente numa situação de desemprego de longa duração, frequentemente seguida de uma reforma antecipada (...). A elevada taxa de desemprego de longa duração constitui uma das principais fontes de pressão que se exerce sobre os sistemas de protecção social em toda a União, estando também na origem da exclusão social» (p. 12).

tão do envelhecimento demográfico passa a ser considerada na sua complexidade, de uma forma integrada, que não se compadece já com a perspectiva tradicional e simplista de protecção social *passiva*, assente na subsidiação do idoso beneficiário. Subjacente parece ter estado outra mudança: passa-se da consideração do idoso como sujeito improdutivo e dispensável (designadamente no mercado de trabalho) à sua reabilitação, reconhecendo-se a mais valia da sua experiência e do seu saber e, acima de tudo, *relativizando-se o conceito de velhice, numa época em que se vive cada vez mais durante mais tempo, com melhores condições e qualidade de vida, numa época em que se faz perdurar assim, por tempo maior, as capacidades produtivas dos trabalhadores.*

A este propósito, assinalamos o estudo de QUARESMA (2006), em cujo resumo podemos encontrar as seguintes afirmações: «Uma aproximação às condições de vida da população acima dos 50 anos (activa e não activa), considerando o envelhecimento do envelhecimento, põe em evidência os desafios que enfrentamos não só no domínio do sistema de segurança social, como, globalmente, na organização social e na estruturação de respostas às expectativas e necessidades de uma população adulta cuja esperança de vida aumenta de forma constante e consistente. Novas e acrescidas potencialidades e oportunidades de acesso a melhores condições de existência conduzem a maiores exigências e expectativas de qualidade de vida, ao mesmo tempo que este ambiente de novas oportunidades e de grandes transformações é portador de riscos. Nesta perspectiva, e tendo como referências as recomendações internacionais neste domínio, bem como as experiências de outros países, as dimensões analíticas apontadas no presente Estudo valorizam, por um lado, a identificação de instrumentos de intervenção em matéria de apoios aos idosos, tanto na esfera do rendimento (protecção social), como na das condições de vida (habitat e saúde) e, por outro lado, fundamentam a necessidade das intervenções em matéria de emprego e formação profissional, tanto ao nível macro – gestão do envelhecimento activo – como na da qualificação dos recursos humanos das instituições prestadoras de serviços gerontológicos ...» (p. 179).

Desta última frase, retiramos o princípio fundamental que hoje subjaz às iniciativas de reforma dos sistemas de segurança social: o princípio do *envelhecimento activo*. É pois curioso notar como, em tão curto espaço de tempo, se passou, nos países europeus (incluindo Portugal), da exacerbação do recurso às pensões antecipadas, à consagração da ideia, completamente contrária, do envelhecimento activo da população, como resposta necessária aos problemas financeiros, sociais e económicos, da segurança social.

O exemplo desta alteração de fundo é dado pela apresentação do *Livro Verde* da Comissão (2005), *Uma nova solidariedade ente gerações face às mutações demográficas*, onde se assume, de forma inequívoca, esta nova nota dominante na configuração dos sistemas de protecção social europeus. Como refere OLIVEIRA DAS NEVES (2006), «a necessidade de "re-calibrar" os modelos de protecção social (...) pressupõe, antes de mais, um investimento ambicioso nos objectivos da Estratégia de Lisboa, designadamente no campo da criação e renovação do emprego, encetando um novo ciclo que favoreça a integração plena e qualificante dos jovens na vida activa, promova a adaptabilidade das empresas e dos activos empregados (sustentada pela aprendizagem ao longo da vida) e *estimule o envelhecimento activo, corrigindo a deriva para a socialização de custos ligada à saída precoce do mercado de trabalho, contrária ao interesse geral*» (p.3) (sublinhado nosso).

D) Em face dos dados demográficos disponíveis, Portugal encontrava-se até há bem pouco tempo numa situação relativa menos favorável do que a dos restantes Estados membros, quer no tocante à evolução do respectivo rácio de dependência, quer quanto à estimativa de evolução da despesa pública com pensões. Por isso, as alterações recentes ocorridas no sistema de pensões português (Decreto-Lei n.º 187/2007, de 10 de Maio), ao mesmo tempo que procuraram contribuir para inverter esta tendência, inserem-se claramente na nova orientação para-digmática atrás referida, a da promoção do envelhecimento activo. Das medidas já adoptadas, evidenciamos as seguintes mudanças:

a) Penalização e limitação acrescidas no acesso às pensões ante-cipadas e incentivo ao prolongamento da idade de acesso à pensão de velhice.

b) Aplicação de um factor de sustentabilidade na determi-nação do valor das pensões de velhice.

Como o factor de sustentabilidade está relacionada com a evolução da esperança média de vida, a partir do ano de 2006 até ao ano de requerimento da pensão (veja-se a fórmula no artigo 35.º do Decreto-Lei n.º 187/2007), estima-se que ele venha a ter, de facto, um efeito penalizador no valor das pen-sões futuras. Para compensar ou neutralizar tais efeitos, o legis-lador concebeu possibilidades de actuação, a saber: *i)* o beneficiário pode optar por trabalhar até mais tarde, deferindo o momento de acesso à pensão de velhice para data posterior àquela em que completaria os 65 anos de idade (fá-lo-á no quadro do regime de flexibilidade da idade de acesso à pensão, pelo prolongamento da vida activa); ou *ii)* ele pode contribuir pagando mais durante a sua carreira contributiva (toda ou em parte dela). Neste segundo caso, haverá lugar, por parte dos tra-balhadores abrangidos, a um esforço contributivo agravado, mediante o pagamento de uma nova taxa contributiva. Tal tem lugar no quadro do funcionamento do novo *regime público de capitalização*, previsto no artigo 82.º, em conjugação com o n.º 4 do artigo 57.º, ambos da LBSS, e regulamentado pelo Decreto-Lei n.º 26/2008, de 22 de Fevereiro.

E) Esta tendência que parece afirmar-se não é todavia ine-
lutável (ainda recentemente a OCDE voltou a preconizar as
antecipações de pensão...). Mas o envelhecimento parece um
dado adquirido. Isso coloca inúmeros desafios ao Estado (em
sentido amplo) e à sociedade; coloca novas necessidades no
campo das políticas públicas, mormente nas áreas da saúde e da
segurança social (integrando esta última, por sua vez, também a
acção social); coloca novas interrogações a que Ética procura
responder, esclarecendo o que seja a dignidade do idoso, no seu
confronto com a vida e com a morte; reclama o surgimento de
novas aptidões e formações profissionais, de que se evidencia a
Gerontologia Social. E coloca a questão de saber se se não jus-
tificará já a autonomização da *protecção jurídico-social do idoso (direito do idoso)*, que congregue – a partir da Constituição[7] –, as
diferentes tutelas, hoje disseminadas por vários ramos do Direito,
público (direito da saúde, direito da segurança social, regime da
acção social) e privado (especialmente o direito da família), tutelas muito segmentadas e porventura até desarticuladas entre si.

Bibliografia

BATTIN, Margaret Pabst, *Human Dignity and the very old: What comes between
now and death*, intervenção na Conferência "Uma Sociedade Madura
num Mundo Global", Fórum Gulbenkian da Saúde, 2008-2009, Novembro de 2008.

DIRECTORATE GENERAL FOR ECONOMIC AND FINANCIAL AFFAIRS –
EUROPEAN COMISSION, – *The impact of ageing on public expenditure: projections for the EU25 Member States on pensions, health care, long-term care,
education and employment transfers (2004-2050)*, 2006.

—— *The 2009 Ageing Report; Underlying Assumptions and Projection Metho-
dologies,* European Economie 7, 2008 (provisional version).

---

[7] Cf. artigo 72.º.

CAMPOS, António Correia, *Reformas da saúde – O fio condutor,* Almedina, Coimbra, 2008.

COMISSÃO DAS COMUNIDADES EUROPEIAS, – *Livro Verde sobre a Política Social Europeia – Opções para a União,* 1993, COM (93) 551, Novembro de 1993

—— *Livro Branco sobre Crescimento, Competitividade e Emprego – Os desafios e as pistas para entrar no século XXI,* COM (93) 700, Dezembro de 1993.

—— *Livro Branco sobre a Política Social Europeia – Como avançar na União,* COM(94) 333, Julho de 1994.

—— *Relatório sobre a Protecção Social na Europa 1999,* 2000.

—— *Livre Verde "Uma nova solidariedade entre gerações face às mutações demográficas",* COM (2005) 94, Março de 2005.

MARTINS, Joaquim Oliveira *et aliud* (2006), *Projecting OCDE Health and Long-Term Care Expenditures: What are the Main Drivers?,* OECD, ECO/WKP (2006)5.

NEVES, António Oliveira (2006), *Apresentação,* in *Cadernos Sociedade e Trabalho: Confrontar a transformação demográfica; uma nova solidariedade entre gerações,* 6, 2006.

QUARESMA, Maria de Lourdes (2006), *A evolução das aspirações e necessidades da população envelhecida – novas perspectivas de actuação e de intervenção,* in *Cadernos Sociedade e Trabalho: Protecção social,* 7, 2006.

ZANETTE, Alfeo e Monica Ricatti (2006), *Health Care Systems in the Industrialised Countries and the Role of Private Insurance,* in *European Papers on the New Welfare,* Paper n.º 6, 2006.

Capítulo IV
Regulação e auditoria pública no Sector da Saúde

Regulação Independente da Saúde

Álvaro Santos Almeida[*][1]

A experiência de regulação por uma entidade pública independente dedicada ao sector da saúde é relativamente recente em Portugal. A Entidade Reguladora da Saúde (ERS), entidade independente que tem por missão a regulação da actividade dos estabelecimentos prestadores de cuidados de saúde, do sector público, privado e social, independentemente da sua natureza jurídica, foi criada pelo Decreto-Lei n.º 309/2003, de 10 de Dezembro, tendo as suas atribuições, organização e funcionamento sido reestruturados pelo Decreto-Lei n.º 127/2009, de 27 de Maio.

A curta experiência da regulação independente da saúde em Portugal não impede que se proceda a um primeiro balanço à luz das considerações que motivaram a introdução deste novo modelo de regulação da prestação de cuidados de saúde. Assim, na secção 1 apresentam-se os princípios económicos que fundamentam a necessidade de regulação dos prestadores de cuidados de saúde, e as linhas gerais que deverão orientar essa regulação. Na secção 2, compara-se o modelo de regulação

[*] Presidente da Entidade Reguladora da Saúde.
Professor da Faculdade de Economia da Universidade do Porto.
[1] As opiniões expressas no artigo são da exclusiva responsabilidade do autor não coincidindo necessariamente com as das instituições que representa.

independente com modelos alternativos, e descrevem-se algumas experiências europeias de regulação independente da saúde. A secção 3 descreve o enquadramento legal da actividade da ERS, e a secção 4 apresenta as linhas gerais da actividade desta instituição. As conclusões são apresentadas na secção 5.

1. Fundamentação económica da regulação em saúde

Os prestadores de cuidados de saúde regulados pela ERS apresentam duas características fundamentais que importa aqui realçar. Em primeiro lugar, estima-se que 40% da despesa com cuidados de saúde é efectuada em entidades com natureza privada, com ou sem fins lucrativos (*vide* tabela 1); isto significa que apesar da posição maioritária do sector público, o sistema de saúde português se caracteriza por ser um sistema misto, com um peso significativo de prestadores privados.

Tabela 1
Despesa corrente com prestadores de cuidados de saúde
(2006, milhões de euros)

		Tipo de Prestador			
		Privado	Público	Total	%
Tipo de Financiador	Administrações Públicas	2.051	6.455	8.506	77%
	Sector privado	2.531	27	2.558	23%
	Total	4.581	6.483	11.064	
	%	41%	59%		

Fonte: INE e estimativas da ERS
Notas: exclui despesas com farmácias, outras vendas de bens médicos, provisão e administração de programas de saúde pública, produtores secundários de cuidados de saúde, e resto do mundo

Em segundo lugar, constata-se que a maioria dos prestadores de cuidados de saúde, independentemente da sua natureza pública ou privada, têm uma gestão do tipo empresarial (*vide* tabela 2), isto é, é dirigida por gestores profissionais, característica que se tem vindo a acentuar ao longo da última década.

Tabela 2
Número de empregos de profissionais de saúde (2009)

	Sector público	Sector privado	Total
Gestão empresarial	33%	29%	62%
Outras entidades	24%	14%	38%
Total	57%	43%	100%

Fonte: ERS
Notas: Gestão empresarial sector público = Hospitais e ULS EPE; Outras, sector privado: profissionais liberais + sociedades por quotas sem gestão profissional

As entidades empresariais são geridas em função de objectivos e resultados, pelo que o crescimento da gestão empresarial no sector da saúde deverá potenciar uma maior eficiência na utilização dos recursos dedicados a este sector. O aumento da eficiência na utilização dos recursos pode gerar três resultados possíveis: (i) mais e melhores serviços; (ii) menores custos de produção; ou (iii) uma combinação dos dois anteriores.

As efectivas consequências para os utentes da procura pelo aumento da eficiência dependerão da existência (ou não) de duas condições:

(i) Efectiva liberdade de escolha por parte dos utentes, o que só ocorrerá se existir suficiente concorrência entre estabelecimentos prestadores de cuidados de saúde;

(ii) Capacidade de escolha no acto da procura, o que exige o conhecimento, por parte dos utentes, das condições, em termos de preço e qualidade, dos serviços prestados pelos diferentes operadores.

Efectivamente, se os utentes usufruírem de uma real liberdade de escolha e de uma efectiva capacidade de escolha, então as entidades empresariais prestarão os serviços de saúde com a relação qualidade/preço desejada pelos utentes. Se uma dada entidade assim não o fizer, estará condenada à extinção por ausência de utentes, dado que estes irão procurar aquelas entidades que satisfazem os seus desejos. Nestas condições os interesses dos utentes e da sociedade estão devidamente protegidos.

Em muitas actividades económicas, o livre funcionamento dos mecanismos de mercado garante a verificação deste resultado. Mas esse não é o caso da prestação de cuidados de saúde, por dois conjuntos de razões que genericamente se designam por "falhas de mercado".

Em primeiro lugar, a prestação de cuidados de saúde está sujeita a fortes assimetrias de informação. Por um lado, os utentes não possuem o conhecimento necessário a uma escolha eficaz dos prestadores, faltando-lhes conhecimento técnico para identificar o tipo de serviços que necessitam e quais as técnicas apropriadas à sua condição. Por outro lado, verifica-se uma ausência de correlação directa entre os serviços prestados e o estado de saúde. Estes dois aspectos diminuem decisivamente a capacidade dos utentes efectuarem escolhas que maximizem a sua utilidade.

Em segundo lugar, no sector da saúde os mercados são geralmente caracterizados por estruturas de concorrência imperfeita, uma vez que existem barreiras à entrada de novos operadores (como o número de profissionais qualificados limitado e a existência de fortes economias de escala e de gama em alguns subsectores), e que o sector público tem uma posição dominante, quer na prestação, quer no financiamento, dos cuidados de saúde. Estes limites ao ambiente concorrencial dos mercados da saúde tendem a diminuir a liberdade de escolha de que gozam os utentes.

A gestão empresarial e a procura da eficiência no sector da saúde introduzem, por isso, riscos importantes no que respeita ao acesso e direitos dos utentes, dada a existência de falhas nos mercados da saúde, riscos esses que podem ser agrupados em três grandes blocos:

A) Indução artificial da procura:
O facto de os prestadores de cuidados de saúde terem uma vantagem informacional significativa face aos utentes (mais e melhor informação), e de dominarem os processos pelos quais a prestação de cuidados de saúde é disponibilizada aos utentes, coloca-os na posição de poderem determinar a procura de serviços de saúde. Existirá, assim, a possibilidade, e como tal, o risco, de os prestadores induzirem os utentes a procurar cuidados de saúde que não satisfazem qualquer necessidade real do utente. Neste caso, tratando-se de necessidades artificiais, estaremos perante a indução artificial da procura de cuidados de saúde, que determinará um excesso de consumo de serviços de saúde (e de despesa) face às reais necessidades da população, para além de sujeitar os utentes a procedimentos desnecessários, por vezes incómodos.

B) Selecção de utentes, em função das suas características:
Quando o custo esperado do tratamento de um doente é superior ao pagamento contratualmente fixado, o prestador tem incentivos a rejeitar esse doente, ou a reduzir a quantidade e/ou qualidade de cuidados que lhe são prestados. O primeiro destes fenómenos consiste na selecção de utentes, em função das suas características, por parte dos prestadores (restrições a patologias com pior relação preço/custo de produção) e por parte dos financiadores (restrições de coberturas implícitas ou explícitas), levando à discriminação de determinados grupos de cidadãos e pondo em causa o direito de acesso universal aos cuidados de saúde. Alternativamente, mesmo em casos em que não há uma rejeição explícita dos doentes menos rentáveis,

podem estes doentes ser vítimas de tratamento diferenciado em termos de qualidade e quantidade de cuidados, situação que configura igualmente uma violação do direito à saúde e que cria desigualdades entre os cidadãos.

C) Redução da qualidade dos serviços prestados:
Em mercados em que os serviços são financiados por terceiros que têm tabelas de preços predeterminadas (como é o caso dos serviços prestados no âmbito do SNS, subsistemas, seguros de saúde, i.e., a maior parte dos serviços de saúde), o aumento da rendibilidade passará pela redução dos custos. Uma das formas de obter a redução de custos será a diminuição da qualidade do serviço, que poderá ser operada sem consequências quanto ao número de utentes que procuram a entidade até ao ponto em que se torne perceptível pelos utentes. Ora, dada a significativa assimetria informacional entre prestadores e utentes, o risco de uma redução significativa na qualidade é grande.

Tais falhas dos mercados da saúde e riscos potenciais representam desafios de regulação, havendo um benefício social e económico claro da implementação de um sistema de regulação eficaz que seja capaz de exercer uma efectiva prevenção, fiscalização e sancionamento destas práticas nocivas dos direitos e interesses dos utentes dos serviços de saúde.

2. Modelos de regulação do sistema de saúde

Em linhas gerais, a regulação consiste no exercício, por uma autoridade pública, de controlo sobre actividades, de agentes económicos autónomos, que são valorizadas socialmente. Os principais tipos de instrumentos de que a regulação dispõe para levar a cabo esse controlo são as regras e restrições legais e formais (legislação, códigos de conduta, recomendações) e os sistemas de incentivos (financeiros e não financeiros, positivos ou negativos).

A regulação do sector da saúde pode ser efectuada por um leque variado de instituições, desde a administração pública, directamente dependente do governo, passando pelos "institutos públicos", indirectamente dependentes do governo, entidades públicas independentes, ordens profissionais e tribunais. A eficácia do sistema de regulação exige que cada instituição regule as áreas onde dispõe de uma vantagem comparativa.

A regulação exercida por entidades reguladoras independentes apresenta quatro grandes vantagens comparativas, associadas à sua característica mais vincada, a independência da função reguladora, quer em relação ao governo, quer em relação aos próprios agentes do respectivo mercado.

Em primeiro lugar, se regulação for exercida por uma entidade reguladora independente, garante-se a separação entre regulação e política de saúde. A regulação via administração directa do Estado poderá confundir a definição das "regras do jogo" (política) com a sua aplicação (supervisão), ao passo que a regulação independente imprime maior clareza na implementação das "regras do jogo", uma vez que não participa na sua definição. Adicionalmente, a separação entre regulação e política de saúde assegura a neutralidade da gestão reguladora, isenta de critérios políticos no processo de decisão, que lhe permite prosseguir o interesse público com uma lógica predominantemente técnica, garantindo uma maior transparência e estabilidade da regulação. A conjugação destes dois factores permite condições mais favoráveis ao planeamento e investimento no sector da saúde.

Em segundo lugar, a regulação independente garante separação entre regulação e prestação. Quando o Estado tem um papel decisivo enquanto prestador de cuidados de saúde, e face ao princípio e necessidade de a regulação incidir sobre todos os prestadores (privados ou públicos), a efectiva separação entre as funções de prestação e regulação conseguida com o modelo de regulação independente permite a garantia de equidade – isto é a garantia de que a regulação é igual para todos os prestadores. Só a regulação independente garante a imparcialidade da regulação, reforçando a eficácia da regulação do mercado, já que se trata de um conceito de imparcialidade distinto do usualmente considerado no seio da actuação administrativa *stricto sensu*, aqui assente na ideia de terceiro em relação às partes.

Em terceiro lugar, ao contrário do que acontece com outras formas institucionais de regulação, a existência de um organismo regulador "dedicado" e independente permite que a regulação se exerça sobre todo o sistema de saúde, e não apenas sobre algumas das suas dimensões (por exemplo, as ordens profissionais exercem um regulação parcelar na medida em que cada ordem apenas regula uma das várias profissões no sector da saúde). Esta visão global e sistémica permite uma melhor coordenação e maior eficácia na regulação.

Finalmente, quando a regulação não é efectivamente independente, existe o risco – e cria-se um legítimo clima de suspeição – de que o regulador seja capturado por interesses corporativos ou privados. Por exemplo, é possível que a administração directa defenda os interesses dos prestadores públicos, e que as ordens profissionais defendam os interesses dos seus membros, em detrimento dos direitos dos utentes.

Note-se que a independência de que gozam as autoridades administrativas independentes, designadamente a sua completa independência hierárquica, não coloca necessariamente em causa a legitimidade democrática das mesmas. Bastará que o regulador esteja sujeito a um procedimento transparente e participativo, que envolva os interessados no sector, e que permita a verificação permanente de que o regulador limita a sua actuação à estrita obediência às regras estabelecidas pelo poder político.

As vantagens do modelo de regulação independente têm vindo a ser reconhecidas em todo o mundo, existindo já um número relevante de países onde entidades com algum grau de independência têm um papel importante no modelo de regulação. Note-se que a grande diversidade de modelos de organização dos sistemas de saúde se reflecte numa grande diversidade de modelos de regulação em saúde, mas em todos os sistemas de saúde a regulação é multi-polar, coexistindo no mesmo sistema várias instituições com funções de regulação.

Exemplos de entidades públicas independentes com funções de regulação na saúde relevantes encontram-se, por exemplo, na Escócia, na França, na Holanda e em Inglaterra. A *Scottish Commission for the Regulation of Care*, é uma entidade independente, criada em 2002, responsável pela regulação dos serviços de cuidados de saúde na Escócia, tendo como principais actividades o registo dos operadores, a inspecção da qualidade nos serviços e o tratamento de queixas dos utentes. Em França, a *Haute Autorité de Santé* é uma entidade pública que goza de estatuto de independência, e que tem como principais actividades a avaliação da fundamentação das questões de reembolso das prestações de saúde, a certificação/acreditação de estabelecimentos de saúde, a avaliação periódica do serviço esperado ou prestado pelos prestadores de saúde, a certificação de sites de saúde e softwares específicos e a avaliação da qualidade dos cuidados sanitários da população. Na Holanda, a *Nederlandse Zorgautoriteit* (NZA) é a entidade responsável pela regulação dos mercados de seguro e de prestação de cuidados de saúde, tratando-se de uma entidade com estatuto de independência face ao governo. Finalmente, a *Care Quality Commission* é a entidade reguladora dos cuidados de saúde e serviços sociais na Inglaterra.

Trata-se de uma entidade pública independente, sendo o seu âmbito de regulação o serviço nacional de saúde inglês, as autoridades locais, os operadores privados e as organizações voluntárias. As suas principais actividades passam pelo registo de prestadores de cuidados de saúde e serviços sociais, a garantia da qualidade dos cuidados prestados, a inspecção e monitorização de todos os serviços de saúde e sociais, a avaliação da performance dos serviços de saúde e sociais e a prestação de informação ao público sobre a qualidade dos serviços.

3. Enquadramento legal da Entidade Reguladora da Saúde

Tendo sido criada pelo Decreto-Lei n.º 309/2003, de 10 de Dezembro, a ERS conheceu já em 2009 a reestruturação das suas atribuições, organização e funcionamento, através da entrada em vigor do Decreto-Lei n.º 127/2009, de 27 de Maio. A ERS é uma entidade independente, que tem por missão a regulação da actividade dos estabelecimentos prestadores de cuidados de saúde. O seu universo de regulação inclui todos os estabelecimentos prestadores de cuidados de saúde do território continental, do sector público, privado e social, independentemente da sua natureza jurídica, exceptuando-se as farmácias e toda a fileira do medicamento e produtos médicos. Assim, serão estabelecimentos regulados pela ERS hospitais, clínicas, centros de saúde, laboratórios de análises clínicas, termas e consultórios.

A efectiva independência da actividade da ERS decorre do desenho institucional previsto na lei, e, em particular, da independência dos membros do Conselho Directivo, que não podem ser demitidos, excepto em caso de falha grave, e estão sujeitos a um apertado regime de incompatibilidades que visa garantir a ausência de qualquer ligação entre os membros do Conselho

Directivo e os agentes sujeitos à sua regulação. Note-se, porém, que a independência não se confunde com irresponsabilidade, uma vez que as decisões do Conselho Directivo estão limitadas pelo estrito cumprimento da lei, pela sua fiscalização pelo sistema judicial, e ainda pela responsabilidade pública da instituição, materializada na prestação de contas à Assembleia da República, ao Governo, e ao público em geral, e perante o Conselho Consultivo da ERS.

As atribuições da ERS compreendem a supervisão dos estabelecimentos prestadores de cuidados de saúde no que respeita ao cumprimento dos requisitos de exercício da actividade e de funcionamento, à garantia dos direitos relativos ao acesso aos cuidados de saúde e dos demais direitos dos utentes, e à legalidade e transparência das relações económicas entre os diversos operadores, entidades financiadoras e utentes.

A regulação levada a cabo pela ERS é uma regulação secundária, na medida em que exerce os seus poderes de regulamentação de forma independente, mas sempre sem prejuízo dos princípios orientadores da política de saúde fixados pelo Governo. Assim, a actividade principal da ERS é a supervisão do sistema de saúde existente, tal como ele foi definido pelas políticas de saúde, e não a definição ou avaliação destas políticas.

Concretamente, os objectivos da actividade reguladora da ERS consistem em velar pelo cumprimento dos requisitos do exercício da actividade dos estabelecimentos prestadores de cuidados de saúde, assegurar o cumprimento dos critérios de acesso aos cuidados de saúde, garantir os interesses e direitos legítimos dos utentes, velar pela legalidade e transparência das relações económicas entre todos os agentes do sistema, e defender a concorrência nos segmentos abertos ao mercado.

Para alcançar os objectivos da actividade reguladora, a ERS dispõe de um leque alargado de instrumentos de regulação, nomeadamente o tratamento de reclamações e outras exposições de utentes, prestadores e instituições, a realização de fiscalizações aos estabelecimentos prestadores de cuidados de saúde, a investigação de falhas comportamentais graves dos prestadores, a realização de estudos sobre problemas sistémicos na organização do sistema de saúde, a implementação de modelos de monitorização e avaliação, a emissão de instruções aos prestadores de cuidados de saúde, a emissão de recomendações, a aplicação de sanções, e a emissão de regulamentos de eficácia externa.

A aplicação de sanções pecuniárias ocorre quando exista não cumprimento da «Carta dos Direitos dos Utentes», das obrigações legais relativas à acreditação e certificação de estabelecimentos, ou das obrigações legais relativas ao tratamento de queixas e reclamações, ou quando ocorra o desrespeito de norma ou decisão da ERS, a não prestação de informações ou prestação de informações falsas, a recusa de colaboração com a ERS ou obstrução ao exercício por esta dos seus poderes, o funcionamento de estabelecimentos que não se encontrem registados ou que não cumpram requisitos legais e regulamentares, ou a violação das regras relativas ao acesso aos cuidados de saúde, incluindo a violação da igualdade e universalidade no acesso ao SNS e a indução artificial da procura. Para além de sanções pecuniárias, a ERS pode ainda determinar a aplicação de sanções acessórias, designadamente a sanção de encerramento total ou parcial de estabelecimentos e a suspensão de autorizações, licenças e alvarás.

4. Actividade desenvolvida pela ERS

A actividade da ERS foi desenvolvida ao abrigo do Decreto-Lei n.º 309/2003, de 10 de Dezembro, dado que a actual lei orgânica só foi adoptada com a entrada em vigor do Decreto-

Lei n.º 127/2009, de 27 de Maio. Apesar de existirem diferenças importantes nas competências atribuídas pelos dois diplomas, quase toda a actividade passada da ERS é enquadrável na actual lei orgânica, pelo que se optou apresentá-la segundo a sistematização do Decreto-Lei n.º 127/2009, de 27 de Maio.

4.1. *Controlo dos requisitos de funcionamento*

Sendo um dos objectivos da regulação velar pelo cumprimento dos requisitos do exercício da actividade dos estabelecimentos prestadores de cuidados de saúde, incumbe à ERS proceder ao registo público desses estabelecimentos, pronunciar-se e fazer recomendações sobre os requisitos necessários para o funcionamento dos estabelecimentos, e velar pelo cumprimento dos requisitos legais de funcionamento e sancionar o seu incumprimento.

O Sistema de Registo de Estabelecimentos Regulados (SRER), implementado pela ERS para concretizar o processo de registo público das entidades que gerem ou detêm estabelecimentos onde são prestados cuidados de saúde, é totalmente informatizado, baseando-se num procedimento de auto-registo, e de manutenção desse registo, através do website da ERS. Em 30 de Junho de 2009 encontravam-se correctamente registadas (processo de registo completo e devidamente validado pelos serviços da ERS) 8.295 entidades gestoras de 11.969 estabelecimentos de saúde. A informação constante do registo está disponível ao público, através do website da ERS, onde se encontra um motor de busca que permite aos utentes pesquisar informação sobre todas as entidades prestadoras de cuidados de saúde.

A ERS tem-se pronunciado sobre os requisitos necessários para o funcionamento dos estabelecimentos no âmbito de vários estudos, como, por exemplo, o "Estudo sobre o regime de licenciamento dos estabelecimentos prestadores de cuidados de saúde" do qual resultou a emissão, em 2007, de um conjunto de recomendações ao Governo que visavam a introdução de mecanismos e fórmulas que facilitem e agilizem o processo de licenciamento, garantindo a sua efectivação.

Com o objectivo de aferir o cumprimento de determinados requisitos legais de funcionamento e sancionar o seu incumprimento, a ERS efectua fiscalizações temáticas nos estabelecimentos prestadores de cuidados de saúde, que em 2008 abrangeram um total de 1.059 prestadores, e investiga participações e reclamações sobre alegado incumprimento das obrigações legais e regulamentares de funcionamento dos estabelecimentos que lhe são remetidas.

Como consequência da actividade fiscalizadora foram instaurados, até final de 2008, 309 processos de contra-ordenação relacionados com a inexistência do Livro de Reclamações e outras ilegalidades relativamente ao funcionamento dos prestadores de cuidados de saúde.

4.2. *Garantia de acesso aos cuidados de saúde*

Com vista a assegurar o cumprimento dos critérios de acesso aos cuidados de saúde, a ERS tem vindo a adoptar uma estratégia que conjuga a investigação de casos concretos de dificuldades de acesso graves com a realização de estudos que visam identificar problemas sistémicos.

Como resultado da investigação de casos concretos de desigualdades no acesso aos cuidados de saúde, como, por exemplo, a cobrança de taxas moderadoras a utentes isentos, a ERS emitiu, até ao final do primeiro semestre de 2009, 4 instruções e 7 pareceres ou recomendações, a prestadores ou entidades responsáveis. As investigações de práticas de discriminação ou rejeição infundada de doentes, como, por exemplo, a existência de tempos de espera para marcação de consultas diferenciados para utentes com diferentes financiadores, resultaram na emissão de 13 instruções e uma recomendação.

A ERS tem vindo a realizar estudos que visam a detecção e análise sistemática de desigualdades, nomeadamente regionais, no acesso aos serviços de saúde, através da caracterização da rede de oferta de serviços de diversas valências, como os serviços de Medicina Física e de Reabilitação, Otorrinolaringologia, Cardiologia e Cuidados de Saúde Primários. Por outro lado, a ERS efectua estudos de monitorização das práticas de transferência e referenciação, com vista a detectar eventuais práticas de rejeição discriminatória de pacientes, através da análise dos movimentos de determinadas categorias de doentes, como foram os casos dos doentes com esclerose múltipla ou os doentes com descolamento da retina. Com base nas conclusões destes estudos, o Conselho Directivo da ERS emitiu várias recomendações ao Governo.

Na linha da garantia do acesso aos cuidados de saúde, incumbe também à ERS prevenir e punir as práticas de rejeição discriminatória ou infundada de pacientes nos estabelecimentos públicos de saúde, zelar pelo respeito da liberdade de escolha nos estabelecimentos de saúde privados, e prevenir e punir as práticas de indução artificial da procura de cuidados de saúde. Para tal, a ERS implementou modelos de monitorização e detecção de práticas sistemáticas de discriminação ou rejeição infundada de utentes e de indução artificial da procura, através da identificação de padrões na actividade dos prestadores que indiciem estas práticas.

4.3. *Defesa dos direitos dos utentes*

Para garantir os direitos dos utentes de cuidados de saúde, a ERS vem assumindo uma estratégia assente em três pontos: assegurar a disponibilização de informação que permita aos utentes efectuar as melhores escolhas; promover a divulgação de indicadores de qualidade dos vários níveis de serviço prestado; e promover o desenvolvimento de mecanismos susceptíveis de facilitar o diálogo entre utentes e operadores, dando aos cidadãos instrumentos de defesa dos seus direitos e interesses.

Nesse sentido, a ERS encontra-se a implementar o projecto--piloto do Sistema Nacional de Avaliação em Saúde (SINAS). Este SINAS visa proporcionar ao público em geral um conhecimento simplificado, transparente e objectivo da qualidade dos serviços a obter nos diversos prestadores de cuidados de saúde, e assenta num sistema de *rating* dos prestadores de cuidados de saúde, materializada na atribuição de uma classificação simples a cada prestador, em função dos resultados do sistema de avaliação. Também faz parte do SINAS a disseminação de informação sobre classificações atribuídas, de forma facilmente acessível ao público em geral, através do website da ERS.

Uma outra actividade com o intuito de promover a defesa dos direitos dos utentes é o tratamento das reclamações dos utentes, garantindo que estes usufruem de efectiva capacidade de reclamação, o que se revela fundamental para garantirem que os seus interesses são protegidos. O Sistema de Gestão de Reclamações da ERS visa monitorizar as queixas e reclamações dos utentes dos serviços de saúde e o seguimento dado pelos operadores às mesmas. Além das reclamações provenientes dos Livros de Reclamações de modelo oficial (Decreto-Lei n.º 156/2005, de 15 de Setembro), são recebidas e tratadas as provenientes do Livro de Reclamações On-line, disponível no sítio da ERS, e ainda exposições avulsas de utentes dirigidas à

ERS ou outras entidades públicas. No ano de 2006 foram recebidas 699 reclamações, 3.360 em 2007 e 6.647 em 2008. Os tempos de espera, a qualidade da assistência administrativa e a qualidade da assistência de cuidados de saúde são os assuntos mais recorrentes.

Ainda no âmbito da defesa dos direitos e interesses legítimos dos utentes, a ERS vem realizando estudos temáticos na área da avaliação dos serviços prestados pelos estabelecimentos de cuidados de saúde, tendo já analisado, neste âmbito, os centros de nascimento privados, as práticas relacionadas com a obtenção de consentimento informado, e a qualidade da cirurgia de ambulatório actualmente praticada em Portugal.

4.4. *Regulação económica*

Uma das alterações substantivas introduzidas pelo Decreto-Lei n.º 127/2009, de 27 de Maio, é a atribuição à ERS de funções de regulação económica propriamente dita.

Nesse âmbito, cumpre-lhe elaborar estudos e emitir recomendações sobre as relações económicas na saúde, tendo em vista o fomento da transparência, da eficiência e da equidade do sector. Na prática, a ERS vinha já realizando estudos sobre áreas onde a transparência das relações económicas possa ser diminuída, sendo exemplo o estudo "Emissão de Recibos e Respectivo Conteúdo no Âmbito da Prestação de Cuidados de Saúde – A Perspectiva dos Direitos dos Utentes", bem como procedendo à investigação de participações e reclamações de utentes ou prestadores que indiciem casos de violação da legalidade e falta de transparência relativamente às relações económicas entre os agentes. A ERS emitiu, até ao final do primeiro semestre de 2009, 2 instruções e 2 pareceres ou recomendações, a prestadores ou entidades responsáveis, sobre estes assuntos.

Noutro plano, incumbe também à ERS emitir recomendações sobre acordos no âmbito das convenções, bem como sobre outros contratos de concessão e gestão. Sobre este tema, a ERS realizou em 2006 um estudo, actualizado em 2008, que visou a "Avaliação do Modelo de Celebração de Convenções pelo SNS", de onde resultou a emissão de uma recomendação ao Governo. Adicionalmente, a ERS emitiu, até ao final do primeiro semestre de 2009, 9 instruções e 3 pareceres ou recomendações, relativos a questões relacionadas com problemas resultantes da existência e celebração de acordos ou convenções pelos prestadores de cuidados de saúde com as diversas entidades financiadoras dos utentes.

Também compete à ERS elaborar estudos e emitir recomendações sobre a organização e o desempenho dos serviços de saúde do SNS, emitir recomendações sobre os requisitos e regras relativos aos seguros de saúde e cooperar com o ISP na sua supervisão, e ainda, pronunciar-se sobre o montante das taxas e preços de cuidados de saúde administrativamente fixados ou estabelecidos por convenção entre o SNS e entidades externas, e velar pelo seu cumprimento. Neste âmbito, a ERS emitiu, até ao final do primeiro semestre de 2009, 10 instruções e 1 parecer.

4.5. *Defesa da concorrência*

Em matéria de concorrência entre operadores, cumpre à ERS identificar as actividades abertas ao mercado sujeitas à sua jurisdição, e zelar pelo respeito da concorrência nestas. Nesse âmbito, a ERS vem procedendo à definição dos "mercados relevantes" da Saúde, e à avaliação do grau de concorrência possível naqueles mercados, com base em conhecimentos sectoriais específicos. Foram realizados estudos sobre a concorrência efectiva e potencial nos sectores de análises clínicas, transporte terrestre de doentes, hemodiálise, imagiologia e meios complementares de diagnóstico de cardiologia.

Relativamente às questões da concorrência, uma tarefa para a qual a ERS é, por via dos conhecimentos sectoriais específicos de que dispõe, a entidade mais bem preparada, é a da definição dos mercados relevantes da Saúde. A ERS vem desenvolvendo o levantamento exaustivo dos vários mercados relevantes existentes no sector de prestação de cuidados de saúde, com vista à análise da possibilidade de concorrência em cada mercado.

Finalmente, a ERS colabora com a Autoridade da Concorrência dando resposta a pedidos de parecer solicitados relativos a operações de concentração envolvendo empresas do sector da Saúde.

5. **Conclusões**

A teoria económica e a experiência nacional e internacional sustentam a necessidade de uma regulação eficaz do sistema de saúde, onde a regulação independente desempenha um papel fundamental. A criação da ERS veio colmatar uma lacuna no sistema regulatório português, como é demonstrado pela importante actividade que a ERS desenvolveu nos seus primeiros cinco anos de existência. A reestruturação das suas atribuições, organização e funcionamento pelo Decreto-Lei n.º 127/2009, de 27 de Maio, vem aproximar mais a missão da ERS do modelo teórico de regulação independente, pelo que a eficácia da sua acção deverá ser reforçada no futuro.

AUDITORIA E AVALIAÇÃO DAS ACTIVIDADES EM SAÚDE

*José Martins Coelho**

1. As reformas no sector da saúde e o controlo público

Na génese da política de reformas da saúde estiveram preocupações com a optimização dos recursos afectos ao sector, face ao aumento tendencial da despesa[1], gerador de fortes pressões orçamentais no financiamento público, como consequência da inovação tecnológica indutora de acréscimos de custos, de ineficiências técnicas e económicas na afectação dos recursos bem como do envelhecimento da população, a que está associado o acréscimo da prestação de cuidados a pessoas socialmente dependentes. A estes factores acresceram a insatisfação dos utentes com a rigidez do funcionamento do sistema de saúde e uma maior exigência dos cidadãos para com o funcionamento dos serviços públicos.

À semelhança de outros países europeus, as reformas tiveram por objectivo incrementar a eficiência e a produtividade do sistema, assegurando a solidariedade e a equidade no acesso a cuidados de qualidade, exigidos pelos utentes, na sua dupla

---

* Subinspector-Geral das Actividades em Saúde.
[1] A despesa total com a saúde passou de 8,8% do PIB em 2000 para 10,2% do PIB em 2006, vide Relatório de Primavera 2009 do Observatório Português dos Sistemas de Saúde.

condição de consumidores de cuidados de saúde e de contribuintes que, através dos impostos, financiam a despesa dos serviços públicos.

Para a consecução daquele objectivo, pretendeu-se introduzir
mecanismos de mercado e de competição entre prestadores de
cuidados num modelo clássico de sistema de saúde fortemente
centralizado, caracterizado pela integração financiador-prestador,
em que a autoridade se exerce pela via hierárquica, sem lugar à
negociação, onde o financiamento assenta basicamente nos impostos e a prestação de cuidados de saúde é, sobretudo, assegurada
por instituições do sector público geridas segundo as suas regras.

A separação entre entidade financiadora e entidades prestadoras de serviços de saúde teve um papel determinante, permitindo
o desenvolvimento de mecanismos de financiamento relacionados com a produção e o desempenho e, designadamente, a
negociação e a contratualização de serviços, pretendendo-se favorecer a eficiência na afectação e gestão de recursos, com a explicitação de compromissos e motivações económicas para a alcançar.

A publicação da actual lei de gestão hospitalar e o processo
de empresarialização de estabelecimentos hospitalares que se
lhe seguiu[2] constituiu um passo determinante para a flexibilização da gestão. Embora anteriormente, já tivesse sido feita
uma reforma intermédia, com a atribuição de autonomia administrativa e financeira aos hospitais, transferindo parte do controlo de gestão para gestores ao nível das próprias instituições,
tal não significou uma efectiva separação entre financiador
e prestadores de cuidados, por duas ordens de razões, por

---

[2] Lei n.º 27/2002, que aprovou o novo regime jurídico da gestão hospitalar e Decretos-Lei n.ᵒˢ 272/2002 a 302/2002, que criaram 31 sociedades
anónimas hospitalares, posteriormente transformadas em Entidades Públicas Empresariais.

um lado, as referidas instituições mantiveram uma forte ligação hierárquica às estruturas centrais e, por outro lado, mantiveram as características básicas de "unidades orçamentais" com um financiamento assente em orçamentos históricos baseados na despesa.

Actualmente, o tecido de prestadores ao nível dos cuidados hospitalares, é ainda dominado por instituições públicas, coexistindo as integradas no sector público administrativo com as que revestem a forma jurídica de entidades públicas empresariais (Hospitais, EPE). Contudo, as medidas tomadas apontam para a instituição de um mercado misto, em que prestadores públicos e privados competem por contratos. A entrada em funcionamento de estabelecimentos hospitalares privados de saúde e o concomitante crescimento dos seguros de saúde são uma realidade mais recente mas já com uma dimensão significativa (a despesa privada representa cerca de 30% do «mercado da saúde»[3]). No âmbito hospitalar, importa ainda referir a entrada em cena das parcerias público-privadas para a construção e gestão de novos hospitais e, também, a emergência de centros de responsabilidade integrada em hospitais públicos, com os quais se pretende designadamente, aproximar a tomada de decisão dos níveis de operacionalização e integrar as decisões clínicas e assistenciais com as económico-financeiras[4].

Importa ainda referir a criação de Unidades Locais de Saúde, que integram numa única entidade pública os vários serviços e instituições do Serviço Nacional de Saúde (SNS) existentes numa determinada área geográfica, dadas as vantagens que se

---

[3] Conforme ´Relatório de Primavera 2009 do Observatório Português dos Sistemas de Saúde.

[4] A figura dos Centros de Responsabilidade Integrados foi criada pelo Decreto-Lei n.º 374/99.

reconhecem na adopção desse modelo organizacional, designadamente para uma maior eficácia na articulação entre cuidados
de saúde primários e cuidados diferenciados[5].

As reformas não se restringiram aos cuidados de saúde hospitalares. No campo da saúde pública deu-se um maior enfoque à
prevenção da doença, com a intervenção de parceiros públicos
(outros ministérios, autarquias locais, ...) e outros actores sociais[6], envolvendo e facilitando o investimento multissectorial
em áreas que influenciem a saúde. Reorganizou-se e promo-
veu-se a rede dos cuidados primários como "porta de entrada"
no sistema (criação dos Agrupamentos de Centros de Saúde e
de Unidades de Saúde Familiares). Redesenhou-se a rede dos
serviços de urgência (com a criação de Serviços de Urgência
Básica), instituiu-se uma rede de cuidados continuados, até
agora inexistente, com recurso à contratualização da prestação
de cuidados por entidades públicas e do sector social bem
como por unidades privadas de saúde.

As reformas foram acompanhadas pela criação em 2003 de
uma Entidade Reguladora da Saúde, independente do governo,
cujas atribuições "compreendem a regulação e a supervisão da
actividade e funcionamento dos estabelecimentos, instituições e
serviços prestadores de cuidados de saúde", cabendo-lhe, nomeadamente, garantir a concorrência entre os operadores, no
quadro da prossecução dos direitos dos utentes.

No contexto das reformas da Administração Pública e no
âmbito das orientações definidas pelo Programa de Reestruturação da Administração Central do Estado, a ex-Inspecção-

---

[5] A criação de USL replica a experiência inovadora instituída em 1999
no município de Matosinhos.

[6] Estima-se que os factores sócio-económicos, ambientais e biológicos
contribuam com 80% para a produção social da saúde e que a prestação de
cuidados directos de saúde contribuam apenas com 20%.

-Geral da Saúde, foi objecto de reestruturação e, "mantendo a sua vocação de instância de controlo do orçamento da saúde e do funcionamento das instituições e serviços," viu alargado o seu âmbito de actuação aos serviços centrais[7] bem como às entidades privadas de saúde.

As reformas referidas conjugadas com o alargamento do âmbito da intervenção da Inspecção-Geral das Actividades em Saúde (IGAS) colocaram novos desafios e obrigam à adopção de metodologias adequadas a um universo de controlo que passou a abranger uma multiplicidade de operadores, com diferentes estatutos jurídicos, em lugar de um conjunto de entidades públicas que funcionavam como "unidades orçamentais", financiadas através de orçamentos históricos com base na despesa, que, até então, constituíram o campo de intervenção da Inspecção-Geral.

O controlo das novas modalidades de gestão pública (parcerias público privadas, empresarialização de hospitais públicos, contratualização da prestação de serviços com entidades privadas e do sector social, ...) não poderá continuar centrado apenas na verificação do respeito pelos "tectos" orçamentais e do cumprimento das leis e regulamentos aplicáveis aos organismos públicos. As formas de controlo destas "novas" realidades, não deixando de constituir um desafio e um risco, são encaradas como uma oportunidade para promover a mudança e a modernização da Inspecção-Geral, reforçando o seu papel de responsável pelo exercício do controlo financeiro no sector da saúde, e institucionalizando formas de intervenção adequadas a cada uma delas.

---

[7] Anteriormente, a sua intervenção incidia apenas sobre os estabelecimentos e serviços do SNS.

2. O sistema de controlo interno da Administração Financeira do Estado

Conforme previsto na Lei do Enquadramento Orçamental, o controlo das operações de execução do Orçamento do Estado tem por objecto a verificação da legalidade e da regularidade financeira das receitas e das despesas públicas, bem como a apreciação da boa gestão dos dinheiros e outros activos públicos e da dívida pública. Distinguem-se três tipos de controlo: administrativo, jurisdicional e político. O *controlo administrativo* compete ao próprio serviço ou instituição responsável pela respectiva execução (autocontrolo), às entidades de tutela e aos serviços de inspecção e de controlo da Administração Pública. O seu exercício cabe, em primeira linha, aos próprios serviços que "elaboram, organizam e mantêm em funcionamento sistemas e procedimentos de controlo interno das operações de execução do Orçamento"[8]. O *controlo jurisdicional* das referidas operações e a efectivação das responsabilidades financeiras compete ao Tribunal de Contas, competindo aos demais tribunais a efectivação das responsabilidades civis e criminais, emergentes dos actos de execução do Orçamento do Estado. A Assembleia da República exerce o *controlo político* sobre a execução do Orçamento, competindo-lhe, designadamente, acompanhar a execução orçamental.

Para dar resposta às obrigações decorrentes da Lei do Enquadramento Orçamental no que concerne ao controlo administrativo, foi instituído um Sistema de Controlo Interno da Administração Financeira do Estado (SCI)[9], onde se inscreve a actividade da IGAS, na sua qualidade de órgão de controlo

---

[8] Vide n.º 5, do art.º 58.º da Lei de Enquadramento Orçamental.
[9] Institucionalizado pelo Decreto-Lei n.º 166/98, de 25 de Junho.

financeiro no sector da saúde. O SCI tem por objecto os domínios orçamental, económico, financeiro e patrimonial e visa assegurar o exercício coerente e articulado do controlo no âmbito da Administração Pública. Neste âmbito, entende-se por controlo interno a verificação, acompanhamento, avaliação e informação sobre a legalidade, regularidade e boa gestão de actividades, programas, projectos ou operações de entidades de direito público ou privado com interesse para a gestão ou tutela do Governo sobre as finanças públicas, nacionais ou comunitárias.

O Sistema estrutura-se em três níveis, estratégico, sectorial e operacional. O *controlo estratégico* compete à Inspecção-Geral de Finanças[10], e consiste na verificação, acompanhamento e informação, perspectivados preferentemente sobre a avaliação do controlo operacional e controlo sectorial bem como sobre a realização das metas traçadas nos instrumentos previsionais (Programa do Governo, Grandes Opções do Plano e Orçamento do Estado).

O *controlo sectorial* reveste carácter global de cada ministério ou Região e tem por objecto a verificação, acompanhamento e informação, perspectivado preferentemente sobre a avaliação do controlo operacional (autocontrolo) exercido por unidades orgânicas inseridas nos serviços públicos e centrado sobre decisões dos órgãos de gestão. O *controlo operacional* consiste na verificação, acompanhamento e informação, centrado sobre decisões dos órgãos de gestão dos serviços públicos (a cargo, sobretudo, das unidades de auditoria interna).

A actuação dos órgãos do Sistema deverá efectuar-se de forma articulada, com base nos princípios da suficiência — as acções de controlo deverão assegurar a inexistência de áreas não sujeitas a controlo ou sujeitas a controlos redundantes, da complementa-

---

[10] e ao Instituto de Gestão Financeira da Segurança Social.

ridade – a actuação dos órgãos de controlo deverá respeitar as suas áreas de intervenção e os níveis em que se situam e da relevância – o planeamento das intervenções deverá assentar na avaliação do risco e na materialidade. A observância destes princípios cumpre ao *Conselho Coordenador*, composto por todos os inspectores-gerais e demais titulares de órgãos sectoriais e regionais. Ao Conselho compete ainda elaborar o plano de actividades e o relatório anual do SCI bem como estabelecer normas sobre metodologias de trabalho e promover o aperfeiçoamento técnico dos recursos humanos afectos ao Sistema.

3. O Controlo no sector da saúde

O controlo no sector da saúde compete à IGAS, serviço central do Ministério da Saúde, dotado de autonomia administrativa e técnica, que funciona na dependência directa do Ministro.

A sua *missão* consiste em assegurar o cumprimento da lei e elevados níveis técnicos de actuação, em todos os domínios da prestação dos cuidados de saúde, quer pelas instituições, serviços e organismos do Ministério da Saúde, ou por este tutelados, quer ainda pelas entidades privadas, pessoas singulares ou colectivas, com ou sem fins lucrativos.

A cobertura integral do seu campo de intervenção vai dos serviços da administração directa do Estado até aos particulares, estendendo-se a todas as entidades que integram o Sistema Português de Saúde e incidindo sobre todas as actividades em saúde. O universo de controlo abrange:

– os organismos da administração directa e indirecta do Ministério da Saúde, ou por este tutelados;
– os estabelecimentos e serviços do SNS e as entidades que lhes prestam serviços, mediante contrato ou convenção;
– os restantes operadores, dos sectores privado e social.

Em termos financeiros, o sector da saúde apresenta um "peso" significativo na despesa do Estado. A dotação orçamental do Ministério para 2009 atingiu o montante de 8 261,1 milhões de euros, representando cerca de 17% da despesa pública do Estado (apenas ultrapassada pelo Ministério das Finanças)[11]. Por outro lado, na óptica das despesas com a "função" saúde, embora se verifique um acréscimo em valor absoluto, de 2006 para 2009 (com um valor orçamentado de cerca de 9 432 milhões de euros neste último ano), o seu "peso" relativo tem vindo a diminuir, passando de 20,9% em 2006 para 19,5% no ano em curso.

Pautando-se pelos valores da integridade, respeito, confiança, espírito de equipa e profissionalismo, a IGAS, através das suas intervenções, procura difundir uma "cultura de controlo", que minimize o desperdício e fomente a qualidade, o acesso e a segurança do doente na prestação de cuidados de saúde.

Em alinhamento com a estratégia definida para a saúde nas Grandes Opções do Plano e nos Programas do Governo e com as consequentes reformas ocorridas no sector, a IGAS tem vindo a programar as suas actividades no sentido de contribuir, ainda que de forma indirecta, para a sustentabilidade da despesa e para o aperfeiçoamento do reporte financeiro das instituições do SNS, para a melhoria da gestão dos recursos bem como para a promoção da acessibilidade, da segurança dos doentes e da qualidade na prestação de cuidados, orientando os seus escassos recursos humanos (face ao universo de controlo) para as áreas de maior relevância financeira e de maior risco, de modo a proteger os interesses financeiros do Estado.

As acções inspectivas desenvolvem-se no âmbito de equipas multidisciplinares, agrupadas por áreas de competência e

---

[11] Despesa do Estado, segundo a classificação orgânica – Despesa sem activos.

orientadas para a realização de auditorias, inspecções, fiscalizações e acções de natureza disciplinar e contra-ordenacional (de
acordo com o modelo matricial previsto para a área operativa).
Contudo, com o objectivo de agilizar a resposta da Inspecção-
-Geral, recorre-se a uma gestão flexível dos recursos humanos,
através da qual os inspectores (apesar de se encontrarem for-
malmente afectos a uma das quatro equipas) poderão ser chamados a realizar trabalhos em equipa diferente daquela em que
estão integrados, em função da experiência e das competências
adquiridas em matérias relacionadas com o objecto de cada
processo concreto.

Na área de *auditoria e controlo financeiro*, privilegia-se o reforço
da eficácia do controlo financeiro no sector, através do desenvolvimento do controlo operacional nos estabelecimentos e
serviços do Ministério da Saúde ou por este tutelados. Tal objectivo consubstancia-se na promoção da implementação de
um sistema de controlo interno e na realização de acções de
sensibilização e informação junto dos serviços do Ministério da
Saúde (workshop[12], reuniões, ...) assim como no envolvimento
de funcionários/unidades de auditoria e controlo dos serviços
do Ministério em trabalhos realizados pela IGAS. Por outro
lado, tem-se promovido a constituição de unidades de auditoria
interna nos organismos e serviços do sector da saúde, designadamente através da emissão de recomendações em auditorias já
realizadas nesses serviços.

As *auditorias financeiras* destinam-se à verificação da legalidade
e regularidade das receitas e das despesas públicas bem como da
fiabilidade das demonstrações financeiras. Têm como objectivos

---

[12] Já em 2005 realizou-se nas instalações da Inspecção-Geral um
workshop que envolveu dirigentes e técnicos com responsabilidades no
controlo operacional do Ministério, designadamente as ARS, o ex-IGIFS e
o Gestor do Programa Saúde XXI.

essenciais proceder à análise das contas e da situação financeira e patrimonial da entidade auditada, verificando se as operações foram efectuadas de acordo com os preceitos legais e contabilísticos aplicáveis. Para o efeito, verifica se o sistema e os procedimentos de controlo interno instituídos garantem que:

- as operações foram correctamente autorizadas, liquidadas, pagas ou recebidas e registadas;
- foram tomadas medidas apropriadas de modo a registar com exactidão e a salvaguardar os activos;
- as operações registadas estão em conformidade com a legislação geral e específica aplicável;
- as despesas são efectuadas com observância dos limites financeiros (se aplicável);
- as demonstrações financeiras são fiáveis.

Embora o princípio da legalidade continue a constituir uma pedra angular da missão dos órgãos de controlo, hoje, o controlo financeiro tradicional já não é suficiente para assegurar, por si, uma boa administração. A evolução da gestão pública duma óptica centrada nos processos para uma maior atenção aos resultados e às percepções dos administrados, num contexto de restrições orçamentais e de redução dos gastos, levou à adopção de sistemas de medida da *performance* dos serviços públicos.

Assim, ao controlo financeiro tradicional foram acrescentados novos tipos de auditoria, das quais se releva a designada *auditoria do desempenho organizacional* que abrange todas as vertentes da gestão, e são dirigidas à economia, eficiência e eficácia, na perspectiva dos resultados obtidos face aos objectivos fixados bem como à avaliação do grau de satisfação dos utentes dos serviços públicos.

No que concerne à satisfação dos utentes dos serviços de saúde e da qualidade percebida, cabe dizer que esta matéria já está na agenda política da saúde desde 1986, com a criação do

Gabinete do Utente nos estabelecimentos e serviços do SNS, com a responsabilidade pela análise, tratamento e proposta de resolução das exposições apresentadas pelos utentes, das quais eram remetidas cópias à ex-IGS. Mais recentemente, e sem prejuízo das funções dos Gabinetes do Utente, entrou em produção o sistema de gestão de reclamações *SIM.cidadão,* que tem por missão "facultar à tutela a obtenção de indicadores de gestão relacionados com o grau da satisfação dos cidadãos e, consequentemente, com o funcionamento dos serviços"[13].

A análise das reclamações, efectuada pela IGAS e apresentada nos Relatórios do Gabinete do Utente e nos Relatórios anuais de Actividades (desde 2007), para além de constituir uma medida de avaliação do grau de satisfação dos utentes (quando comparadas com os números globais da actividade assistencial dos hospitais públicos) fornece ainda informações úteis para a gestão do risco e o planeamento da actividade da inspecção-geral.

As *auditorias aos sistemas* de gestão e controlo de programas e projectos específicos financiados por organismos do Ministério da Saúde têm por objecto verificar a existência de uma "pista de controlo" suficiente que permita seguir todo o circuito percorrido pelos fundos disponibilizados pelos referidos programas e/ou projectos, desde a sua transferência pelos organismos do MS até à sua utilização pelos beneficiários finais. Incidem sobre as entidades públicas, privadas e do sector social, intervenientes quer na qualidade de gestoras desses programas quer na qualidade de beneficiárias, de modo a verificar se os referidos fundos foram utilizados de acordo com a legislação aplicável e com os fins a que estavam destinados.

As auditorias técnicas destinam-se à aferição dos níveis técnicos de actuação em todos os domínios do funcionamento das

---

[13] Vide Despacho n.º 5081/2005, de 14 de Fevereiro, do SEAS, publicado no DR, II, de 9 de Março de 2005.

entidades, designadamente da actividade clínica e da acção disciplinar. Neste âmbito, salientam-se, em particular, as auditorias clínicas e as auditorias disciplinares.

As auditorias clínicas incidem sobre a avaliação da actividade clínica e prescricional dos médicos, tendo por objecto a emissão de opinião sobre se as referidas actividades estão de acordo com as boas práticas. A sua realização (bem como a investigação de "casos" de assistência médica) implica, para além do apoio de peritos qualificados, a consulta e análise de processos clínicos ou de documentos existentes nos arquivos clínicos, por parte dos inspectores da IGAS. Tal prerrogativa, expressamente prevista na Lei Orgânica, confere aos inspectores da saúde poderes que os distinguem dos profissionais de qualquer outra entidade.

As auditorias disciplinares têm como objectivo avaliar o modo como os gestores exercem as suas competências no domínio do poder disciplinar, sendo concretizadas em procedimento que inclui a análise dos processos instruídos em estabelecimentos e serviços seleccionados em função do número de queixas e reclamações neles apresentadas.

As *inspecções* têm por objectivo verificar o cumprimento das disposições legais e orientações aplicáveis, bem como a efectividade dos serviços prestados pelas entidades do sector público ou privado, integradas ou não nos serviços de saúde, com o objectivo de assegurar elevados níveis técnicos de actuação, podendo abranger programas, protocolos e acordos de cooperação e de gestão, celebrados com entidades do Ministério da Saúde. Assumem a forma de inspecções temáticas se forem intervenções transversais às instituições do SNS, ou do sistema de saúde, direccionadas a um tema concreto, seja de gestão de recursos (humanos, financeiros ou materiais), seja de natureza técnica ou relativo à defesa dos interesses e bem-estar dos cidadãos/utentes.

As acções de *fiscalização* destinam-se a verificar o cumprimento das disposições legais e regulamentares, por parte das entidades privadas que desenvolvam actividades em saúde, levantando autos de notícia e elaborando participações. A sua realização é desencadeada sempre que, nomeadamente na sequência de reclamações, participações ou denúncias, esteja em causa uma actividade em saúde ilegal. Apesar da nova Lei Orgânica lhe ter conferido competência própria para a fiscalização das unidades privadas de saúde, é ainda necessário que se proceda ao consequente ajustamento do ordenamento jurídico (que se encontra em fase de revisão, no tocante ao licenciamento, fiscalização e regime sancionatório) concretamente, ao nível dos diplomas que regem o funcionamento das diversas unidades privadas de saúde, em matéria de instauração e instrução de processos de contra-ordenação e, sobretudo, no tocante à competência sancionatória (aplicação de coimas).

A *acção disciplinar* é assegurada através da realização de auditorias disciplinares e mediante a tramitação de processos de inquérito e disciplinares, instaurados, avocados ou autuados por despacho do Inspector-Geral, instruídos nos termos do disposto no Estatuto Disciplinar dos Trabalhadores que Exercem Funções Públicas, aprovado pela Lei n.º 58/2008, de 9 de Setembro.

A nova Lei Orgânica da IGAS aprovada pelo Decreto-Lei n.º 275/2007, de 30/07, manteve o exercício da acção disciplinar no âmbito dos estabelecimentos e serviços do Ministério, ou por este tutelados, bem como os poderes do Inspector-Geral nesta matéria – nomeadamente, determinar a suspensão preventiva de trabalhadores[14] e aplicar penas[15]. Contudo, face às suas novas responsabilidades, designadamente ao nível da fiscalização das

---

[14] Submetendo-a a ratificação ministerial.
[15] Com excepção das penas de demissão e despedimento.

Unidades Privadas de Saúde, a IGAS, em termos de acção disciplinar, terá de privilegiar as situações em que legalmente lhe está reservada a competência instrutória[16] e as que, pela sua excepcional gravidade fraude e (v. g., casos de negligência com ocorrência de morte, casos de corrupção, etc.) ou muito particular melindre, desaconselhem, em absoluto, a instrução dos processos pelos próprios estabelecimentos ou serviços do SNS, dado que se trata de situações em que são, simultaneamente, competentes para o exercício da acção disciplinar os dirigentes dos serviços do Ministério da Saúde, que, assim, darão um sinal de maturidade e de fiabilidade da gestão nos seus próprios estabelecimentos. Aliás, no sentido do encorajamento do exercício, correcto da acção disciplinar pelos próprios dirigentes dos estabelecimentos e serviços públicos de saúde, o IGAS tem desenvolvido acções de formação, a nível nacional, sobre a temática jurídico-disciplinar.

4. **Controlo Financeiro e Avaliação**

A mudança do paradigma da gestão pública, duma óptica centrada nos processos para uma maior atenção à redução dos gastos públicos, mas também aos resultados e às percepções dos administrados, relevou a necessidade de sistemas de medida da *performance,* com indicadores de produtividade e de eficiência mas também de qualidade e de impacto.

---

[16] Vide al. a) do n.º 3 do artigo 2.º do DL n.º 275/2007, de 30/7, processos disciplinares em que os arguidos sejam funcionários ou agentes e sejam, ou tenham sido há menos de 5 anos, titulares de cargo de direcção superior ou membros dos órgãos máximos de gestão dos serviços e organismos do MS ou por este tutelados, independentemente da respectiva natureza jurídica.

O sistema integrado de gestão e avaliação do desempenho[17], que aparece pela primeira vez na história da Administração Pública portuguesa com carácter sistemático e universal, veio dar resposta a esta necessidade, prevendo a avaliação do desempenho dos serviços e não apenas a dos trabalhadores, como até à data.

O diploma atribuiu ao Conselho Coordenador do SCI responsabilidades nas hetero-avaliações do desempenho de serviços públicos, e, para esse efeito, foi criada uma secção especializada com a função de dinamizar e coordenar as hetero-avaliações, cabendo-lhe designadamente, definir termos de referência para a sua realização.

A entrada dos órgãos de controlo financeiro no campo da avaliação assenta nos princípios que privilegiam os resultados e as percepções dos administrados, em detrimento do cumprimento das regras e na procura cada vez mais premente, por parte do poder político, de mecanismos de racionalização das intervenções públicas.

A realização de avaliações por parte dos órgãos de controlo financeiro tradicional (auditoria financeira, inspecções), essencialmente virado para o funcionamento do aparelho burocrático, os procedimentos instituídos e as desconformidades com a lei, princípios e regulamentos aplicáveis[18], parece não se coadunar com processos que assentam na pesquisa científica, valorizando, sobretudo, os impactos sócio-económicos da actividade prosseguida pelas organizações bem como dos programas e projectos avaliados e a sua repercussão na sociedade.

Porém, reconhecendo que o princípio da legalidade já não é suficiente para assegurar, por si só, uma boa administração, os órgãos de controlo têm vindo a desenvolver outros tipos de au-

---

[17] Lei n.º 66-B/2007, de 28 de Dezembro, Estabelece o sistema integrado de gestão e avaliação do desempenho na Administração Pública.

[18] Relevando, por vezes, a procura do erro e da fraude.

ditoria, dos quais a auditoria do desempenho apresenta algumas
similitudes com a avaliação quer por incidir sobre todos os níveis
de gestão, sob o ponto de vista da economia, eficiência e eficácia, quer por assentar "numa racionalidade de tipo económico
mais adequada ao novo paradigma de gestão pública"[19].

A utilização dos mecanismos de controlo já institucionali-
zados, na perspectiva de como podem ser eles também utilizados para a avaliação da boa gestão na Administração Pública,
constitui um novo desafio para os órgãos de controlo público,
que poderão, assim, contribuir para a melhoria da Administração, cada vez mais exigida pelos cidadãos clientes (e cada vez
mais cara para os cidadãos contribuintes).

No sector da saúde, a realização de hetero-avaliações poderá
até beneficiar de ensinamentos passados, dado que as experiências de avaliação em saúde têm já uma "longa caminhada" e o
âmbito dos seus trabalhos é "praticamente ilimitado"[20].

5. **Desafios e perspectivas para o controlo sectorial**

Ao nível do controlo financeiro no sector da saúde, o principal desafio que se coloca é o reforço do controlo operacional,
estando no centro das prioridades incentivar a criação e a operacionalização de unidades de auditoria interna quer nos organismos e serviços do Ministério quer nos estabelecimentos e
serviços do SNS, de modo a colmatar as deficiências ainda patentes ao nível do autocontrolo (inexistência de um sistema de
controlo interno devidamente implementado e de unidades de

---

[19] Rosário Torres, "Controlo e avaliação: culturas diferentes em processo
de convergência", in "Avaliação na Administração Pública".

[20] Correia de Campos, "Avaliação dos serviços de saúde", in "Avaliação
na Administração Pública".

auditoria interna na maioria dos Serviços Centrais e Regionais e debilidade das unidades existentes na maioria dos Hospitais)[21].

A instituição de órgãos de auditoria interna, independentes das unidades orgânicas operacionais, reportando directamente aos Conselhos de Administração e dotados de autonomia técnica, não representa uma finalidade em si mesma, antes constitui um mecanismo necessário e útil que, em primeira linha, reportará aos gestores os desvios normativos e infracções aos princípios da legalidade e da boa gestão financeira. De facto, a responsabilidade pela legalidade e regularidade das despesas compete, em primeira linha, aos gestores que, para o efeito, deverão implementar sistemas fiáveis que permitam ultrapassar as deficiências e fraquezas evidenciadas, com prioridade para as áreas de maior risco, concretamente, os elevados níveis de endividamento dos Hospitais, as debilidades na conferência e validação da facturação de entidades privadas, convencionadas e/ou do sector social (farmácias, laboratórios, transporte de doentes), o deficiente acompanhamento da execução de contratos de gestão bem como das parcerias público-privadas para a construção de novos hospitais.

Nesta linha, a aposta no reforço da rede de autocontrolo no sector da saúde deverá dar prioridade ao exercício efectivo do controlo sectorial nos serviços centrais do Ministério, dando execução prática ao alargamento a estas entidades das competências da IGAS, consagrado na actual Lei Orgânica.

Em síntese, o desafio que se coloca (malgrado os constrangimentos decorrentes da escassez de recursos e da premência da casuística do dia a dia) é o de articular de forma coerente as acções de todos os intervenientes, de modo a construir um sis-

---

[21] Conforme consta nas recomendações formuladas em relatórios de auditorias realizadas nesses serviços.

tema de controlo interno no sector da saúde, que terá como elementos essenciais a articulação entre as entidades intervenientes, a utilização de metodologias harmonizadas e a partilha da informação.

A actuação dos órgãos de controlo operacional e da IGAS efectuar-se-à de forma articulada, através do funcionamento em rede das unidades de controlo interno, com coordenação no órgão de controlo sectorial. O planeamento das suas actividades deverá assentar na avaliação do risco e na materialidade e nortear-se pelos princípios da suficiência – assegurando a inexistência de áreas não sujeitas a controlo ou sujeitas a controlos redundantes – e da complementaridade – a actuação de cada um dos órgãos deverá respeitar as suas áreas de intervenção e os níveis em que se situam.

A utilização de metodologias harmonizadas, e em conformidade com as normas nacionais e internacionais de auditoria constitui outro pilar do sistema. A adopção transversal de políticas e técnicas de auditoria idênticas, ou, pelo menos, a aprovação e operacionalização de procedimentos mínimos harmonizados, tem como objectivo conferir idêntico valor de prova aos relatórios elaborados por qualquer das entidades intervenientes.

Finalmente, a partilha de informação entre todas as entidades constitui o terceiro pilar em que deverá assentar o controlo financeiro no sector da saúde. O conhecimento da informação atinente ao planeamento, acompanhamento e relato das intervenções, realizadas quer pelo órgão de controlo sectorial quer pelas unidades de controlo operacional, contribuirá para a boa gestão dos recursos e a eficácia na obtenção de resultados, permitindo evitar sobreposições e insuficiências nas diferentes áreas de intervenção. Por outro lado, a informação sobre a actividade desenvolvida e os resultados alcançados por cada uma das entidades, especificando os serviços, projectos e programas ou acções objecto de controlo, possibilitará a elaboração da síntese anual das actividades realizadas, espelhando o "esforço de controlo" financeiro anualmente realizado no sector da saúde. Tal síntese, disponibilizará informação sobre a actividade desenvolvida por cada um dos organismos, a quantificação da dimensão dos fluxos financeiros efectivamente controlados relativamente ao montante dos fluxos totais (medidos, por exemplo, pelo indicador despesa executada controlada/total da despesa executada) e os resultados sintéticos das intervenções (identificação dos montantes de despesas irregulares, recuperações de pagamentos indevidos, apuramento de factos passíveis de imputação de responsabilidades disciplinares, financeiras e criminais e consequentes comunicações aos Tribunais competentes).

Neste modelo, a IGAS centrará a sua actividade nas actividades típicas do controlo sectorial, concretamente:

- a articulação com as unidades de auditoria interna dos organismos e serviços do sector público da saúde, ao nível do planeamento das actividades (evitando insuficiências e sobreposições);
- a padronização de metodologias e aperfeiçoamento dos manuais para a realização das acções;
- a promoção de acções de divulgação de informação e de formação adequadas aos funcionários envolvidos nas unidades de auditoria interna dos organismos e serviços do sector;
- a avaliação da efectividade dos resultados do controlo sectorial e a medição do seu impacto na gestão das entidades;
- a elaboração da síntese global do actividade desenvolvida e dos resultados alcançados que reportará à tutela bem como à entidade responsável pelo controlo estratégico.

Neste contexto, a IGAS deverá, privilegiar a realização de auditorias que tenham por objecto a avaliação dos controlos de natureza financeira realizados pelas unidades orgânicas inseridas nos organismos e serviços do SNS bem como dos serviços centrais e regionais do Ministério da Saúde, ou por este tutelados, dando prioridade, nas auditorias por si realizadas, a áreas ou sectores de mais elevada relevância financeira e/ou de maior risco.

A sustentabilidade política, económica e financeira dos sistemas públicos da saúde obriga a fazer mais e melhor com os recursos afectos ao sector. Para este efeito, cumpre identificar ineficiências e, em consequência, tomar as medidas tendentes à optimização da utilização da capacidade instalada nos serviços públicos, o que permitirá diminuir a pressão causada pela existência de um orçamento público limitado e, ao mesmo tempo, melhorar o desempenho do sistema de saúde, dando melhor resposta às expectativas dos cidadãos sobre o sistema de saúde, e, em particular, sobre o SNS. Assim, importa reforçar as *auditorias do desempenho* de modo a contribuir para a viabilização de processos de decisão sobre a despesa pública mais racionais e mais informados, importando verificar o grau de resultados conseguidos com os dinheiros aplicados bem como identificar e divulgar as melhores práticas.

A intervenção de parceiros públicos (outros ministérios, autarquias locais, ...) e outros actores sociais, envolvendo e facilitando o investimento multisectorial em áreas que influenciem a saúde, faz emergir o reforço das *auditorias de sistemas* a programas, projectos e acções, financiados com dinheiros públicos, com o objectivo de verificar a existência de uma "pista de controlo" que garanta a sua utilização de acordo com os fins para que foram atribuídos.

Finalmente, deverá ser dada atenção ao reforço das competências de recursos humanos na construção de referenciais e instrumentos metodológicos para a eventual realização de hetero-avaliações de serviços da saúde, tendo em conta que a obtenção de um "conhecimento aprofundado das causas dos desvios evidenciados na auto-avaliação, ou de outra forma detectados" e a consequente apresentação de propostas para a melhoria dos processos e resultados futuros constitui uma mais valia que importa dinamizar.

Em suma, a intervenção nas áreas da auditoria e da inspecção tem por objectivo último a criação de valor nos organismos e serviços públicos do sector da saúde através das melhorias induzidas nesses serviços, em resultado das recomendações formuladas, particularmente no que concerne à melhoria das condições de acesso, segurança e qualidade no atendimento do utente, ao reporte financeiro das instituições da saúde bem como à tomada de medidas que contribuam para a sustentabilidade financeira do SNS.

Considerando que o grau de cumprimento das referidas recomendações dá a medida do impacto da sua intervenção, a IGAS intensificará a realização de acções de acompanhamento – Follow Up – para monitorização da implementação das medidas correctivas formuladas, na certeza de que um euro desperdiçado (ou desviado para "bolsos errados") prejudicará, em última análise, os cidadãos, na sua dupla vertente de utilizadores dos cuidados de saúde e de contribuintes que os financiam.

Os Poderes do Tribunal de Contas no Sector da Saúde[*]

José F. F. Tavares[**]

> *Por natureza, quem gere o que é de outrem – o que sempre acontece no sector público e também pode acontecer no sector privado – deve prestar contas sobre o que fez, como, quando, porquê, para quê …*

---

[*] O presente texto serviu de base à aula ministrada na Faculdade de Direito da Universidade de Lisboa, no Curso de Pós-Graduação em *Finanças e Gestão do Sector Público – A reforma no Sector da Saúde*, Edição de 2009.

[**] Conselheiro/Director-Geral do Tribunal de Contas.

1. Introdução

No âmbito deste Curso de Pós-Graduação em *Finanças e Gestão do Sector Público – A reforma no Sector da Saúde*, foi-nos proposto ministrar uma aula sobre os poderes de controlo financeiro e de auditoria no sector da Saúde. Efectivamente, o sector da Saúde tem sido, nos últimos anos, objecto de profundas modificações, quer no domínio da sua organização, quer no plano da sua actividade.

Tal como tem acontecido noutros sectores, v.g. Educação, Ciência e Tecnologia, Segurança Social..., tais reformas não têm modificado o âmbito da jurisdição e a competência do Tribunal de Contas, enquanto órgão de soberania com a missão de, com independência, realizar o controlo e a auditoria das finanças públicas e efectivar as responsabilidade financeiras.

2. O Tribunal de Contas na estrutura do Estado.

Toda a actividade de gestão exige, para a sua eficácia, um bom sistema de controlo, podendo mesmo considerar-se indissociáveis os sistemas de gestão e de controlo. Esta ideia é válida para os domínios da gestão pública e da gestão privada.

Na verdade, quaisquer órgãos gestores devem dispor permanentemente de elementos sobre a forma como as respectivas organizações funcionam, nomeadamente, quanto aos aspectos da legalidade, da economia, da eficiência e da eficácia.

Este controlo, associado à gestão, de que é complemento indispensável, deve ser desenvolvido por órgãos e serviços de fiscalização dotados de independência técnica, inseridos, porém, na estrutura interna da entidade, organismo ou instituição em causa. É o que se designa por *controlo interno*, exercido, por exemplo, pela Inspecção-Geral de Finanças, pela Inspecção-Geral das Actividades de Saúde...

No entanto, ao longo da História, foi surgindo a necessidade, na generalidade dos Estados, de criar um órgão de controlo financeiro externo e *independente* (relativamente a todas as entidades fiscalizadas). Não se trata aqui de uma mera *independência técnica* — que também existe, ou deve existir, no âmbito do *controlo interno* (a todos os níveis) — mas de uma independência mais ampla, traduzida, v.g. no *autogoverno*, no *poder de determinar o plano de acção*, sem a possibilidade de ingerências de outros órgãos (o que nos órgãos de controlo interno da Administração Pública não existe, pertencendo tal poder aos órgãos de gestão ou políticos) e no *estatuto de independência* de quem exerce tal controlo, para apenas citar alguns aspectos.

Qual a *razão de ser* de órgãos desta natureza?

Muito embora este tipo de órgãos de controlo financeiro possa existir em quaisquer regimes políticos, visando assegurar a *legalidade estabelecida*, o certo é que é nos regimes democráticos que assumem toda a sua plenitude, tendo então como missão fundamental *informar os cidadãos e os seus representantes* (no Parlamento) de como são geridos, em vários planos, os recursos financeiros e patrimoniais públicos – que, na realidade, lhes pertencem – com o eventual e consequente apuramento de responsabilidades, nos termos legalmente definidos. Por outro lado, este controlo da actividade financeira pública, através das observações e recomendações formuladas, representa também uma missão pedagógica e um contributo para o equilíbrio da vida financeira.

De quanto se expendeu resulta, pois, que:
– os Tribunais de Contas e órgãos congéneres são, em primeira linha, uma *garantia objectiva* da legalidade e da boa gestão financeira, funcionando indirectamente como garantia dos cidadãos. *Prima facie*, não são, pois, órgãos

vocacionados para a defesa directa e imediata dos direitos e interesses legítimos dos particulares. É o *interesse público* que, em primeira linha, domina a actuação do Tribunal de Contas;

- por outro lado, a existência de um tribunal de contas ou de órgão congénere corresponde, na generalidade dos Estados, a uma *opção político-constitucional*, ao nível da própria *estrutura do Estado*; já a existência de *órgãos de controlo financeiro interno* na Administração Pública corresponde a uma exigência ditada pelo *sistema de gestão*, nos níveis em que pode compreender-se.

Tendo agora presente o quadro constitucional (cfr. art.º 214.º da CRP) e legal (cfr. Lei n.º 98/97, de 26 de Agosto) que rege o Tribunal de Contas, podemos afirmar que esta Instituição é, estrutural e funcionalmente, um *tribunal*, mais propriamente, um *tribunal financeiro*, um *órgão de soberania*, um *órgão constitucional do Estado, independente, não inserido na Administração Pública*, em particular, no *Estado/Administração*. É um *órgão externo* relativamente à Administração Pública, constituindo esta a sua área privilegiada, embora não exclusiva, de actuação ou de controlo, conforme adiante referiremos a propósito da *jurisdição*.

Em síntese, o Tribunal de Contas é, como temos sublinhado, um «*órgão de soberania, tribunal supremo, único na sua ordem/categoria, constituindo, em síntese, o órgão supremo de controlo externo e independente da actividade financeira, nos domínios das receitas, das despesas e do património públicos, podendo, complementarmente, julgar a responsabilidade financeira*».

3. Âmbito de acção/jurisdição e atribuições do Tribunal de Contas

A jurisdição[1] do Tribunal de Contas encontra-se definida no art.º 214.º da CRP e em várias disposições da Lei n.º 98/97, de 26 de Agosto, com as alterações posteriores introduzidas pela Lei n.º 48/2006, de 29 de Agosto (cfr. art.ºs 1.º, 2.º e 4.º).

Destas disposições legais, podemos extrair o seguinte quadro:

- Quanto ao *lugar/território*, o campo de acção do Tribunal de Contas abrange a ordem jurídica portuguesa, tanto em território nacional como no estrangeiro (n.º 2 do art.º 1.º da Lei n.º 98/97), incluindo-se, pois, os serviços públicos portugueses no estrangeiro, como é o caso, por exemplo, dos Serviços consulares.

- No que respeita ao âmbito *subjectivo* (entidades, serviços, organismos...), a jurisdição do Tribunal engloba, em geral, todas as entidades do Sector Público, administrativo ou empresarial, aos níveis da Administração estadual, regional e local, directa, indirecta e autónoma (cfr. art.º 2.º da Lei n.º 98/97)...

Para além disso, estão ainda, em geral, inseridos no âmbito *subjectivo* da jurisdição e controlo do Tribunal de Contas «*as entidades de qualquer natureza que tenham participação de capitais públicos ou sejam beneficiárias, a qualquer título, de dinheiros ou outros valores públicos, na medida necessária à fiscalização da legalidade, regularidade e correcção económica e financeira da aplicação dos mesmos dinheiros e valores públicos*» (n.º 3 do citado art.º 2.º).

Assim, onde houver dinheiros ou outros valores públicos, o Tribunal de Contas pode exercer as suas funções de fiscalização

---

[1] Referimos aqui jurisdição no sentido de âmbito ou esfera de acção e não apenas no sentido de função jurisdicional.

e julgamento de responsabilidades, seja qual for a natureza da entidade gestora ou beneficiária, pública ou privada.

Neste sentido, pode dizer-se que o âmbito subjectivo da actuação do Tribunal é, hoje, absorvido por um critério material ou substancial.

- Relativamente à *matéria*, a jurisdição e o controlo do Tribunal incide sobre a generalidade das receitas e das despesas públicas e da actividade de gestão correspondente (cfr. art.º 214.º da CRP e art.ºs 1.º, 2.º, 4.º e 5.º da Lei n.º 98/97).

Eis, em linhas gerais, o âmbito actual do campo de acção, da jurisdição e do controlo do Tribunal de Contas, o qual tem sofrido alterações ao longo do *tempo*, no sentido de, como se sublinhou, incidir sobre os dinheiros e valores públicos, passando a estar ultrapassado o critério subjectivo, justamente para impedir a fuga ao controlo em função da natureza jurídica das entidades.

4. Competência/poderes do Tribunal de Contas

4.1. *Enquadramento*

Quais são os *poderes (a competência)* que a Constituição e a Lei conferem ao Tribunal de Contas para serem exercidos no quadro da sua *jurisdição* ou *campo de acção* e tendo em vista a prossecução das suas *atribuições*?

O exercício destes poderes traduz a *actividade* do Tribunal, consubstanciando as suas *funções/actividades*.

A este respeito, deve dizer-se, em primeiro lugar, que são múltiplos e complexos os poderes conferidos ao Tribunal, pelas suas várias *"instâncias"* de decisão (*subsecções das Secções, plenários das Secções, Plenário Geral...*), podendo ser distinguidos em função de vários critérios: *natureza, conteúdo* e *momento* do seu exercício.

Esta diversidade e complexidade dos poderes do Tribunal constituem o principal fundamento da área de recrutamento específica dos seus juízes conselheiros, abrangendo vários ramos do saber e experiências – Cfr. art.º 19.º da Lei n.º 98/97.

Nesta linha, com base no art.º 214.º da CRP e, nomeadamente, nos art.ºs 5.º e 6.º da Lei n.º 98/97, propomos que o quadro dos poderes do Tribunal de Contas seja apresentado nos termos e segundo os critérios seguintes:

a) *Critério da natureza dos poderes*:
– poderes de *fiscalização/controlo*, traduzidos numa actividade *técnica* de apreciação da actividade financeira pública e consubstanciados, *maxime*, nos pareceres sobre a Conta Geral do Estado, incluindo a da Segurança Social, sobre as contas das Regiões Autónomas, em relatórios de auditoria (cujos objectivos, âmbito e tipos são muito vastos e em constante desenvolvimento), e em relatórios de análise e verificação de contas.
A fiscalização prévia consubstancia também um poder de controlo, mas com natureza jurisdicional, como adiante explicitaremos;
– poderes *jurisdicionais*, traduzidos no julgamento da responsabilidade financeira e na concessão ou recusa de visto.

A propósito da natureza jurisdicional do *visto* do Tribunal de Contas, mantemos a posição que defendemos há vários anos no sentido de que *é uma decisão materialmente jurisdicional, constituindo um acto de controlo externo, prévio e preventivo sobre actos e contratos de administração relativamente aos quais é uma «conditio iuris», requi-*

sito de eficácia financeira e de manutenção da eficácia (relativamente aos efeitos não financeiros) – cfr. JOSÉ F.F. TAVARES, *Tribunal de Contas. Do* visto *em especial* – *Conceito, natureza e enquadramento na actividade de administração*, Ed. Almedina, Coimbra, 1998.

b) Critério do *momento do exercício do controlo*:
 – Poderes de *fiscalização prévia* (*preventiva* ou *a priorî*) – Cfr. art.ºs 5.º, 44.º a 48.º e 81.º a 86.º da Lei n.º 98/97;
 – Poderes de *fiscalização concomitante* – Cfr. art.º 49.º da Lei n.º 98/97;
 – Poderes de *fiscalização sucessiva* (ou *a posteriori*) – Cfr. art.ºs 5.º, 39.º a 42.º e 50.º a 56.º da Lei n.º 98/97.

c) Critério do *conteúdo* dos poderes de controlo:
 – Controlo da *legalidade «stricto sensu»* e da *regularidade*;
 – Controlo *económico* (*economicidade, eficiência e eficácia*), que fazemos corresponder à *legalidade substancial*, à *juridicidade*.

A Constituição (v.g. art.ºs 214.º e 266.º) e a Lei – v.g. Lei n.º 98/97, art.ºs 1.º, n.º 1, 5.º, n.º 1, al. f) e 50.º; Lei de Enquadramento do Orçamento do Estado; Lei n.º 8/90, de 20 de Fevereiro, art.ºs 10.º e 11.º; e Decreto-Lei n.º 155/92, de 28 de Julho, art.º 22.º – impõem que o controlo exercido pelo Tribunal não seja um mero controlo de *legalidade formal*, mas que incida também sobre a *legalidade substancial*, incluindo a apreciação da boa gestão financeira, ou seja, da economia, da eficiência e da eficácia, a que também acresce o poder de *avaliação*.

Aliás, o conceito de *legalidade formal* está hoje posto de lado pela generalidade da doutrina, que começou por fazer corresponder o seu conteúdo a *bloco de legalidade* para abranger os princípios e os próprios contratos..., referindo hoje alguns autores *juridicidade* e até *justiça* como conceitos alternativos mais amplos e correctos.

E quando se aprecia também actos e contratos no âmbito do exercício de poderes discricionários, não poderemos esquecer as limitações que tal exercício sempre comporta, v.g. em termos de atribuições e de competência, de observância de princípios, v.g. o da prossecução do interesse público em causa (o *fim*), de procedimentos e de suporte orçamental, além de outros.

E ainda, no âmbito de conceitos vagos ou indeterminados ou de conceitos técnicos (a impropriamente chamada *discricionaridade técnica*), terá ainda de se recorrer, se necessário, a outras ciências para determinação do seu exacto sentido.

4.2. *Principais actos em que se consubstancia a competência do Tribunal de Contas*

Em sede de fiscalização prévia
– Decisões e acórdãos.

Em sede de fiscalização concomitante
– Relatórios de auditoria.

Em sede de fiscalização sucessiva
– Pareceres sobre a CGE, as Contas das RA, da AR e das Assembleias Legislativas das RA;
– Relatórios de auditoria;
– Relatórios de verificação de contas.

Em sede de efectivação de responsabilidades
– Sentenças e acórdãos.

Deve notar-se que, muito embora estejam geralmente contidas em relatórios de auditoria ou em decisões de visto, tem sido autonomizadas as *recomendações*, cujo regime jurídico é de fundamental importância.

5. Da prestação de contas em especial

5.1. *As contas como reflexo da actividade de uma organização. Contas, relatórios de gestão e relatórios de actividades*

Como referia Goethe, *quem não elabora e presta contas vive nas trevas ignorante, vendo os dias que passam...*

É verdade! Sem contas, sem *boas* contas, não se pode conhecer o estado de uma organização, nem projectar o futuro. É o caos, a desorganização...

E estas contas têm de ser acompanhadas de um *relatório de gestão*, explicativo das contas, para além do *relatório de actividades*, mais amplo em termos de descrição da actividade geral da entidade em causa.

Assim, como veremos de seguida, as *contas* são também um *instrumento de gestão*

5.2. *As contas como instrumento de gestão. Relação com outros instrumentos de gestão, maxime, o orçamento*

As contas são, devem ser, um espelho da actividade de uma organização, constituindo um instrumento de gestão indispensável, neste caso o reflexo do orçamento, da execução orçamental...

Afigura-se-nos, neste particular, que em Portugal ainda há maior preocupação e debate na discussão e repartição do orçamento do que na prestação de contas, embora a situação tenha claramente melhorado nos últimos anos, fruto também da maior exigência dos cidadãos, *maxime*, dos cidadãos contribuintes...

Com efeito, cada vez mais prestar contas e com qualidade é um instrumento de cidadania!...

5.3. *Prestação de contas e cidadania*

Como referiu Aristóteles, na sua obra *Política dos Atenienses,* "a prestação de contas deve ter carácter público, a fim de que os cidadãos possam ser informados e avaliar os actos de quem está incumbido de gerir e administrar dinheiros públicos".

Como referimos noutra sede, "quem gere dinheiros públicos – o que sempre acontece no sector público e também pode acontecer no sector privado – *presta contas,* o que significa explicar *quanto, como, por quê, para quê* se realizou determinada despesa".

E, efectivamente, um cidadão interessado e consciente tem o direito e o dever cívico de conhecer como se gastam os dinheiros públicos, nomeadamente, para exercer bem os seus direitos civis e políticos...

Como refere o art.º 15.º da *Declaração dos Direitos do Homem e do Cidadão de 1789,* "*la societé a le droit de demander compte à tout agent public de son administration*".

Tudo isto nos leva à necessidade do controlo!

5.4. *Prestação de contas e controlo*

As contas são uma base para o controlo, embora não a única.

E aqui temos de distinguir o *controlo interno,* elemento da gestão, e o *controlo externo e independente* dirigido aos cidadãos e aos seus representantes nos Parlamentos, o qual está, em todos os Países, a cargo de Tribunais de Contas e órgãos congéneres.

O controlo – que não é um fim em si mesmo, mas um meio para assegurar resultados – visa assegurar e garantir a legalidade, incluindo a boa gestão dos dinheiros públicos.

Como referia Napoleão I "*je veux que par une surveillance active, l'infedilité soit reprimée et l'emploi legal des fonds publics garanti*".

Não devemos, porém, confundir o controlo da boa gestão com controlo politico!

A boa gestão faz parte integrante da legalidade, da legalidade substancial!

O controlo deve ser actual, como já advertia o nosso Rei D. João I, em 1389, instruindo o então Contador-mor da Casa dos Contos que *"se tiverdes contas novas e velhas, primeiro vede as novas e só depois as velhas... só assim se assegurando o bem público"*.

Mas o controlo também visa contribuir para o apuramento das responsabilidades inerentes à gestão financeira pública – política, criminal, civil, disciplinar e financeira.

5.5. *Prestação de contas e responsabilidade*

A obrigação de prestação de contas – forma, prazo e conteúdo – pode originar o apuramento de responsabilidade a vários níveis – político, criminal, civil, disciplinar e financeiro.

A própria origem etimológica de *responsabilidade* induz nesse sentido

Há, porém, que distinguir *responsabilidade pela apresentação de contas* e *responsabilidade pela gestão correspondente*.

Platão, em *As Leis*, já delineava com clareza que *"não devemos ter governante ou administrador que governe e administre sem prestar contas. E para que as contas sejam julgadas, é necessário dispor de um corpo de Magistrados especiais dotados das mais altas qualidades. Só então a polis fará progressos!"*

Após esta breve síntese sobre a razão de ser, a finalidade e a função da prestação de contas, cabe perguntar quais as exigências que o futuro comporta quanto a esta prestação de contas.

5.6. *O futuro da obrigação de prestação de contas*

Em Portugal e na generalidade dos Países mais desenvolvidos, a questão hoje não é, felizmente, a de se saber se se deve ou não prestar contas. É um princípio já acolhido, assimilado e enraizado.

Actualmente, as preocupações fundamentais sobre a matéria respeitam à *transparência* e à *qualidade* na prestação de contas.

A prestação de contas, no âmbito de um sistema de boa governação, implica a apresentação de demonstrações financeiras transparentes e fiáveis, no quadro de um sistema de controlo que previna e detecte possíveis situações de corrupção, manipulação de contas, contratações irregulares, etc.

Só desta forma a prestação de contas contribuirá para o reforço da confiança dos cidadãos na eficiência e eficácia da gestão das finanças públicas.

A *qualidade* da prestação de contas vai então ocupar um lugar de destaque no futuro, cada vez mais exigente, devendo ser *fiável, rigorosa, completa, tempestiva, acessível* e de *fácil consulta*.

A obtenção destes requisitos de qualidade está naturalmente associada a um conjunto de factores caracterizadores de um *bom sistema de gestão* compreendendo, nomeadamente:

- Objectivos mensuráveis e definidos de forma correcta;
- Aplicação de metodologias de orçamentação por programas, permitindo o acompanhamento da sua execução e avaliação dos resultados pretendidos;
- Existência de um quadro de indicadores que permita o acompanhamento e a avaliação da execução orçamental.

Para além da *transparência* e da *qualidade* e entrando no caso concreto português, afigura-se-nos que, no futuro, continuarão nas nossas preocupações:

- A aplicação do POCP;

- As questões ligadas à *consolidação de contas*;
- A concretização de um sistema de gestão integrado, tipo RIGORE, de que o Tribunal de Contas é instituição pioneira, o que foi decidido para dar o exemplo...
- A prestação de contas ao Tribunal de Contas por via electrónica, já em funcionamento, mas ainda com adesão tímida...

Vejamos, agora, alguns aspectos relativos ao Tribunal de Contas e à obrigação de prestação de contas.

5.7. *O Tribunal de Contas e a obrigação de prestação de contas*

A Lei de Organização e Processo do Tribunal de Contas consagra o princípio salutar segundo o qual *quem gere ou beneficia de dinheiros públicos presta contas e é responsável* (cfr. art.º 2.º, n.º 3, da Lei n.º 98/97, de 26 de Agosto).

Nem sempre foi assim! Lembremos apenas, a título de exemplo, o DL n.º 260/76 (estatuto das empresas públicas) que excluía da obrigação de prestarão de contas ao Tribunal de Contas as empresas públicas, regime que apenas terminou em 1996, com a Lei n.º 14/96!

O mesmo se passava com as sociedades de capitais públicos!

Ora, situações como esta deixaram de existir!

As contas prestadas ao Tribunal de Contas podem ser objecto de diferentes tipos de controlo (excluindo aqui, naturalmente, a fiscalização prévia):
- verificação interna; e de
- auditoria

Apurando-se infracções de natureza financeira, haverá lugar ao respectivo julgamento pela 3ª Secção do Tribunal, a requerimento do Ministério Público e, subsidiariamente, pelos órgãos de direcção, superintendência e tutela e pelos órgãos de controlo interno.

Em todos estes tipos de intervenção do Tribunal, assumem hoje importância especial, com a Lei n.º 48/2006, as *recomendações* do Tribunal com o seu *carácter pedagógico* e *responsabilizador*.

6. Algumas questões estruturais das finanças públicas e do seu controlo na actualidade

- No início deste Século XXI, deparamo-nos com as finanças públicas na ordem do dia – *défice orçamental*, *dívida pública*, *pacto de estabilidade e crescimento, sustentabilidade da segurança social…*
  É tal a intensidade destas preocupações que há quem se interrogue se não haverá mais vida para além das finanças públicas…
  É claro que há – e felizmente! – mas também é verdade que poderá haver mais e melhor vida com uma gestão financeira pública sã e adequada, orientada por resultados e norteada pelos princípios da economia, da eficiência, da eficácia e da utilidade…
- São, pois, múltiplos e complexos os desafios e as dificuldades das finanças públicas, incluindo do seu controlo.

Alinharemos, de seguida, as principais:

a) **Visão global e integrada das finanças públicas** (aos níveis comunitário, nacional, regional e local e compreendendo os sectores públicos administrativo e empresarial);

b) **A alteração das funções do Estado** e a reforma consequente da Administração Pública, passando o Estado a ter uma função de *regulador* e *garantidor* com a redução da sua função de Estado – prestador;

c) As novas exigências de uma **boa governação** e da **obrigação de prestação de contas**, *lato sensu*:
   • Gestão legal, económica, eficiente, eficaz e útil, orientada para resultados, com programas bem definidos e com as responsabilidade bem concretizadas;
   • Boas contas, com qualidade, sinceridade, fiabilidade, rigor, tempestivas, acessíveis e de fácil consulta, reflectindo a actividade da organização, para serem também um bom instrumento de gestão;

d) A **contratação pública** e a sua repercussão nas finanças públicas

Embora a contratação púbica não constitua *de per si* matéria intrinsecamente financeira, a verdade é que *representa uma das áreas de administração/gestão pública mais relevantes em termos de finanças públicas*. É por isso que a assunção de compromissos financeiros por via contratual mereceu a atenção especial do próprio legislador constituinte, quando previu, no art.º 105.º, n.º 2, da CRP, que «o Orçamento é elaborado de harmonia com as grandes opções em matéria de planeamento e tendo em conta as obrigações decorrentes de lei ou do contrato».

Com efeito, para além de instrumento essencial da vida em sociedade, a contratação pública envolve em grande parte dos Estados-membros da União Europeia aprox. **25 a 30% da despesa pública**; por outro lado, representa cerca de **16% do PIB da União Europeia**. Mas, para além desta relevância financeira, há que ter em linha de conta o impacto da contratação pública na economia, no funcionamento do mercado, com sã e leal concorrência e com critérios de qualidade na actuação dos agentes económicos.

É por isso que a União Europeia e organizações internacionais como a OMC e o Banco Mundial dão particular importância à necessidade de os Estados disporem de **quadros jurídicos de contratação pública que assegurem a concorrência** através de procedimentos adequados, a existência de critérios objectivos e transparentes de adjudicação, tudo com vista à existência de um mercado são e equilibrado e, naturalmente, à tomada das decisões que melhor prossigam o interesse público.

E, evidentemente, para os contraentes públicos estes procedimentos constituem uma obrigação natural, uma vez que se gere o que é de outrem, havendo pois que justificar, em cada momento, a escolha dos co-contraentes e das respectivas propostas. Como escrevemos noutra sede, quem gere o que é de outrem presta contas, ou seja, terá de explicitar *o que* gastou, *onde*, *como*, *porquê*, *para quê* e *quando*.

A matéria da contratação pública é também financeiramente relevante quando analisamos os dados relativos a **desvios na execução dos contratos públicos**, com custos acrescidos, os quais, segundo estudos disponíveis, atingem em Portugal na actualidade a média de 100% (cfr. António Tavares Flor, *Risco, incerteza e decisão na negociação e contratualização de obras públicas: o modelo multimpact aplicado a obras geotécnicas.* (dissertação para obtenção do grau de Doutor em Engenharia de Sistemas), in *Revista do Tribunal de Contas*, n.º 47, Lisboa, 2008.

Há, pois, que enfrentar e impedir esta situação que, quando não justificada por motivos imprevisíveis, provoca distorções de mercado e grave prejuízo ao erário público, afectando em medida significativa as finanças públicas.

Tudo isto sem esquecermos o impacto de muitos contratos na própria sustentabilidade das finanças públicas, como são os casos dos empréstimos e das parcerias público-privadas.

Trata-se pois, de um domínio de profunda relevância financeira a que tem de ser dada a maior atenção.

e) **Sustentabilidade das finanças públicas. Equidade intergeracional**

É sabido que, no panorama actual, a gestão das finanças públicas enfrenta constrangimentos de diversa ordem, tais como, no contexto da União Económica e Monetária, a necessidade de *consolidação orçamental*, no cumprimento dos critérios de sustentabilidade inerentes ao Pacto de Estabilidade e Crescimento.

Ao nível do reporte, as contas públicas seguem conceitos operacionais de contabilidade nacional no âmbito do SEC/95, sendo amplamente reconhecida a necessidade de reorganização dos sistemas de contabilidade pública (em vários casos já reestruturados), uma vez que as restrições orçamentais inter-temporais são analisáveis pela contabilidade de compromissos.

Há que dizer que a sustentabilidade das contas públicas enfrenta vários riscos de natureza diferenciada, nomeadamente o risco de manipulação das contas públicas, práticas fraudulentas e de criatividade financeira, bem como o risco de violação do **princípio da equidade intergeracional**.

A solvência, o crescimento económico, a estabilidade e a equidade são dimensões que a sustentabilidade das finanças públicas envolve. Ora, na actualidade, há domínios que exigem atenção especial pelas suas implicações na sustentabilidade das finanças púbicas, como são os casos da *segurança social*, da *saúde*, das *parcerias público-privadas*, das *cessões de créditos futuros...* (cfr. sobre esta problemática os Pareceres do Tribunal de Contas sobre as CGE de 2004 e 2007, Vol. I, in www.tcontas.pt).

O não acompanhamento atento destes casos pode pôr me causa a equidade entre gerações.

f) **Consolidação do regime da responsabilidade financeira**

O regime de responsabilidade financeira tem vindo a ser alterado no sentido de se adaptar às exigências da moderna gestão pública e ao quadro das vinculações da União Económica e Monetária, designadamente o Pacto de Estabilidade e Crescimento.

Nesta perspectiva, a efectivação de responsabilidade subordina-se ao princípio da responsabilidade, segundo o qual quem presta contas, quem gere dinheiros públicos na prossecução de políticas públicas, tem o ónus de provar que agiu em conformidade com o Direito e com a salvaguarda do interesse público, tendo que documentar e justificar as despesas, receitas, a sua utilização e o destino dado aos activos patrimoniais públicos.

Consequentemente, esta perspectiva exige uma maior exigência na qualidade da despesa pública, baseada na obrigação de prestar contas (*accountability*) e numa responsabilização efectiva por parte de quem tem a seu cargo a gestão dos recursos públicos.

O gestor público tem assim que provar:

• A aplicação dos recursos públicos em conformidade com os fins de interesse público para os quais os créditos orçamentais foram votados e autorizados pelo Parlamento.

• A observância do enquadramento legal a que as administrações públicas estão vinculadas em sede de gestão financeira.

• A adopção dos princípios de contabilidade aplicáveis.

• A conformidade da actuação aos princípios da ética, boa fé, tutela da confiança, justiça, imparcialidade e ao dever de boa gestão na salvaguarda dos dinheiros e activos públicos.

Trata-se de uma matéria que tem sido e continuará a ser objecto de discussão em vários Estados da União Europeia.

7. Alguns resultados da actividade do Tribunal de Contas em 2008

No presente capítulo apresentamos alguns resultados globais da actividade do Tribunal de Contas em 2008, extraídos do *Relatório de Actividades e Contas 2008* aprovado pelo Tribunal e disponível em www.tcontas.pt

Neste Relatório de Actividades poderá ver-se, em especial, **as observações e recomendações do Tribunal na área da Saúde, a fls. 34 a 36**.

Vejamos então os resultados globais:

FISCALIZAÇÃO PRÉVIA

1. **1787 actos e contratos** fiscalizados previamente;
2. Actos e contratos referentes a **770 entidades**;
3. Despesa abrangida – **5,7 mil milhões de euros**;
4. Recusado o visto a **68 actos e contratos** no valor de **631 milhões de euros**.

FISCALIZAÇÃO CONCOMITANTE

1. **55 auditorias** de fiscalização concomitante;
2. Identificada despesa irregular de **19,2 milhões de euros**, com formulação de recomendações;
3. Principal irregularidade – qualificação incorrecta de trabalhos a mais.

FISCALIZAÇÃO SUCESSIVA/AUDITORIAS

1. Parecer sobre a Conta Geral do Estado de 2007, onde a área da saúde também é abrangida;
2. Pareceres sobre as Contas das Regiões Autónomas de 2006;
3. Pareceres sobre as contas da Assembleia da República e das Assembleias Legislativas das Regiões Autónomas de 2007;

4. • **93 auditorias** abrangendo **135 entidades**
    • despesa irregular de **1288 milhões de euros** (não or-
    çamentação; incorrecta contabilização; recurso indevido a
    operações específicas do tesouro...);
5. No decurso das auditorias foram corrigidas muitas situa-
    ções por iniciativa das próprias entidades;
6. Em consequência do acatamento das **recomendações** do
    Tribunal, foram detectadas poupanças ao erário público no
    montante de **11,5 milhões de euros**;
7. Verificação interna de **467 contas**, com um volume finan-
    ceiro global de **40 mil milhões de euros**;

EFECTIVAÇÃO DE RESPONSABILIDADES FINANCEIRAS

1. Aplicadas multas e ordenadas reposições no valor de
    180.000 euros
2. Extinção da responsabilidade por **pagamento voluntário**
    de multa pelo valor mínimo por parte de **116 responsá-
    veis** (em 2007 – 37 responsáveis)

8. Nota final

Atendendo às limitações de tempo disponível, cabe terminar,
com a consciência de que a extensão e os limites dos poderes
confiados ao Tribunal de Contas envolve muitos outros aspectos que terão de ser tratados noutra sede.

Sintetizando, diríamos que a natureza do Tribunal de Contas
que inicialmente apresentámos é o delimitador fundamental da
extensão e limites dos seus poderes.

É também certo que estamos a tratar de uma matéria que
muito tem avançado com a evolução da própria Sociedade.

A este respeito, tem sentido afirmar aqui um pensamento recente do Ilustre Professor Doutor GOMES CANOTILHO:

«(...) A fiscalização financeira deve tomar consciência dos momentos estruturantes da nova formatação da estatalidade. As novas funções do chamado "Estado garantidor" (*Gewahrleistuingsstaat*) ou do "Estado-accionista" (*État actionnaire*) convocam problemas politico-constitucionais e jurídico-financeiros carecidos de uma análise integrada onde o Tribunal de Contas desempenha um relevantíssimo papel».

Junho 2009

INDICE

CAPÍTULO IV
REGULAÇÃO E AUDITORIA PÚBLICA NO SECTOR DA SAÚDE